EXTRATERRESTRES

Abriendo los ojos a otra realidad

SP 001.942 PAZ
Paz Wells, Sixto.
Extraterrestres : abriendo los
ojos a otra realidad /

Sixto Paz Wells

EXTRATERRESTRES

Abriendo los ojos a otra realidad

Obra editada en colaboración con Planeta - Perú

© 2007, Ediciones Planeta Perú, S.A. – Lima, Perú

© 2007, Editorial Planeta Mexicana, S.A. de C.V.
Avenida Presidente Masarik núm. 111, 2o. piso
Colonia Chapultepec Morales
C.P. 11570 México, D.F.

ISBN 9-6821131-21
ISBN 13: 978-9-6821131-23

Ninguna parte de esta publicación, incluido el diseño de la portada, puede ser reproducida, almacenada o transmitida en manera alguna ni por ningún medio, sin permiso previo del editor

Printed in the United States

www.editorialplaneta.com.mx

A mis padres Carlos y Rose Marie,
y a Ángel y Zenaida

ÍNDICE

Introducción	11
NUESTRO PASADO EXTRATERRESTRE	17
Antecedentes históricos de los ovnis	27
LA BIBLIA Y LOS EXTRATERRESTRES	57
La Biblia y su historia	60
OVNIS EN LA ACTUALIDAD	145
La Primera Guerra Mundial	145
La Segunda Guerra Mundial y los foo-fighters	147
El comienzo de la era de los ovnis: El caso de Kenneth Arnold	152
El caso Roswell	154
El Majestic-12	161
Los proyectos Sign, Grudge, Twinkle y el Libro Azul	167
El Acta de Liberación de la información	183
Los aviones fantasma	185
LA CONSPIRACIÓN DEL SILENCIO	189
Los «hombres de negro»	189
El MK-Ultra	191
La intoxicación informativa	193

EVIDENCIAS DE SU REALIDAD 195
   Los testigos 195
   Descartando posibilidades 205
   Tecnología avanzada 213
   Los astronautas y los ovnis 220
   Los agroglifos 229

CONTACTO EXTRATERRESTRE 239
   Los contactados 252
   El mensaje extraterrestre 301
   Los Xendra 318
   El lado negativo del contactismo: El fanatismo y
   las sectas contactistas 329
   Abducciones y mutilaciones 333

GLOSARIO 343

Llegará una época en la que una investigación diligente y prolongada sacará a la luz cosas que hoy están ocultas. (...) Llegará una época en la que nuestros descendientes se asombrarán de que ignorábamos cosas que para ellos son tan claras.
Séneca, *Cuestiones Naturales*, libro 7

De todas las ilusiones, la más peligrosa consiste en pensar que no existe sino una sola realidad.
Paul Watzlawick

No somos la realidad, sino apenas un reflejo; no somos la luz, sino apenas un destello.
El subcomandante Marcos

INTRODUCCIÓN

Todo este universo visible, decía Lucrecio hace dos mil años, no es único en la naturaleza, y debemos creer que hay en otras regiones del espacio, otras tierras, otros seres y otros hombres.

Camilo Flammarion,
La pluralidad de mundos habitados

Fue en un caluroso y despejado día de junio de 1947 que se inició la era moderna de los ovnis (objetos voladores no identificados). En aquella jornada ocurrió el sonado caso del piloto civil Kenneth Arnold, que llegó a ver nueve objetos muy extraños a plena luz del día sobre el monte Rainier, en Washington. Arnold, conocido hombre de negocios, podía perder mucho contándolo; sin embargo, en su entusiasmo y sin medir los riesgos, lo dio a conocer abiertamente. Días después, corroborando su experiencia, ocurriría el espectacular accidente y posterior hallazgo de un ovni estrellado en la localidad de Roswell en Nuevo México, precisamente cerca de una importante base militar. Más adelante, en 1952, cuando las oleadas de avistamientos de ovnis se incrementaban en las más importantes ciudades de los Estados Unidos, el gobierno se vio presionado por la prensa y por los ciudadanos en general a crear una comisión de investigación de cara al público. Por este motivo se instituyó el Proyecto Libro Azul de investigación ovni de la Fuerza Aérea, que coincidía con el inicio de la era de los contactados, cuando un polaco nacionalizado norteamericano, George Adamski, afirmó haber llegado a establecer comunicación directa con un ser del planeta Venus llamado Orthon. A continuación aportó multitud de datos, mensajes y contundentes fotografías, así como algunas insólitas filmaciones que hasta hoy no han podido ser desmentidas objetivamente.

Luego de varias décadas, en 1974, empezó la era de los grupos de contacto: colectivos de personas que comenzaron a canalizar supuestos mensajes telepáticos simultáneamente, confrontando sus recepciones entre sí y teniendo avistamientos y encuentros en grupo, con los que corroboraban la autenticidad de las afirmaciones y experiencias. Todo esto trajo consigo cierta transformación en la figura del contactado, que dejaba de ser el canal principal o único, el centro de atención y hasta una suerte de profeta moderno, para repartirse la responsabilidad y convertir la recepción en una experiencia colectiva de preparación y crecimiento, donde el mensaje y no el mensajero es lo más importante. Pero hay que aclarar que no es que no hayan existido antes de 1974 contactos y contactados, y hasta grupos de contacto, sino que es a partir de la experiencia del grupo Rama en el Perú en ese año, cuando a través de la prensa, presente en los avistamientos, se publicita seriamente extendiéndose como un fenómeno masivo. Esta modificación en la forma de trabajo ayudaba a evitar los mentalismos y reducía el peligro del juego de los egos, masificando la oportunidad de la canalización y haciendo que muchas personas simultáneamente reciban las mismas respuestas a las mismas preguntas. Ciertamente, todo tiene sus riesgos, y en el tema del contactismo también las posibilidades de error son muy grandes, por lo que con mayor razón se exige sumo cuidado, disciplina y seriedad para manejarlo.

El gran aporte del contactismo y del grupo de contacto es, como decíamos, que universalizó la experiencia sacándola del dominio de unos pocos iniciados o elegidos, haciendo accesible a todos su práctica, mensaje y enseñanza, y sirviendo como piedra angular para la comprobación del fenómeno ovni como un hecho real, investigable y, sobre todo, repetible; un fenómeno inteligente de origen extraterrestre y corroborable a través de los encuentros programados previa cita, de los que han sido testigos imparciales y objetivos muchos periodistas y militares. A lo largo de más de tres décadas fueron canalizados, organizados y realizados por la Misión Rama siete encuentros programados con la prensa presente, con lo cual se ha demostrado que el contacto extraterrestre es real. Y no sólo el de este grupo, sino el contacto en general es una realidad.

Como contactado y parte integrante del fenómeno contacto puedo decir sobre mí mismo que había tenido la oportunidad y el privilegio de nacer en el hogar de un gran investigador del fenómeno ovni, como fue mi padre José Carlos Paz García, ya fallecido. Me había formado en un ambiente familiar estimulado por el espíritu de curiosidad y aventura de mi madre, la Mochi, heredado a su vez de mi abuelo, un químico y arqueólogo colaborador del célebre Julio C. Tello. Mi padre había llegado a vivir directamente esta realidad y conocía a autoridades en la materia y a otras personas que habían experimentado lo mismo. Todo esto me ha enriquecido mucho internamente. Y las circunstancias de la vida me han motivado y permitido dedicarme en la actualidad a la difusión e investigación en profundidad del mensaje que se desprende de la visita de los seres de otros mundos y de todo lo relativo a su presencia aquí, ayer, hoy y mañana.

Hoy por hoy son innumerables los casos de personas que han observado o están observando en todo el planeta el fenómeno ovni, y muchas de ellas han tenido la posibilidad de encuentros directos, de los que pocos guardan memoria. También son multitud los casos de visitantes de dormitorio, que algunas veces suelen ser imágenes antropomorfas holográficas o extraños objetos luminosos esféricos, cilíndricos o piramidales, o simples luces no más grandes que un puño y otras de las dimensiones de una pelota de fútbol. No podemos dejar de destacar también que se están incrementando de una forma exponencial las experiencias en sueños, esto es, durante los llamados viajes astrales.

Y lo más importante es que en la actualidad podemos ver el fenómeno ovni ya no como algo aislado y fuera del contexto de todo el proceso humano, sino como algo que es parte fundamental para la comprensión de nuestra propia evolución en el planeta. Hoy podemos asociar todo lo que se sabe y se va redescubriendo para entender esta realidad, como el hecho de que 1947, cuando se inicia la era moderna de los ovnis, no fuera cualquier año. Era el inicio de Acuario, simbolizado por el joven aguador Ganímedes, raptado por Zeus para llevárselo como copero al Olimpo. Un caso de abducción trasmitido a través de la mitología griega.

A diferencia de la era de Piscis, en la que había poca información, ingresamos a Acuario, el momento en que empieza a liberarse la información abiertamente. Y qué mejor que cuando se hallan los rollos del mar Muerto y empiezan a investigarse los ovnis. Pero 1947 no sólo fue un año de descubrimientos e insólitos hallazgos, fue un año profético y profetizado. Los mayas tenían dos calendarios, uno solar y el otro lunar, y cada 52 coincidían en una misma fecha; entonces se producía un alineamiento cósmico y se esperaba que algo extraordinario pasara. Los nahuatl o aztecas heredaron estos calendarios, de tal manera que cada cuatro ciclos de 52 años, esto es cada 208 años, debía suceder algo muy importante. En 1531 se cumplía un ciclo largo de 208 años, fecha en la que se produjo la aparición de Tonantzin Tlalli en el cerro del Tepeyac (Virgen de Guadalupe). Precisamente en 1947 se cumplía un ciclo largo, por lo que algo importante debía pasar. Y pasó, generándose una reacción en cadena de acontecimientos.

Por todo ello, es mi intención aportar humildemente este estudio, a la luz de quien contempla el tema no desde afuera, sino más bien desde dentro, desde la visión de los contactados, donde todo tiene sentido, donde todo te dice algo, y donde las claves por interpretar abundan, con la finalidad no de convencer ni demostrar nada, sino sólo ilustrar e informar lo que considero una verdad que se está expresando contundentemente cada día.

NUESTRO PASADO EXTRATERRESTRE

Vimos en el cielo lo que parecía una masa de nubes escarlata, similares a terribles llamas de un fuego ardiente. De esta masa salieron relampagueando muchos objetos fulgurantes y tremendos rugidos (...) y se vieron cientos de ruedas de fuego.

Karna Parva, poema épico hindú

¿Qué son los ovnis?

Son los objetos voladores no identificados que se han observado en el cielo, sobre la tierra y bajo las aguas o saliendo de ellas a lo largo de toda la historia por toda clase de personas. Todos los mitos y leyendas de pueblos antiguos hablan de ellos y los describen como ruedas, discos, carrozas volantes, dragones, la gloria de Dios, etcétera. Hemos de tomar siempre en cuenta la posibilidad de que muchas de las observaciones de ovnis encajarían en la explicación de fenómenos cósmicos, atmosféricos o meteorológicos: meteoritos, nubes caprichosas, auroras boreales, espejismos, refracción de luz, inversión térmica o errores de observación. En la actualidad podríamos añadir basura espacial, equivocaciones a la hora de interpretar naves aéreas terrestres o globos sonda y hasta fraudes. Pero incluso así, descartando un gran porcentaje de casos, nos encontramos con un importante volumen de ellos que apuntan hacia un fenómeno inteligente y una tecnología superior foránea. Además, en el pasado no había posibilidad de confundirse con aparatos aéreos de origen terrestre, puesto que no existían.

¿Se puede decir entonces que el fenómeno ovni es un fenómeno inteligente?

Ciertamente, pues muchas observaciones desafían las leyes de la física conocidas por nosotros y, al interactuar con el paisaje y con los testigos, muestran un comportamiento inteligente y revelan una suerte de voluntad de manifestarse llamando poco a poco la atención, estrechando gradualmente la comunicación con los seres humanos.

Si algunos de los ovnis son naves extraterrestres, ¿cómo los deberíamos llamar?

Precisamente el término acordado por los investigadores es en la actualidad el de «ved» (vehículo extraterrestre dirigido), frente al tradicional «ovni» (objeto volador no identificado).

¿Desde cuándo nos estarían visitando los extraterrestres?

Desde tiempos inmemoriales. En las cavernas de Asia, Europa y de América habitadas por los hombres primitivos, así como en los petroglifos diseminados por todo el mundo, vemos formas, dibujos e ideas expresadas que hacen referencia a la visita y presencia en la Tierra de dioses o enviados de los dioses venidos del cielo. Las tradiciones populares como los libros sagrados también citan extrañas y espectaculares naves espaciales, carros de fuego, dragones voladores, escudos o ruedas flamígeras... A esto habría que sumarle ciertas evidencias paleontológicas y arqueológicas que no resisten una interpretación lógica desde los parámetros actuales de la ciencia.

¿Se podría dar alguna referencia de la presencia de ovnis que descienden del cielo en leyendas de los orígenes de la humanidad?

Sí, hay muchísimas. Tomemos un caso sudamericano. Para ello nos remitimos a los cronistas españoles de la conquista en el Nuevo Mundo, Avendaño y Cieza de León, y nos encontramos lo siguiente:

«El diluvio había acabado con la especie humana. Para repoblar la tierra, bajaron del cielo tres huevos: uno de oro, otro de plata y el tercero de cobre. Salieron del de oro los curacas [reyes y nobles], del de plata las ñustas [doncellas nobles] y del de cobre la demás gente. Pachacámac [el creador de la Tierra], después del diluvio, repobló la tierra, enviando cuatro estrellas, dos machos y dos hembras, y de una pareja nacieron los nobles y los reyes y de la otra la gente común. Al ordenar la vuelta al cielo de las estelares progenitoras, mandó que los curacas [jefes] se convirtieran en piedras que deberían ser objeto de culto. Manco Cápac entre ellos.» (Luis E. Valcárcel, *Historia del Perú Antiguo*, Tomo II, págs. 389-390)

Como vemos, en ambas leyendas se menciona la palabra «repoblar», que hace referencia a destrucciones cataclísmicas anteriores y el haberle otorgado al planeta una nueva oportunidad.

¿Son las líneas de Nazca una evidencia de la presencia extraterrestre en el pasado?

Sí, por supuesto. Los petroglifos de Nazca son un rompecabezas para los científicos, que creyeron ver en ellos inicialmente sólo senderos ceremoniales (ceques) que se adentraban en el desierto; y luego, también, un gigantesco calendario astronómico, donde se registraban los solsticios y los equinoccios. Pero, ¿tendría sentido que sólo fuera un calendario disperso en 350 kilómetros cuadrados? Y sobre todo ahora que han sido descubiertas, a gran distancia de las primeras, nuevas figuras, mucho más complejas y antiguas, sobre las cimas aplanadas de las montañas en la localidad de Palpa, también el sur peruano.

No somos pocos los que vemos en ellos una señal evidente de la presencia extraterrestre. Desde una avioneta podemos sobrevolar las líneas, pistas y figuras, y entonces tenemos ante nosotros el misterio desplegado. Todo aquel paisaje sobrecogedor del desierto del sur del Perú marcado por aquellos descomunales glifos que dan la clara impresión de ser un verdadero «astropuerto»: un lugar señalado para el embarque o desembarque de alguien venido del cielo. Y hasta un recordatorio de que los que vinieron prometieron volver cuando la humanidad desarrollase su aeronáutica y astronáutica y fuese entonces capaz de darles su justa interpretación por asociación de ideas o por comparación con lo que nosotros hemos logrado. Es cierto que las naves extraterrestres no tienen tren de aterrizaje, por lo cual no necesitan aeropuertos, pero debajo de aquella zona desértica hay una gran concentración mineral de hierro que podría relacionarse con el aprovechamiento de los campos magnéticos.

Las líneas de Nazca, además de ser un espectacular calendario astronómico (lo cual no se descarta), son un mapa estelar que marcaría la procedencia de los visitantes cósmicos que hace miles de años llegaron a la zona. También serían una especie de diagrama de las líneas de fuerza que operan en todo el planeta Tierra (como corrientes o autopistas de energía), aparte de señalar la dirección hacia los más importantes depósitos de minerales en esta parte del mundo.

¿Hay otras figuras similares en otras partes del mundo?
Como decía, han sido descubiertas otras más antiguas y espectaculares en la zona de Palpa, al norte de Nazca. También encontramos figuras y diseños en el desierto de Atacama (Chile), en el norte de México, en Ohio al sur de los Estados Unidos y en el sur de Inglaterra, cerca de los más importantes monumentos megalíticos.

No somos el centro de la creación, pero ¿somos acaso el centro de la vida en el universo? ¿Somos el único planeta habitado o con vida inteligente?
Nuestro planeta se encuentra a 149.532.000 kilómetros del Sol, a ocho minutos luz en la unidad de medida de los científicos, denominada unidad astronómica (UA). Nos encontramos en un sistema solar con nueve planetas, cantidad de satélites o lunas e infinidad de asteroides, y nos visitan continuamente muchos cometas, que entran en lo más profundo y luego se alejan errantes.

La distancia entre el Sol y el planeta más lejano, Plutón, es de unas 40 UA. Y los cometas más distantes pero que, como dije, participan de nuestro hogar en el Sistema Solar están a unas 100.000 UA. Con ello tenemos el diámetro de nuestro sistema. Nuestra estrella es una de aproximadamente cuatrocientas mil millones en la galaxia; y nuestro sistema, uno entre cien mil millones. Nuestra galaxia tiene 100.000 años luz de diámetro. Para poder abarcar medidas tan grandes se usa en la actualidad el parsec y el kiloparsec. El parsec equivale a 200.000 UA y un kiloparsec equivale a 1.000 parsecs. Con ello, podríamos decir que nuestra galaxia tiene un diámetro de 33 kiloparsecs. Nuestra galaxia es una entre cientos de miles de millones de galaxias, muchas de las cuales están agrupadas en torno a una principal. Las distancias también se miden en años luz, que es el recorrido que traza la luz en un año, aproximadamente nueve billones y medio de kilómetros. Nuestro sistema se encuentra a treinta y tres mil años luz del centro de la galaxia. ¡Ni siquiera estamos en el centro sino en la periferia!... Y la galaxia más cercana a nosotros, que es la M 31, también llamada Nebulosa de Andrómeda, se encuentra a dos millones de años luz de distancia. En nuestra galaxia, igual que en el universo, hay estrellas azules, violetas, rojas, naranjas, blancas, amarillas, marrones..., prueba de que la norma es la diversidad. Al Creador no le faltaba imaginación para concebir y matizar, por lo que necesariamente tenemos que abrir nuestra mente a la diversidad y a la semejanza, sin que esto tenga por qué herir nuestra susceptibilidad religiosa.

Pero, ¿el universo es vacío o está lleno? Y, si está lleno, ¿de qué lo está?

Recientemente los científicos han descubierto que el universo no es vacío, sino que está lleno, lo que pasa es que aún no saben de qué. Pero el contenido lo han descrito como materia oscura, polvo cósmico y nubes de moléculas orgánicas. Hay un sinfín de estrellas rodeadas de nubes de gas y de polvo que contienen moléculas orgánicas. Según la teoría de la panspermia (la vida se encuentra dispersa en todo el cosmos), algunos científicos consideran que la vida en la Tierra pudo haber venido de Orión, pues se han descubierto allí moléculas orgánicas que tienen la misma estructura que las de nuestro planeta. Esta teoría del origen de la vida fuera de nuestro mundo ya había sido planteada por el premio Nobel Francis Creek.

En un universo tan grande, donde las distancias y el tiempo no son nada, donde la Tierra es menos que un granito de arena en una inmensa playa, y además no es la única playa, ¿por qué deberíamos ser los únicos seres vivos inteligentes?

Las religiones nos enseñan que somos el centro de la creación de Dios, ¿es esto así?
Han pasado tan sólo quinientos años desde que se demostrara de una forma sensata que no éramos el centro del universo. Hoy por hoy, lo que más nos está costando aceptar es que tampoco seríamos el centro de la creación, ni el origen de la vida misma.

Si existe vida en otras partes del universo, ¿es más o menos avanzada que la nuestra?
Hay de todo, vida superior e inferior, lugares donde aún no se consolida la vida y otros donde ya terminó o pasó a niveles incomprensibles para nosotros.

¿Los extraterrestres son mejores que nosotros o diferentes?

Los hay que son tecnológicamente más avanzados. Pero eso no los hace mejores, simplemente los coloca en un estado superior de evolución. Es como el hermano mayor que está en la universidad: no es mejor que tú porque estés en la primaria.

Si están viniendo desde siempre seres de otros mundos a la Tierra, ¿para qué vienen y de dónde proceden?

Vienen para estudiarnos, para aprender a través de nosotros y algunos para recordar procesos de evolución que olvidaron o descuidaron. Hay quien requiere experimentar la recuperación de sentimientos y emociones, y vivir como parte de su proceso evolutivo la compasión y la caridad a través de la humanidad.

Vienen de muchos lugares distintos, pues la vida está salpicada en el universo. Sólo nos visitan los más avanzados, porque los que están como nosotros o en inferioridad de condiciones no pueden salir de su entorno. Proceden de planetas de estrellas conocidas por nosotros como Betelgeuse, Belatrix y Rigel en Orión, de la estrella Wolf 424, de la estrella Zeta Reticuli en la Osa Mayor, de Sirio B en Can Mayor, de Alfa de Centauro, etc.

¿Qué esfuerzos se han hecho a nivel científico para tratar de contactarse con civilizaciones extraterrestres?

En 1960 los doctores Otto Struve y Frank Drake del observatorio de Green Bank (Estados Unidos), mediante la utilización de radiotelescopios, iniciaron la búsqueda de vida inteligente en el espacio a través del Proyecto Ozma. La idea era captar señales de radio procedentes del cosmos y decodificarlas con el uso de las computadoras. Este programa fue actualizado años más tarde con el Proyecto SETI, que utiliza descomunales equipos como el radiotelescopio de Arecibo, en Puerto Rico. Ya se habían obtenido anteriormente resultados interesantes cuando científicos como los doctores Burke y Franklin del Instituto Carnegie captaron señales inteligentes provenientes de una fuente desconocida. Pero querer buscar señales extraterrestres de radio, cuando las ondas de radio viajan a la velocidad de la luz (muy lentamente para distancias tan enormes) es como querer comunicarse a gritos con un pueblo desde una montaña, o que en esta época del teléfono celular, el fax o Internet, al cerrar una transacción urgente, te comuniques con cartas. En el caso de la montaña, es difícil que nos escuchen, y en todo caso cualquier posible conexión o recepción sería más producto de la casualidad que de otra cosa. Y en el caso de correo no hay mucha seguridad que nuestra carta llegue a tiempo, si es que llega. Como verdaderamente estamos afanosos, en una carrera contra el tiempo, ya que la existencia humana es efímera, no podemos aguardar tanto ni quedarnos en ascuas. Por eso tendría que haber una forma de comunicación más segura, eficiente y práctica, más allá del tiempo y del espacio, así como una forma de viajar que permita ahorrar distancias haciéndonos que el tiempo nos rinda.

Los escépticos suelen argumentar la inverosimilitud del contacto con alguien (que tendría que ser, según ellos, igual a nosotros; si no, sería imposible la vida y la comunicación), porque sería absurdo cruzar tan increíbles distancias. Si todos se manejaran con esta mentalidad nunca se hubiese llegado a la Luna, descubierto América, ni comerciado con

Japón. Al respecto existe en la actualidad una teoría que cada vez va adquiriendo más solidez gracias a la física cuántica, y es la que sugiere la existencia en el cosmos de agujeros de gusano o pliegues cósmicos, que serían una suerte de vórtices espacio-temporales que permitirían plegar el espacio-tiempo, y así poder realizar impensados trayectos por el universo.

Por tanto, ¿qué pasaría si ya hubiesen venido visitantes extraterrestres que conocen hace mucho estos pasos interdimensionales y saben cómo atravesarlos? Esto lo plantean con mente amplia y sentido común muchos científicos e investigadores de vanguardia.

¿Por qué no plantearse la posibilidad de que en otras partes del universo la vida empezara antes? ¿Y que más de una de estas civilizaciones, cuyo único mérito habría sido llevarnos la delantera en el tiempo (no serían mejores que nosotros sino simplemente estarían en un momento diferente de evolución), podrían estarnos visitando? Y hasta podría ser que algunos de ellos fueran culpables de nuestra existencia a través de una siembra de vida, experimentos genéticos, hibridación, naufragios estelares, colonizaje y hasta deportación de indeseables a nuestro mundo. En algunos casos serían como el hermano mayor o el padre que trabaja fuera y esporádicamente visita a la familia. Para esto voy a mencionar algunos de los innumerables antecedentes históricos que se podrían reunir, descartando aquellos que de forma evidente se pueden relacionar con errores de observación o fenómenos aéreos climatológicos, meteóricos, lluvias de estrellas, inversión térmica, espejismos, nubes caprichosas u otros hoy conocidos.

ANTECEDENTES HISTÓRICOS DE LOS OVNIS

13000 a.C. - Las pinturas rupestres que colman las cuevas de Dordoña (Francia) muestran evidentes objetos con la misma forma de los ovnis captados en las fotografías actuales (el tiempo no estaría pasando igual para ellos que para nosotros).

12000 a.C. - Los petroglifos de Toro Muerto en Arequipa, al sur del Perú, contienen escenas donde se pueden distinguir claramente aparatos espaciales y seres con escafandras.

8000 a.C. - Localizadas en el desierto del Sáhara (Argelia), las pinturas de Tassili en el macizo rocoso del Jabbaren constituyen un conjunto de arte rupestre fascinante debido a que abundan los personajes espaciales con escafandra y trajes anchos en actitud de ingravidez (el gran dios marciano, por ejemplo). También se encuentra allí la imagen de un grupo de mujeres en fila india conducido al interior de lo que parece ser una esfera luminosa o nave por un ser humanoide de cabeza redonda, que se encuentra unido al ingenio espacial por una especie de cordón umbilical. Esto nos hace recordar el sexto capítulo del Génesis bíblico, cuando se habla de la unión de los «hijos de Dios con las hijas de los hombres».

6000 a.C. - Insólita pintura rupestre en el interior de las cuevas de Fergana (Uzbekistán), donde se puede apreciar un ser con escafandra, traje ancho, guantes, y ojos oblicuos que sostiene un disco con unas inscripciones, mientras que a su derecha se ve un sistema binario de dos soles, un evidente disco volador y la figura a la distancia de un ser con antenas.

4200 a.C. - El legendario rey Osiris, venido del cielo (Orión) como protector de la humanidad, gobernaba desde la ciudad sagrada de Abydos, pero fue muerto por su hermano Seth (¿otro extraterrestre?), que usurpó el trono. El hijo de Osiris, Horus, enfrenta a su tío en una batalla estelar usando unas naves en forma de obeliscos llamadas «ben-ben».

4000 a.C. - En Mesopotamia empiezan a aparecer focos de cultura alentados por la presencia de seres divinos o espaciales difusores de la civilización, que se sumergen en las aguas de los ríos Tigris y Eufrates. Estos seres fueron llamados Apkallu, y uno de ellos, muy sabio, era Oannes, cuyo cuerpo se asemejaba en parte al de un pez.

3500 a.C. - Surge la gran civilización Sumeria, cuyos dioses, según la traducción de sus tablillas de arcilla, son seres extraterrestres conocidos como los An, que vienen de las estrellas del cielo en sus *shem* o *mu*, que significa 'naves espaciales'. Trajeron una alta cultura y fundaron las ciudades-estado en una región rica en petróleo que afloraba del suelo. Pero también están los Annunaki, que son los hijos del Príncipe o aquellos vinculados a los que fueron derribados del cielo (deportados a la Tierra), quienes de vez en cuando se hacen presentes y tratan de boicotear el plan de los An.

3113 a.C. - Esta es la fecha que dan los mayas en sus códices y estelas para el inicio de su civilización. Ellos afirmaban ser descendientes de seres que vinieron de las Pléyades y llegaron a la Tierra a través de una «gran caña hueca» o «cola de serpiente» (¿un agujero de gusano?).

3000 a.C. - Se fabrican en la región septentrional de Japón unas estatuillas llamadas Dogu en cerámica y en piedra, que corresponden al período Jomon. Su apariencia no es de simples guerreros con armaduras, sino de verdaderos cosmonautas con escafandras y tubos de respiración.

3000 a.C. - Surgen en el Ecuador las manifestaciones de arte cerámico más antiguo de Sudamérica con las estatuillas Valdivia, que evolucionaron después a las Jama Coaque, con una evidente referencia a seres extraterrestres con trajes espaciales.

2900 a.C. - Se construye la primera pirámide en Egipto. Es la estructura escalonada de Zoser, diseñada por el sacerdote y arquitecto Imhotep a manera de mastabas superpuestas de piedra caliza, como una escalera al cielo para conectar con los dioses (¿extraterrestres?).

2850 a.C. - Según la arqueología que se basa en los datos aportados por el historiador griego Herodoto, que a su vez los recibió de los sacerdotes egipcios, surgen las pirámides de Gizeh como un desafío a la lógica, pues son un monumento a la geometría y a las matemáticas en las postrimerías del Neolítico. Hoy sabemos que todas las grandes obras de una civilización no se logran ni al principio ni al final, sino en el período de mayor expansión y desarrollo de una cultura, lo cual correspondería en el caso egipcio a las XVIII y XIX dinastías del Imperio Nuevo, pero no a la III y IV, sin que hubiese nada después que se las compare. Además, las tres pirámides de Keops, Kefren y Micerinos representan la disposición en el cielo de las estrellas conocidas como las tres Marías o los tres Reyes del cinturón de Orión; y se corresponden proporcionalmente en su tamaño y distancia tal como se observaron 12.000 años atrás, coincidiendo con la fecha en que los relatos de Platón sitúan el hundimiento de la Atlántida, lo cual no puede ser mera coincidencia. Recientes estudios geológicos sobre la erosión de la piedra de la esfinge, monumento que se atribuye al faraón Kefren, han llevado a los científicos a considerar que tendría miles de años más de lo que generalmente siempre se le ha atribuido.

2400 a.C. - El libro XVII del *Shao-hai-ching* hace referencia a una raza humana, los Miao, que perdió la capacidad de volar por haberse enfrentado al Señor de los cielos, por lo cual fueron exiliados a la Tierra.

2346 a.C. - En el capítulo VIII del libro *Hsui-nan-Tzu* se describe la aparición en el cielo de diez soles que hicieron que el emperador Yao ordenara a su arquero real Tzu-Yu que derribara los otros nueve falsos.

2300 a.C. - En el libro japonés *Sei-to-ki* se relata que, en la distante Corea, un hombre divino venido del cielo gobernó un pueblo durante mil años.

2000 a.C. - En el papiro Leningrado 1115 se relata la historia de un náufrago que en sus aventuras es arrastrado por las olas hacia una isla donde habitaba una serpiente de quince metros que refulgía más que el oro. El reptil luminoso le cuenta cómo perdió a setenta y dos miembros de su familia con la caída de una estrella en la isla.

1800 a.C. - El libro del *Ramayana* describe una invasión aérea desde Ceilán y un duelo entre el héroe Rama y los ejércitos del demonio Ravana con unas naves espaciales llamadas «vimanas».

1780 a.C. - El rey babilonio Hamurabi recibió las leyes del dios Shamash en lo alto de una montaña.

1479 a.C. - En el papiro Tulli, que se encuentra actualmente en la biblioteca del Vaticano, se relata un evento ovni que ocurrió en los tiempos del faraón Tutmosis III. El texto dice: «En el año 22, del tercer mes del invierno, sexta hora del día (...), los escribientes de la Casa de la Vida descubrieron que había un círculo de fuego que se aproximaba por el cielo. No tenía ninguna cabeza visible, pero el aliento de su boca tenía un aspecto desagradable. Su cuerpo era una barra de largo [cinco metros] y una barra de ancho. No tenía voz. Los escribas cayeron en la confusión. Escuchando el relato, el faraón meditó, pero después de unos días estas cosas [unos discos] empezaron a ser más frecuentes en el cielo. Brillaban más que el sol y se extendían más allá de los límites de los pilares del cielo. La armada del faraón investigó con él. Fue después de la cena. Allí mismo ascendieron los círculos más arriba en el cielo hacia el sur».

1457 a.C. - Estela egipcia de Gebel Barkal de la XVIII dinastía encontrada en el desierto de Bayuda, y que actualmente se conserva en el museo de Jartum (Sudán). En ella se relata la campaña del faraón en Nubia y cómo una estrella apareció en el campo de batalla, atacó a los enemigos del soberano egipcio y luego se marchó a gran velocidad.

1400 a.C. - En el *Mahabharata* se describen guerras en las que se utilizaron nuevamente las armas aéreas conocidas como vimanas, y hasta se hace mención del contacto sexual de una joven llamada Runti con el dios Sol, de quien nació un hijo muy especial.

1375 a.C. - Tal como lo relata una de las estelas de la fundación y límites de Tell el-Amarna, el faraón Amenofis IV, conocido como Akenaton, es testigo de un encuentro cercano con un ovni del que baja un ser de apariencia humana vestido de blanco. Este lo conmueve y lo motiva a realizar cambios fundamentales en la sociedad egipcia.

1300 a.C. - Moisés habría tenido encuentros cercanos del tercer tipo en lo alto del monte Orbe, en el Sinaí, con un objeto camuflado dentro de una nube, pero que es descrito en el Éxodo de la Biblia como «un mar de bronce y vidrio» y también «de día como una nube y de noche como una antorcha de fuego».

880 a.C. - En los alto relieves de los muros del palacio de Asurbanipal, en Nínive, se hace continua referencia a dioses alados y a discos voladores tripulados.

853 a.C. - El profeta Elías es arrebatado por un carro de fuego delante de un testigo presencial, su discípulo Eliseo.

716 a.C. - Se dice que Rómulo fue trasladado de la colina Palatina hasta el cielo en una nube, entre truenos y relámpagos.

687 a.C. - El ejército de Senaquerib, que estaba sitiando la ciudad de Jerusalén, fue herido de muerte por un «ángel» de Dios.

667 a.C. - En Japón, el emperador Kami-Yamato-Ihari-Biko le contó a su corte que había logrado establecer contacto con sus antepasados celestiales, los cuales habían descendido del cielo en naves voladoras.

630 a.C. - En la antigua Persia, el profeta Zoroastro recibió en el monte Sabalan las leyes del dios Ahura Mazda.

580 a.C. - El profeta Ezequiel describe la gloria de Dios, que descendió delante de él en el río Kebar, como si fuese una nave tipo módulo espacial de despegue vertical.

329 a.C. - Cuando el rey Alejandro Magno de Macedonia se encontraba cruzando el río Jaxartes, en el territorio de la India, aparecieron en el cielo dos escudos brillantes plateados que se introdujeron repetidas veces entre las columnas de soldados, causando gran alarma entre la infantería, la caballería y los elefantes, lo cual provocó una desbandada general.

322 a.C. - Durante el asedio de la ciudad fenicia de Tiro por parte de los ejércitos de Alejandro, se observó en el cielo la aparición de un gran escudo volador que se movía en formación triangular y daba vueltas sobre sí mismo junto con otros cuatro pequeños escudos. De pronto, de este gran objeto salió un rayo de luz que impactó en las murallas de la ciudad fortificada y abrió un tremendo agujero por donde pudieron entrar las tropas de Alejandro. Luego de esta intervención los extraños objetos se marcharon.

223 a.C. - En el libro I de la *Historia romana*, Dión Casio cuenta que en Ariminum una luz brillante como el día iluminó la noche. Pudo ser observada en muchas zonas de Italia y se transformó poco a poco en tres lunas que alumbraron mientras estuvo oscuro.

222 a.C. - Durante el consulado de Gneo Domicio y de Cayo Fannio aparecieron en el cielo tres lunas (Plinio el Viejo, *Naturalis Historia*, libros 21-22).

218 a.C. - En la zona de Amiterno se aparecieron unos misteriosos hombres vestidos de blanco que decían venir de muy lejos. Su presencia estuvo acompañada por extraños comportamientos del sol, el cual crecía y luego se reducía. En Preneste se observaron extraños rayos de luz que descendieron del cielo. En Arpi se vio un escudo en el firmamento, de tal manera que parecía que la luna combatía con el sol, y por la noche se vieron dos lunas. En esos días se observaron naves fantasmas aparecer en el cielo (Plinio el Viejo, *Naturalis Historia*, libros 21-22).

217 a.C. - En la localidad de Falerio, cerca de Roma, el cielo pareció desgarrarse mostrando una gran fisura a través de la cual titilaba una fuerte luz (Plinio el Viejo, *Naturalis Historia*, libros 21-22).

216 a.C. - En la obra *Prodigia*, del escritor romano Julius Obsequens (siglo IV d.C.), se dice que en el año 216 a.C. se observaron en el cielo de Italia objetos que parecían barcos flotando entre las nubes.

213 a.C. - Según el historiador romano Tito Livio (59 a.C.), en el año 213 a.C. se produjo el avistamiento de un objeto que parecía un altar volador, acompañado de seres vestidos de blanco, en la zona de Adria, en el golfo de Venecia (Italia).

203 a.C. - En Setie, a 80 kilómetros de Roma, apareció una deslumbrante luz como una antorcha que se movía de este a oeste y que venía acompañada de otro objeto.

200 a.C. - La tribu de los dogones de Mali, que vive en la meseta Bandiagara, a unos 500 kilómetros de Timbuktu, cree firmemente que recibió su cultura de una raza anfibia de seres extraterrestres, llamados los Normo, que habrían llegado en una especie de arcas de un planeta de una estrella (Sirio

B) que gira en torno a otra estrella conocida como Sirio, en el sistema de Can Mayor.

170 a.C. - Según un relato alemán del siglo XVI, en el año 170 a.C. se vio una flota de barcos aéreos sobre la ciudad de Lanupium, a 25 kilómetros de Roma.

90 a.C. - En el territorio de Espoleto, un globo de fuego de color dorado cayó a la tierra desde el cielo. Fue observado previamente girando y su tamaño aumentó. Luego se lo vio levantarse y elevarse nuevamente, dirigirse al este y oscurecer el disco solar con su tamaño.

66 a.C. - El historiador romano Plinio el Viejo, en el libro II de su *Naturalis Historia* (23 a.C.), describe que durante el consulado de Gneo Octavio y de Cayo Suetonio aparecieron en el cielo unos objetos con forma de judías brillantes y después algo parecido a una chispa que salió de una estrella, cayó a tierra y luego se elevó haciéndose tan grande como la luna.

4 a.C. - Unos astrólogos caldeos llegaron a la localidad de Belén, en el actual territorio de Israel, siguiendo a una extraña estrella que se veía indistintamente de día y de noche y que se movía de tal manera que llegó a detenerse sobre el lugar donde nació el niño Jesús (Evangelio de San Mateo).

70 d.C. - «El 21 de mayo apareció un fantasma demoníaco de increíble magnitud (...). Antes del crepúsculo aparecieron en el aire de todo el país [Israel] carruajes y hombres armados que se desplazaron entre las nubes y circundaron la ciudad.» (Flavio Josefo, *Guerra de los judíos*, libro CXI)

193 - «Se vieron tres estrellas que imprevistamente circundaron el Sol, en el mismo momento en que el emperador Juliano estaba en presencia de nosotros, en la guerra. Esas tres estrellas eran tan distintas que los soldados no pudieron evitar mirarlas y se las señalaron a los demás.» (Dión Casio, *Historia romana*, libro LXXIV)

200 - La cultura Nazca confecciona en la pampa del Ingenio, a 430 kilómetros al sur de Lima (Perú), el calendario astronómico más grande del mundo, identificado por muchos investigadores del fenómeno ovni como un «astropuerto», ya que las más de diez mil líneas, decenas de pistas y medio centenar de figuras gigantescas repartidas por la zona (sólo visibles desde el cielo) serían el lugar señalado desde el espacio para el descenso y ascenso de naves extraterrestres (hay un estrato de hierro de más de 86 kilómetros cuadrados en el lugar y precisamente debajo de las líneas).

Algunas de las líneas apuntan hacia los más importantes depósitos de minerales que se encuentran en Sudamérica, y además hay quienes plantean que las líneas, pistas y figuras son un diagrama de las líneas de fuerza que operan en el planeta Tierra. De tal manera que, si colocáramos los diseños sobre un planisferio, encontraríamos las rutas que siguen las naves en su ingreso al planeta y en su desplazamiento sobre las bandas magnéticas. Recientemente se han descubierto líneas y figuras más antiguas en la zona de Palpa (al norte de Nazca) que podrían ser unos mil años más antiguas que las de Nazca.

312 - El emperador Constantino el Grande vence a Majencio en el puente Milvio después de haber tenido la visión en el cielo de un gigantesca cruz luminosa, que mandó a grabar en los estandartes de sus legiones.

392 - Extrañas luces fueron vistas en el cielo durante los días del emperador Teodosio. Un globo resplandeciente apareció de pronto en medio de la noche. Brilló intensamente cerca de la estrella del día (Venus) y luego circundó el Zodíaco. El resplandor de su brillo fue un poco menor al de otras esferas resplandecientes que se acercaron poco a poco al primer globo. El espectáculo era como un enjambre de abejas volando alrededor del cuidador de la colmena, y la luz que emitían todas esas esferas hacía parecer que se estrellaban violentamente entre sí. Más tarde se mezclaron todas juntas en una sola y majestuosa luz, que surgió ante los ojos de los testigos como una horrible espada de doble filo. El extraño globo que fue visto al principio aparecía como el mango de la escoba y las otras esferas se veían fusionadas con él. Su brillo fue resplandeciente.

398 - Algo parecido a un globo ardiente y también a una espada brilló fuertemente en el cielo de la ciudad de Bizancio. Parecía que casi tocaba la tierra en el lugar del cenit. Un suceso de esta naturaleza jamás había sido visto en aquel lugar.

457 - Sobre Bretaña (Francia), apareció un objeto brillante igual que un globo en el cielo. Su tamaño era enorme y por debajo colgaba una bola de fuego que parecía un dragón. De la boca salían dos llamas, una de las cuales llegaba fuera de Francia y la otra iba hacia Irlanda, y terminaban ardiendo como con rayos.

500 - Surge la historia del mago Merlín como el hijo de un ángel caído (¿exiliado extraterrestre?) y una princesa galesa, que más adelante involucrará el ciclo de Arturo Pendragón.

540 -Se edifica la pirámide de las Inscripciones sobre la cripta de un alto personaje de la nobleza maya en la ciudad clásica de Palenque, en el actual Estado de Chiapas (México). Pacal es el rey sacerdote que aparece representado en una loza sepulcral de cinco toneladas de peso, en donde al parecer «el señor que vino de las estrellas» se remonta hacia a ellas en una especie de nave espacial.

583 - El 31 de enero de 583, en el octavo año del rey Childeberto, «apareció en horas matutinas de aquel domingo un gran globo incandescente, descendido con la lluvia del cielo nublado, que se desplazó sobre un largo trayecto, desprendiendo tanta luz que parecía mediodía; retornado que hubo entre las nubes, volvieron a caer las tinieblas».

584 - San Gregorio, arzobispo de Tours (Francia), relata en su *Historia Francorum* cómo en el año 584 d.C. aparecieron en el cielo brillantes rayos de luz que parecían cruzarse y colisionar entre sí. También describe que tiempo después fueron vistos globos dorados que en distintas ocasiones se observaron destellando a grandes velocidades a lo largo de Francia.

746 - En Inglaterra fueron observadas naves en el cielo dentro las cuales se veían extraños hombres.

776 - En los *Annales Laurissenses* se cuenta que, durante el asedio de los sajones a la ciudad de Sigisburgo, los francos derrotaron a los atacantes, que se dieron a la fuga cuando, ante los ojos de todos, sobre la iglesia de la ciudad sitiada, se manifestó la «gloria de Dios» en la forma de dos escudos flamígeros voladores de color rojo que se movían en el cielo.

793 - La *Crónica anglosajona* informa que ese año hubo terribles presagios en Northumbría, que consistían en excepcionales destellos de luz y fieros dragones que fueron vistos volando por el aire.

796 - Miles de personas observaron sobre Inglaterra cantidad de globos luminosos que fueron bautizados como dragones voladores (Monje Roger de Wendover, *Flores Historianum*).

800 - El emperador Carlomagno dispuso leyes muy duras para aquellos que tuvieran algún comercio o relación con aquellos espíritus aéreos (cosmonautas) que venían a enseñar e invitaban a la gente a subir a sus ingenios espaciales. A estas personas se las llegó a torturar, tal como se menciona en la *Patrologiae* de Migne, tomo CIV.

840 - El arzobispo de Lyon, Agobardo, narró que vio a una multitud que apedreaba a tres hombres y una mujer que decían haber sido invitados a subir a una carroza voladora.

956 - En el condado de Cloera, una misa fue interrumpida por el ruido de la presencia de un objeto que fue visto fuera del templo cuando volaba en el cielo a baja altura. En su interior se veían personas.

960 - El escritor chino Shen Kuo, que vivió durante la dinastía Sung, describió en su obra un «objeto brillante como una perla» que se desplazaba, como si volase, sobre la superficie de un lago cerca de Yangzhou, en la provincia centro-oriental de Jiangtsu. Según el escritor, el objeto fue avistado tan frecuentemente que llegó a convertirse en una atracción en la zona. Desde lejos parecía del tamaño de un puño y emitía una luz plateada que iluminaba los alrededores, en un área de unos cinco kilómetros.

1104 - Fueron vistas en Suiza antorchas de fuego, ardientes dardos y fuegos voladores. Y también se vieron acercarse estrellas que parecían enjambres de mariposas y como unos gusanos ardientes.

1113 - Un grupo de religiosos de Laon (Francia) iba en peregrinaje de ciudad en ciudad en Wessex (sudoeste de Inglaterra) llevando consigo reliquias de la Vírgen María que presidieran milagros de curación. En la ciudad costera de Christchurch, Hampshire, quedaron asombrados al ver un dragón que salía del mar y expulsaba fuego por la nariz.

1118 - Una cruz inmensa y una luna brillante blanca aparecieron en el cielo de Francia, lo cual se tomó como un mal augurio.

1150 - Una cruz luminosa apareció en el cielo al mediodía en Inglaterra, justo cuando Ricardo Corazón de León y Felipe de Francia se aprestaban para ir a la guerra contra Saladino.

1170 - El 9 de marzo del año 1170 en St. Ostwyth, Essex, sudeste de Inglaterra, se vio un gran dragón que se elevaba al cielo y convertía el aire en fuego, lo cual produjo incendios a su alrededor.

1230 - Una de las leyendas del origen de los incas habla del surgimiento de Manco Cápac y Mama Ocllo en un trono dorado (un osni u objeto submarino no identificado) desde el fondo del lago Titicaca.

1254 - En la medianoche del primer día de enero, en el cielo claro y sereno de Francia apareció repentinamente una especie de gigantesca nave de diseño elegante y de un color maravilloso. Ciertos monjes de la abadía de St. Albans la vieron durante largo rato y la describieron como si estuviese toda ella pintada y construida de planchas de metal.

1269 - En su *Historia de Polonia*, Martin Cromer señala que el 6 de diciembre de 1269, en la ciudad de Cracovia, a la hora del crepúsculo, se observó en el cielo algo raro y brillante. Tenía forma de cruz y dio una vuelta en el aire iluminando la ciudad con una gran luz.

1271 - El 12 de septiembre de 1271, un sacerdote llamado Nichita iba a ser ejecutado en la población japonesa de

Kamamura, pero apareció en el cielo un objeto muy luminoso en forma de media luna que espantó a los presentes. De esta manera el clérigo pudo salvarse.

1290 - El 20 de octubre los frailes de la abadía de Byland, en Yorkshire (Inglaterra), redactaron un documento en donde testificaban haber visto en el cielo un objeto plateado en forma de una rueda que se deslizaba muy lentamente por el firmamento.

1388 - En la *Crónica de Leicester* de Henry Knighton se dice que, en noviembre y diciembre del año de 1388, un fuego en el cielo, como una rueda que giraba en llamas o un barril redondo que emitía fuego desde arriba, y otros con la forma de un largo y ardiente haz fueron vistos durante la mayor parte del invierno en el condado de Leicester, y también en el de Northampton.

1388 - Sobre el monasterio de Ragusa, en Italia, fueron observados varios objetos luminosos que volaban en formación.

1389 - En la misma *Crónica de Leicester* se relata la aparición en esta ciudad de un dragón volador durante el mes de abril.

1458 - El 7 de marzo de 1458 fueron observados cinco objetos que hacían evoluciones en torno a la Luna, cambiando hasta tres veces de color, hasta que al final desaparecieron.

1461 - En sus memorias, el duque francés de Bourgogne recuerda que en noviembre un objeto tan ancho y largo como la luna apareció de noche en el cielo. Estuvo colgado bien visible durante un cuarto de hora y luego, de repente, giró, se dobló y se elevó a los cielos.

1468 - El 8 de marzo del 1468, en el cielo sobre el monte Kasuga (Japón), apareció un extraño objeto que al moverse producía un ruido similar al de una rueda.

1479 - Se observó sobre Arabia la aparición en el cielo de un objeto volador muy extraño, similar a los misiles actuales.

1519 - El español Juan de Grijalba, cuando navegaba rumbo a Yucatán (México), vio un objeto en el cielo que parecía una estrella brillante que dio varias vueltas sobre el barco y se alejó hacia la costa, dejando una estela brillante a su paso. Permaneció unas tres horas inmóvil y luego desapareció.

1520 - En el año 1520 fue vista en Hereford (Inglaterra) una gran viga de fuego que, al acercarse al suelo, quemó muchas cosas con el calor que desprendía. Después ascendió hacia el cielo y cambió de forma, hasta adoptar la de un círculo en llamas.

1528 - Durante el sitio de la ciudad de Utrecht (Holanda), se observó en el cielo la aparición de algo luminoso, como una cruz brillante, pero a la vez tenebroso, que aterrorizó a la población.

1535 - El 20 de abril de 1535 aparecieron sobre la ciudad de Estocolmo (Suecia) cinco soles brillantes que hacían extrañas evoluciones en el cielo, alarmando a la gente. Olaus Petri, teólogo y matemático, pidió en aquel entonces a su amigo Gustav Vasa que plasmara el fenómeno observado en un cuadro, el cual permanece hasta hoy en la catedral de la capital sueca.

1547 - El 28 de junio de 1547, la gente de la ciudad de Oettingen, en Baviera (Alemania), vio aparecer en el cielo unos objetos con forma de ruedas que al avanzar dejaban una estela rojiza.

1561 - En la mañana del 4 de abril de 1561, bolas azules, negras y rojo sangre junto a discos y cruces de color rojo sangre, que emergieron de dos enormes cilindros negros, lucharon en los cielos de Nuremberg (Alemania). Según el grabado contemporáneo del artista Hans Glaser, algunas de las esferas se estrellaron en las afueras de la ciudad.

1566 - En la ciudad de Basilea (Suiza), se repitió el 7 de agosto lo acontecido cinco años antes en Nuremberg, y fue atestiguado por muchísima gente. Se observó una guerra de objetos redondos como globos o discos de distintos colores. Samuel Coccius lo reportó en la gaceta de la ciudad.

1570 - En la biografía de Benvenuto Cellini, libro I, dice: «Regresábamos a Roma montados en nuestros caballos. Llegados a los suburbios de la ciudad, bien entrada la noche, nos volvimos en dirección hacia Florencia y exclamamos con gran maravilla: "¡Oh Dios del cielo! ¿Qué es esa cosa enorme que se ve sobre Florencia?". Era como una viga de fuego, que centellaba y brillaba con grandísimo resplandor».

1571 - El 21 de septiembre 1571, por la noche, apareció en el cielo una señal que todos creyeron prodigiosa. El cielo estaba sereno, soplaba un viento frío del norte y las estrellas lucían claras y brillantes. Pero de pronto —explica el padre Guglielmotti sobre los testimonios recogidos— apareció en el cielo una antorcha grande y reluciente, en forma de columna, que permaneció largo rato en el aire.

1577 - En su *Histoires prodigieuses*, Pierre Boaistuau recoge el acontecimiento ocurrido el 5 de diciembre de 1577 a las siete de la mañana, unas millas a las afueras de Tubinga (Alemania). Gente de la ciudad fue testigo de unas ardientes nubes extrañamente coloreadas que parecían reunirse alrededor del sol. De estas nubes salían reverberaciones que se asemejaban a largos, altos y anchos sombreros, y la tierra se mostraba amarilla y sangrienta y parecía estar cubierta de estos sombreros de diferentes colores: rojos, azules, verdes y la mayoría negros.

1630 - En el mes de marzo de 1630, el gobernador inglés John Winthrop escribió en su diario lo que James Everell, miembro de la primera iglesia puritana, le contó. Everell se dirigía a Charleston en bote por el río Muddy, afluente del Charles, junto con dos hombres. A las diez de la noche observaron aparecer sobre las copas de los árboles una esfera luminosa que iba y venía. Aquellos recios puritanos quedaron anonadados y, cuando definitivamente se marchó, se percataron de que el bote se había desplazado por sí solo corriente arriba.

1643 - El 10 de mayo de 1643 muchísima gente observó en el cielo de Inglaterra un objeto luminoso, como una nube, pero en forma de espada, que se dirigía al norte. Era tan brillante como la luna. Comenzó a las once de la noche y desapareció a la una de la madrugada.

1644 - Durante la noche del 18 de enero de 1644, unas personas que vivían en Boston vieron elevarse del mar una fuerte luz, la cual fue seguida por otra del tamaño de la Luna. Esta segunda terminó uniéndose con la anterior sobre la isla de Noddle (Estados Unidos). Luego se produjo una frenética carrera entre ambas luces, que a veces parecían jugar entre sí. Una semana más tarde volvieron a aparecer.

1663 - El 15 de agosto de 1663, en San Cirilo de Robozero, monasterio cercano a Moscú, los campesinos Ivachoko Rieski y Levka Fedorov, junto con otras personas más, informaron que en el cercano lago de Robozero, a dos kilómetros del monasterio, habían surgido al mediodía unas intensas llamas localizadas dentro de un espacio circular de poco más de cien metros de diámetro. Del lugar salía un humo azulado muy extraño, y luego del interior del lago emergieron dos luces brillantes. El fenómeno duró una hora y se repitió quinientos metros más allá. Volvió a desaparecer y luego se reanudó pero produciendo un espantoso ruido y un calor intenso. Coincidentemente, empezaron a flotar peces muertos y apareció una extraña coloración en el agua, como de óxido.

1700 - En Japón aparecieron en el cielo tres objetos redondos como la luna que permanecieron inmóviles en el firmamento durante cuatro días. Esto produjo terror en la población.

1716 - En el mes de marzo de 1716, en Inglaterra, el famoso astrónomo Edmond Halley, quien descubriera el cometa que hoy lleva su nombre, observó en el cielo una serie de objetos aéreos extraños. Uno de ellos iluminó el cielo durante más de dos horas.

1731 - El 9 de diciembre de 1731, a las cinco de la tarde en la localidad de Sheffield (Inglaterra), Thomas Short vio una nube roja oscura, debajo de la cual había un cuerpo luminoso que emitía intensos rayos de luz. De pronto comenzó a emitir un intenso calor que envolvió todo el ambiente, haciéndolo casi insoportable. Este mismo objeto fue observado sobre Kilkenny (Irlanda) pero como una bola de fuego, estremeciendo la isla entera. También fue visto en Rumania apareciendo del lado del oeste como un objeto luminoso de color rojo sangre, que se mantuvo sobre el lugar durante dos horas; luego se dividió en dos partes que después se volvieron a juntar y se marcharon a gran velocidad hacia el oeste.

1740 - En el estado de New Hampshire (Estados Unidos), en el valle de Contoocoock se observaron aparecer cantidad de bolas luminosas que a veces perseguían con curiosidad a los granjeros, quienes temerosos huían.

1783 - La revista británica *Gentleman´s Magazine* comentó la observación del 28 de agosto de 1783 en las localidades de Dorset, Berkshire, Devon y Derby (en el sur, norte y oeste de Inglaterra) de un extraño objeto que producía un ruido tremendo, al que se le llamó *draco volans* (dragón volador).

1790 - El 12 de junio de 1790, en las afueras de Alençon (Francia), unos campesinos vieron una esfera en llamas que desprendía un ruido estridente. Descendió lentamente, moviéndose como un péndulo, y se posó sobre una colina, arrancando plantas y provocando un singular incendio en la maleza.

1806 - En Alemania, el astrónomo Fritsch afirmó haber observado extraños objetos en el cielo.

1817 - En la localidad de Ipswich (Inglaterra), un astrónomo local afirmó haber observado un objeto muy raro que permaneció inmóvil cerca del Sol durante tres horas y media.

1820 - Durante los días 12 de febrero, 27 de abril y 7 de septiembre de 1820, fueron vistas formaciones de ovnis en la zona de Emburn, en el norte de Francia. Se movían muy rápido y hacían increíbles ángulos rectos en el cielo.
Durante ese año, el astrónomo francés François Arago también pudo observar con su telescopio las mismas formaciones de ovnis haciendo evoluciones.
En la localidad de Saarbrücken (también en Francia), se observó el descenso de un extraño objeto parecido a un torpedo gris.

1833 - Un objeto muy luminoso en forma de gancho fue visto en el cielo sobre Ohio (Estados Unidos). También en noviembre fue observado otro objeto brillante sobre las cataratas del Niágara.

1836 - Es visto sobre Cherbourg (Francia) un objeto gigantesco ovalado que parecía girar sobre sí mismo en el cielo.

1845 - Fueron observados sobre Londres multitud de objetos anaranjados que alarmaron a la población. Durante ese mismo año, un astrónomo italiano observó una flotilla de objetos en forma de discos sobre Nápoles. También en alta mar fueron vistos ese año tres gigantescos discos que se elevaron desde el agua y permanecieron estáticos diez minutos en el cielo.

1846 - En Lowell, Massachusetts, fue observado un disco brillante de gran tamaño que dejó caer una especie de gelatina. Ese mismo año se reportaron ovnis en Londres y sobre Inverness, en Escocia.

1847 - En la región central de Japón aparecieron unas nubes de fuego, las cuales dieron vueltas y luego desaparecieron.

1863 - El día 13 de agosto de 1863 fue visto sobre Madrid (España) un disco luminoso, con una cúpula ardiente o de un color similar al fuego. Esto fue publicado al día siguiente en *La Gaceta de España*.

1870 - El 22 de marzo de 1870, la tripulación del velero inglés *La señora del lago* observó la aparición en el cielo de un objeto en forma de nube circular, con algo parecido a un semicírculo dividido en cuatro partes. El avistamiento duró media hora.

Ese mismo año, el observatorio de Greenwich (Inglaterra) observó un «torpedo volador» que también llegó a ser visto en Bélgica y Holanda, mientras que en Marsella (Francia) se captó un gigantesco disco de color rojo durante nueve minutos.

1871 - Nuevamente sobre Marsella, pero esta vez el 1 de agosto de 1871, fue visto un gran disco rematado por una cúpula encima.

1874 - El 6 de julio fue avistado durante seis minutos un objeto muy grande en la población de Oaxaca (México). Se calculó que medía unos 120 metros de largo.

1878 - El 24 de enero, en la localidad de Denison (Texas), se observó un disco luminoso en el cielo que según los testigos parecía un plato.

1879 - El 15 de mayo, en el golfo Pérsico, los pasajeros del barco *Vulture* fueron testigos de la aparición en el cielo de dos ruedas luminosas gigantes, de unos 40 metros de diámetro, que giraban sobre sí mismas haciendo evoluciones.

1880 - El 26 de marzo de 1880, en Galisteo (Nuevo México), los pobladores quedaron sorprendidos por un sonido extraño procedente del cielo. Al poco tiempo apareció una nube oscura de enorme tamaño en forma de habano, con un comportamiento insólito por cuanto parecía que estaba planeando; y, al sobrevolar el pueblo, dejó ver unos extraños símbolos en un costado y unas ventanitas detrás, en las que parecían asomarse seres.

Este aparato dejo caer sobre el pueblo objetos diversos, algunos de los cuales parecían orientales (como tazas), pero venían acompañados de extraños símbolos. Al día siguiente, un periodista del *Santa Fe Daily News* se encargó de publicar la noticia. Se descarta la posibilidad de que fuera un dirigible, puesto que todavía no existían.

La noche del avistamiento se multiplicaron las observaciones de ovnis en diversas partes del medio oeste hasta el Pacífico.

1881 - En junio de 1881, dos hijos del Príncipe de Gales (uno de ellos el futuro rey Jorge V), junto con otras personas que se encontraban navegando cerca de la costa australiana, observaron en el cielo un objeto lleno de luces.

1883 - El 4 de mayo de 1883, se observó sobre Nueva Zelanda un disco luminoso que cruzaba el cielo.

El 12 de agosto, el astrónomo mexicano José Bonilla, del observatorio de Zacatecas, captó una serie de objetos que evolucionaban alrededor del Sol.

El 1 de noviembre se vio sobre Turquía un objeto que se calculó tenía unas cinco veces el tamaño de la luna cuando la vemos en el horizonte.

Ese mismo año, el 17 de noviembre, el profesor E.W. Mauder, desde el observatorio de Greenwich (Inglaterra), vio en el cielo un extraño objeto que describió como un disco que luego adoptó la forma de un cigarro. Muchísima gente también observó el «habano luminoso».

Asimismo se avistó sobre Bermuda (Estados Unidos) un objeto redondo haciendo evoluciones.

1892 - El 22 de noviembre de ese año, fue visto por cientos de testigos sobre la bahía de San Francisco (Estados Unidos) un extraño objeto en forma de puro con pequeños alerones laterales. Su ruta siguió el noroeste y también fue observado en otras partes de California. El día 30 regresó a la zona.

1893 - En el mes de mayo de 1893, el barco británico HMS *Caroline*, que navegaba entre Shangai y Japón, avistó una flotilla de discos voladores durante dos horas.

En Francia ese mismo año fue observado un objeto extraño y muy luminoso.

1894 - El 30 de marzo de 1894 en Sioux City, Iowa (Estados Unidos), un granjero fue arrastrado varios metros por un objeto lanzado desde un ovni. Este objeto parecía un gancho o ancla.

El 6 de abril el *Chicago Tribune* dio a conocer que centenares de testigos habían contemplado en Omaha (Nebraska) un objeto metálico de cuatro o cinco metros de largo. El mismo diario informó que el 9 de abril multitud de testigos vieron el objeto, pero con forma de huevo, desplazarse hacia Wausau (Wisconsin).

El 10 de abril se observaron ovnis en Galesburg y en Elgin (Illinois). También se vieron ovnis en Eldora y Newton (Iowa).

El 16 de abril se avistó un ovni con luces rojas y verdes en Brenton (Texas), y otro sobre Washington D.C. volando a sólo 200 metros de altura.

1896 - En el mes de abril de 1896, en Leroy, Kansas, Alexander Hamilton (que había sido miembro de la Cámara de Diputados de los Estados Unidos), junto con uno de sus hijos y un trabajador de su granja, fue al encuentro de un ovni en forma de cigarro que estaba a sólo unos diez metros del suelo. Habían sido despertados por la bulla del ganado asustado. Y, al acercarse a unos 45 metros del aparato, se percataron de que parecía de cristal, que estaba todo iluminado por dentro y que era inmenso, de unos noventa metros de largo. Llegaron incluso a ver a los tripulantes, que eran unas extrañas criaturas. Pero, al advertir estos seres la presencia de los granjeros, se marcharon en la nave.

El 20 de abril se avistó un objeto similar en Sisterville (Virginia). Luego, el 22 de abril, el ingeniero ferroviario Jim Hooton fue a Texarkana (Texas) para esperar la llegada del tren especial. En el camino avistó una extraña nave y a sus ocupantes, aparentemente humanos, uno de los cuales dialogó con él.

1907 - El 2 de julio de 1907 fue observado sobre la ciudad de Burlington, Vermont (Estados Unidos), un objeto en forma de torpedo oscuro. Del interior salió un disco y ambos aparatos desaparecieron al poco rato.

1908 - El 30 de junio de 1908, un objeto cilíndrico de color blanco ingresó en la atmósfera y, al cambiar de rumbo, terminó por estrellarse en la zona de la Tunguska, en Siberia (Rusia). En el epicentro del impacto o lugar de la explosión, los árboles fueron carbonizados o arrancados y arrojados hasta quince kilómetros de su ubicación original. La honda expansiva, que hizo saltar los sismógrafos, alcanzó los 86 kilómetros y el estampido se oyó a casi mil kilómetros de distancia.

En 1921 el científico ruso Leonid A. Kulik organizó una expedición al lugar y quedó completamente desconcertado, ya que de haber sido un meteorito tendría que haber creado un cráter de impacto; y no lo había.

1910 - El 12 de enero de 1910, en Chattanooga (Tennessee), miles de personas fueron testigos de la aparición de un objeto cilíndrico que avanzaba a una velocidad de unos 50 km/h; también fue avistado en Hunsville (Alabama), y se pudo volver a observar los días 13 y 14 de enero.

El 21 de septiembre, alrededor de un millón de personas vieron una flotilla de ovnis sobre la ciudad de Nueva York. Tenían forma de disco y fueron observados durante tres horas.

Conclusión

Los naves, discos, cilindros, esferas, puros, habanos, torpedos y ovnis en general han sido observados por la gente a lo largo de toda la historia humana. No es un fenómeno nuevo, y ha sido interpretado de acuerdo al momento por los testigos, quienes han sido desde gente muy sencilla hasta muy preparada. En cuanto a la intención de los visitantes, si hubiesen querido hacernos daño hace tiempo que podrían haberse impuesto sobre una indefensa humanidad.

Ya vemos que también ha habido contactos, pero espaciados y esporádicos, como para evitar interferir, aunque muchas veces lo han hecho y de una forma muy directa. No es fácil entenderlos a ellos, como tampoco es fácil entendernos a nosotros mismos; y más aún cuando sabemos que son muchas y muy diversas las civilizaciones que llegan, y con las más variadas intenciones.

El progreso de la humanidad, que aún se encuentra en una adolescencia tecnológica y mental, nos permite avizorar un encuentro definitivo, muy próximo, pero en la medida en que lleguemos por nosotros mismos a una juventud responsable; esto es, con cambios que nos lleven a un planeta sin fronteras, con respeto y tolerancia en las religiones, sin pobreza, hambre ni desigualdades. Parece imposible o muy lejano, pero soy optimista y creo firmemente que no falta mucho. ¡Y ellos lo saben, y creen en nosotros! Ahora lo único que falta es que creamos en nosotros mismos y nos demos una oportunidad.

LA BIBLIA Y LOS EXTRATERRESTRES

Y subieron Moisés y Aarón, Nadab y Abiú, y setenta de los ancianos de Israel. Y vieron al Dios de Israel; y había debajo de sus pies como un embaldosado de zafiro, semejante al cielo cuando está sereno.

(Éxodo 24, 9-10)

¿Es la Biblia un relato de la presencia de extraterrestres en la Tierra?

Con todo el respeto que nos merecen las Sagradas Escrituras, y los Libros Sagrados de diferentes pueblos y religiones, en todos ellos encontramos la evidencia de la presencia y manifestación de visitantes de otros mundos y dimensiones.

La Biblia es un conjunto de libros considerados, por algunas de las más numerosas e importantes religiones del mundo, como inspirados, pero no es el único.

La Biblia se nos presenta como un registro de la aparición de la especie humana, así como el relato en parte histórico del surgimiento y evolución del pueblo de Israel a lo largo de miles de años, a la vez que retrata los mitos, usos y costumbres de los pueblos de Oriente Próximo. El pueblo de Israel vivió un largo proceso de transculturización, asimilando muchos de los diferentes aportes de otros pueblos con los que convivió y compartió, lo cual también aparece evidenciado en sus textos religiosos. Siendo, pues, la Biblia un cúmulo de textos redactados en diferentes épocas, considero que en ella se encuentran una gran cantidad de referencias a la participación de extraterrestres en nuestro mundo y en nuestro desarrollo.

¿Esto negaría la existencia de Dios?

De ninguna manera. Dios es el Creador de todo, y el hecho de que extraterrestres más avanzados que nosotros puedan haber estado actuando en la Tierra desde tiempos antiguos no niega la existencia de Dios; por el contrario, nos muestra un Dios más omnipotente y vasto. La vida bien pudo haber empezado en otras partes antes que aquí, con lo que se pone en cuestión la idea de que seríamos el centro de la creación y de la vida misma. Pero, si ese Dios es omnipresente, no tiene que haber un centro necesariamente.

La idea de Dios que hoy manejamos habría surgido de ese contacto con seres del espacio. Pero no la idea de un Dios extraterrestre, sino de una fuerza universal incomprensible e inconmensurable. Aunque siempre surge la posibilidad de que se confundiera a los mensajeros con el mensaje.

¿Serían los ángeles seres extraterrestres?

Los ángeles del pasado serían los extraterrestres de hoy, y esto es evidente al analizar el desenvolvimiento de estos personajes. Pero el que se los haya confundido con ángeles o se les haya llamado así («ángeles», que significa 'mensajeros') no niega la existencia de los ángeles como tales, pues serían habitantes de otras dimensiones y planos.

¿Cuándo se podrá saber todo esto abiertamente?

Al ritmo de los acontecimientos mundiales, podría decir que no falta mucho para que se produzca una gran avalancha de información liberada por los gobiernos y las religiones contra su voluntad, porque no van a poder seguir ocultándola y saldrá a la luz por acción de mecanismos muy positivos que habían previsto este tiempo, produciendo un despertar colectivo. En tal sentido analicemos este fragmento de uno de los rollos del mar Muerto encontrados a fines de los años 40:

«Esto será para ustedes la señal de lo que sucederá: cuando la prole de la perversidad sea encerrada, la maldad desaparecerá ante la rectitud como las tinieblas ante la luz. Y como el humo se desvanece y ya no existe más, así la maldad se desvanecerá para siempre y la rectitud se mostrará como el sol, ordenador del mundo. Todos los que retienen los misterios de la rebeldía dejarán de existir, el mundo se henchirá de conocimiento y jamás habrá ya en él insensatez.» (Qumrán, Libro de los misterios 1Q27, 6-8)

¿Hasta qué grado habrían intervenido o actuado seres de otros mundos en nuestra historia?

Diría que hasta el grado de intervenciones directas, y en algunas ocasiones llegando a diseñarnos, regular nuestras vidas, castigar nuestras faltas e incluso al emparentamiento, mezclándose e hibridándose con los terrestres.

«Pensé entonces para mis adentros que la concepción [de Noé] había sido obra de los Vigilantes de Mundos y de los Guardianes de Planetas, o de los nefileos [ángeles caídos o gigantes].»

«Yo te juro por el gran Santo, por el Rey de los cielos (...), que es de ti esta simiente, de ti esta concepción y de ti el fruto producido (...) y no de ningún extraño ni de ninguno de los Vigilantes ni de ninguno de los Hijos del Cielo.»

(Qumrán, Apócrifo del Génesis 1QGn, 1 y 16)

LA BIBLIA Y SU HISTORIA

La Biblia es un libro considerado sagrado y fuente de inspiración para muchos de los seres humanos que han marcado la historia. La palabra «biblia» viene del término griego *biblon*, que significa 'libro'; su origen es fenicio, pues corresponde al nombre de la antigua ciudad fenicia de Biblos (actual Líbano). Y es que los fenicios fueron agentes exportadores de cultura por el mar Mediterráneo, transportando con sus mercancías el alfabeto y la escritura.

Originalmente la Biblia estaba escrita en hebreo, un idioma misterioso que no registró su evolución sino que apareció de un momento a otro, completo, con sus veintidós letras, todas consonantes y ninguna vocal. Y en el hebreo no se conocían los números, de tal manera que las letras también servían para expresarlos. Así, las primeras nueve letras representan a las unidades, las siguientes nueve a las decenas y las últimas cuatro a las centenas. Por ello, cualquier palabra podría traducirse a números y viceversa, como si fuese un idioma cifrado de códigos.

La Biblia fue el primer libro que imprimió Gutemberg, y hoy salen anualmente más de dos millones de ediciones en todo el mundo y en todos los idiomas. Es en sí una gran enciclopedia, pues contiene de todo: desde historia, tradición, mitos y leyendas, hasta normas jurídicas, poesía, maravillosos cantos y oraciones, aforismos, enseñanzas sobre medicina tradicional y recetas de cocina. Y la constituyen muchos libros distintos pero complementarios entre sí, escritos en diferentes épocas por diferentes autores.

El cuerpo de la Biblia ha sido extraído de códices que hoy son conocidos como el Sinaítico, el Alejandrino y el Vaticano. Desde el Concilio de Trento (1546), la Biblia católica está compuesta por 72 libros, agrupados en 45 en el Antiguo Testamento y 27 en el Nuevo Testamento (a partir del surgimiento del cristianismo). La Biblia judía está dividida en tres grupos de libros: la Ley, los Profetas y los Escritos, y sólo acepta 38 en total. En el canon protestante se asumen los 38 del Antiguo Testamento de los judíos más los 27 del Nuevo Testamento. Los cinco primeros libros, que los cristianos designan como el Pentateuco y los judíos como la Torá, fueron atribuidos a Moisés (siglo XIV a.C.). Aunque hoy sabemos que más bien fueron los escribas de Salomón (siglo X a.C.) los que los redactaron o recopilaron de la tradición oral, combinando dos tradiciones llamadas actualmente la elohista y la yahvista, que en todo momento se entrecruzan en los textos. Pero la escabrosa historia del pueblo de Israel hizo que se perdiese gran parte de ese material con las invasiones de los asirios y babilonios, y que se compaginara de nuevo en la época de Esdras y Nehemías (siglos V-IV a.C.).

El Nuevo Testamento constituye el aporte del cristianismo como la continuación de la historia del pueblo elegido por Dios, universalizando el mensaje. Está dividido en tres secciones: los libros históricos, los didácticos y un libro profético, que es el Apocalipsis o Libro de las revelaciones.

Hasta 1945 se conocían, además de los llamados libros canónicos (aceptados oficialmente), 50 apócrifos del Antiguo Testamento y 60 del Nuevo Testamento; esto es, libros cuyos originales no han sobrevivido hasta nuestros días (de dudosa originalidad y procedencia), y de los que solamente nos han llegado copias de copias, traducciones eslavas, etíopes y armenias. Pero precisamente en ese año se hallaron en las cuevas de Nag Hamadi (Egipto) los Evangelios gnósticos de la infancia de Jesús, originales del siglo IV d.C.; y luego, en 1947, en la orilla occidental del mar Muerto se descubrieron, de una forma accidental, los rollos de los esenios de Qumrán, que contenían no sólo originales en hebreo, arameo antiguo y griego de los libros considerados canónicos, sino también originales de los apócrifos conocidos y de muchos que ni siquiera se conocían.

En el siglo III a.C. el faraón Ptolomeo Filadelfo, en la magnífica y cosmopolita ciudad de Alejandría, había encargado a 72 sabios hebreos de la comunidad judía local que tradujeran la Biblia al griego en un plazo extremadamente corto (72 días), para guardarla en la famosa biblioteca de la ciudad; de allí surgió la versión de «Los Setenta» (Septuaginta). Luego, en el siglo IV de nuestra era, San Jerónimo tradujo las Sagradas Escrituras del griego al latín, traducción que se conoce como «La Vulgata».

La Biblia, al ser un texto sagrado, admite varios niveles de interpretación, con multiplicidad de significados. Pero fundamentalmente es un libro de historia: la historia del pueblo de Israel, un pueblo contactado y que dio testimonio permanente de este contacto con otras realidades. Es una historia en gran parte cierta, arqueológicamente comprobable, aunque muchos acontecimientos producto de la trasmisión oral y del tiempo transcurrido hayan variado, degenerado o se hayan cargado de un mayor carácter épico del que tenían originalmente.

Con todo respeto, no pretendo hacer un estudio ni un análisis exhaustivo de la exégesis bíblica, ni de su carácter teológico (y doy por sentado que en ciertos textos como el Génesis, por ejemplo, no se pretende ser histórico sino metafórico y moralista). Mi interés tan sólo es plantear la posibilidad de que, más allá del evidente trasfondo moral y espiritual, las Sagradas Escrituras, como libro histórico, contienen las evidencias de que hemos sido visitados por seres de otros mundos que han acompañado en nuestra historia y que en cierta medida son nuestro pasado o sus artífices; y nosotros, en cierta medida, somos su futuro, en tanto que seríamos una proyección de sus expectativas, como un padre con sus hijos. Esto, como ya he dicho antes, no echa por tierra nuestras creencias religiosas ni niega la existencia de Dios, sino todo lo contrario, lo reafirma, pues estaría demostrando que no estamos solos, que nunca lo hemos estado; y también explicaría muchos aspectos incomprensibles hasta ahora en la lectura de los textos y en el proceso de la evolución humana.

En la Biblia nos vamos a encontrar muchos términos que, a pesar de que ciertos autores los consideran y transcriben como sinónimos, no lo son. Por ejemplo, tenemos el término «Elohim», que se traduce como 'los dioses' o 'nosotros'. Pero no es lo mismo que «Elyón» (El Absoluto); o «El», aplicado a cada uno de los Vigilantes (dios o entidad superior que viene de las estrellas); o «Adonay o Edonay» (El Señor); o «Yahvéh o Jehová» (El es o El que es); o «El Sadday» (el Todopoderoso); o «Eli» (Padre). Y también tenemos «mal'ak o malakim» (en griego, ángel o mensajero), que significa 'portador' o 'el lado incomprensible de Dios'. Todos estos términos están muy repetidos en los primeros libros del Antiguo Testamento, y van a ser parte de la pista que nos lleve hasta la comprensión de la participación de los extraterrestre en los relatos.

Pero pasemos directamente al análisis de los textos.

LA CREACIÓN, ¿PERO POR QUIÉN?

¿Somos acaso el resultado de una manipulación genética o de una siembra de vida extraterrestre?

> «Entonces dijo Elohim: "Hagamos al hombre a imagen nuestra, a nuestra semejanza".»
>
> (Génesis 1, 26)

Interpretación:

Sabemos que los designios de Dios son extraños y más extraños los medios que utiliza. No nos debe sorprender que la divinidad muchas veces actúe de una manera indirecta pero eficaz («Dios puede escribir derecho en renglones torcidos»). La palabra «Elohim» con que empieza la Biblia judía, como expuse antes, se traduce como 'nosotros' o 'los dioses', en plural. Tomando en cuenta este pequeño detalle, me pregunto qué pasaría si aceptamos que otras galaxias, sistemas y soles surgieron antes que el nuestro, y que en algunos de estos otros hogares cósmicos se desarrollaron civilizaciones, que no son mejores que nosotros sino que están más adelantadas, en un momento diferente de evolución; como el hermano mayor en la universidad y nosotros en la primaria. ¿Podrían algunas de estas culturas extraplanetarias, de acuerdo a su capacidad tecnológica, llegar hasta nosotros? Claro que sí, vivimos en un universo sin límites, el único límite es nuestra ignorancia. Algún día nuestra tecnología nos permitirá llegar a otros mundos y gracias a los conocimientos diversos, entre ellos la genética, podremos acelerar a discreción (pero con ética) el proceso de la vida, sembrando allí nuestra simiente o lo que nosotros conocemos y somos. Y cuando surgiera vida inteligente en esos mundos, para esos seres seríamos como sus dioses, con lo cual tendríamos la obligación moral de hacerles entender que no somos dioses, sino simplemente colaboradores con la naturaleza. El asunto sería que nos puedan entender en ese rol, porque cuando uno es niño ve a sus padres como si fuesen dios encarnado en la Tierra y cree que lo saben todo o lo pueden todo. Y ello, obviamente, es un error de percepción. Entonces, para no crear dependencia, nos marcharíamos, prometiendo volver algún día; lo cual resulta ser el contenido de muchos de los mitos y leyendas de nuestros pueblos.

Toda esta argumentación podría ayudarnos a comprender por qué hemos sido hechos a imagen y semejanza, como dicen las escrituras. Más allá del simbolismo de la imagen espiritual de un Dios con sus valores (capacidad creativa y capacidad de amar), de la que nosotros también seríamos un reflejo, planteémonos la posibilidad de que fuese esta una aseveración directa y tácita: «Hagamos al hombre a imagen nuestra». Dios no tiene apariencia física, y en el universo la regla es la variedad, por lo que estaríamos hablando de una siembra a imagen y semejanza de seres de otros mundos de apariencia humanoide (hay otros totalmente diferentes), que por su similitud mantienen una cierta relación estrecha con nuestro ambiente y clima.

¿Llegaron a nuestro mundo varias tripulaciones extraterrestres a hacer labores específicas?

> «Cuando Elyón repartió las naciones, cuando distribuyó a los hijos de Adán, fijó las fronteras de los pueblos según el número de los Beni'El, y la porción que le correspondió a Yahvéh fue Israel.»
> (Deuteronomio 32, 8-9)

> «Elohim se yergue en la asamblea divina, en medio de los dioses juzga: "¿Hasta cuando juzgarán injustamente y guardarán consideración a los malvados?". (...) Yo me dije: "¡Dioses son, e hijos de Elyón todos ustedes! Sin embargo morirán como hombres y, como cualquiera de los príncipes, caerán".»
> (Salmos 82, 1-7)

Interpretación:
La misma Biblia, en el Deuteronomio y en los Salmos, nos aclara el panorama con relación a la naturaleza colectiva de Elohim, y de cómo corresponde este nombre a un rango jerárquico inferior a lo que uno se hubiese imaginado. En cuanto a los Beni'El, son los hijos de Dios o los dioses

menores (ángeles), llamados también en los apócrifos «Vigilantes y Guardianes de Mundos.»

El pueblo hebreo originalmente no era monoteísta sino «monólatra», que significa que reconocían la existencia de otros dioses, pero a la vez uno principal con el que se identificaban, llamado Elyón (El Absoluto). Según esto, habríamos confundido las jerarquías intermedias y a los intermediarios con el Creador de todo. Y también nuestro mundo habría sido escenario, desde sus inicios, de un sistemático proceso de intervenciones extraterrestres a manera de un laboratorio genético. Pero no seríamos para estos seres ratas de laboratorio, sino algo así como «bebés de probeta», y nuestro mundo no sería visto como una granja, sino más bien como una casa cuna o un jardín de infantes, en donde estarían experimentando con nosotros formas y procesos de aprendizaje. Para eso estarían creando las condiciones para aprender o recordar cosas a través nuestro, cosas que en su proceso evolutivo han olvidado o descuidado.

¿Hubo extraterrestres rebeldes a un Plan Superior?

> «Tú dijiste en tu corazón: "El cielo escalaré, por encima de las estrellas más altas elevaré mi trono y me sentaré en la montaña del encuentro, en los confines del septentrión; escalaré las alturas de las nubes, me igualaré a Elyón".»
>
> (Isaías 14, 13)

Interpretación:

Se suponía que «los dioses» (Elohim o Beni'El) se reunían periódicamente en un lugar llamado «la montaña de la Asamblea», en los confines del monte Safón. Allí debían rendir cuenta a Yahvéh de la marcha de su gobierno, y podían ser castigados si no cumplían con las instrucciones. Pero, al parecer, desde el principio hubo disidentes.

¿Fue la Tierra un gran laboratorio genético?

> «Entonces formó Elohim al hombre del polvo del suelo e, insuflando en sus narices aliento de vida, quedó constituido el hombre como alma viviente.»
> (Génesis 2, 7)

Interpretación:

A pesar de no pretender ser histórico, ni elaborar un tratado antropológico, el Génesis acierta en señalar (lo que la teoría de la evolución ha demostrado) que después de todo lo creado apareció el hombre y no al revés. El ser humano es el último en la cadena evolutiva.

Según las escrituras es confeccionado a partir de la materia prima del planeta (polvo del suelo); pero no sólo es materia, también posee un alma individual y un espíritu que es trasmitido de otra manera. En nuestro mundo se habrían producido ambos procesos: el de evolución y el de intervención foránea. Se abrían dado a veces paralelamente, y en otras ocasiones simultáneamente.

> «Así pues, tomó Elohim al hombre y lo instaló en el vergel de Edén para que lo cultivara y guardara. Luego dio Elohim orden al hombre, diciendo: "De todo árbol del vergel podrás comer libremente, pero del árbol de

la ciencia del bien y del mal no has de comer, pues el día en que de él comas morirás sin remedio".»

(Génesis 2, 16-17)

«Y empezaron a pecar contra los pájaros y contra las bestias, los reptiles y los peces, después se devoraban la carne entre ellos y se bebieron la sangre. Entonces la tierra acusó los violentos.»

(Enoc 7, 5-6)

Interpretación:

El mito del Génesis no es de origen hebreo sino sumerio. Recordemos que Abraham vivió en Ur, ciudad caldea, junto con su padre Teraj. Allí fue educado en el legado cultural de este pueblo ancestral, donde, como señalan las tablillas de arcilla sumerias, ya se hablaba de un jardín, de un árbol del conocimiento, de la serpiente, del fruto prohibido (la inmortalidad) y de los «dioses» creadores.

Imaginémonos por un instante una nave laboratorio aterrizando en algún punto de Mesopotamia o de África. Era una nave invernadero, en la que siete ingenieros genéticos llamados Sembradores de Vida o Jardineros Cósmicos (los Elohim) habrían sido enviados por el gobierno de nuestra galaxia, conformado por veinticuatro venerables ancianos sabios (un consejo que aparece mencionado en el Apocalipsis y que agrupa todos los mundos más evolucionados con la capacidad de ayudarse y de ayudar). El consejo habría considerado el momento oportuno para acelerar el proceso de la vida en este planeta de categoría UR (sistema de una sola estrella), conocido como la Tierra. Según esto, se habría ido incrementando el grado de intervención, pasando de esporádicos experimentos genéticos a la acción directa de seguimiento y observación de los colectivos generados. Para ello se habría introducido en esta nave laboratorio a un grupo de antepasados nuestros (Adán), advirtiéndoles que deben ser vegetarianos (se insiste mucho sobre esto en el libro apócrifo de Enoc) y que deben evitar consumir ciertas plantas contraproducentes al proceso evolutivo (plantas alucinógenas), porque dañarían el organismo (neuronas del cerebro) y afectarían los vehículos sutiles, modificando también todo el proceso natural del despertar interno (pues se bloquearía el desarrollo espontáneo del potencial psíquico).

> «La serpiente dijo a la mujer: "Ustedes no morirán, por supuesto: es que Elohim sabe que el día en que coman de aquel árbol se abrirán sus ojos y se harán como dioses, sabedores del bien y del mal [tendrán discernimiento]".»
>
> (Génesis 3, 4-5)

Interpretación:

Es natural que nos preguntemos que si Elohim era Dios, y Dios todo lo sabe, ¿por qué permitió que la serpiente estuviese en el jardín y tentara a la mujer? A menos que Él mismo hubiese preparado la trampa. Obviamente esto no puede ser porque contradice la imagen de la esencia divina. Entonces, si no era Dios, ¿quiénes eran estos seres que estaban jugando a serlo y cuáles eran realmente sus intenciones? ¿Y por qué podrían haber temido que el ser humano desarrollara su discernimiento? ¿De qué tenían miedo? ¿Qué era lo que no debíamos saber?

Nada tienen que ver ni Dios ni la serpiente en el hecho real, que habría ocurrido por culpa de visitantes estelares hace cientos de miles de años (o millones), por tanto dejemos a los ofidios en paz. Aquí nos encontramos con un relato que estaría explicando que uno de los siete sembradores, identificado con el símbolo de la serpiente (símbolo del conocimiento y la sabiduría, pero también de la medicina), se habría comportado como un médico extraterrestre (quizás una versión antigua del doctor Frankestein o del doctor Jeckyll). Este ser habría priorizado la investigación científica para evaluar lo que pasaría con el consumo de aquellas plantas, pero a costa del futuro de nuestros antepasados.

> «Tú eras sello de perfección, lleno de sabiduría y de acabada belleza; en el Edén, jardín espléndido, habitabas: toda suerte de piedras preciosas eran tu vestido (...), y oro era el galón de tu hombrera y de tu escote (...). Tú eras un querubín consagrado como protector, Yo te había establecido como tal; estabas en la santa montaña de Elohim [eras uno de los nuestros], y te paseabas en medio de las piedras de fuego. Tú has sido perfecto en tu proceder desde el día de tu creación, hasta que se descubrió en ti la iniquidad. Por la intensidad de tu tráfico has henchido tu interior de violencia y has pecado, y te he arrojado de la montaña de Elohim.»
>
> (Ezequiel 28, 11-16)

> «Es Gadriel: (...) él es quien sedujo a Eva.»
>
> (Enoc 59, 6)

Interpretación:

Este infausto personaje llamado Gadriel se habría prestado al juego de otras entidades, ubicadas entre bambalinas, para cometer una intromisión que frustró un proyecto cósmico. Existirían para ello extraterrestres habitantes de otros planetas y también seres ultraterrestres, que serían entidades que pertenecen a otras dimensiones e incluso a universos paralelos (recomiendo consultar mi libro *Guardianes y Vigilantes de Mundos*).

Es curioso ver cómo la descripción del vestuario de Gadriel coincide muchísimo con el que posteriormente vestirían los sacerdotes levitas por encargo de Yahvéh.

> «Entonces oyeron ruido [de pasos] de Elohim, que se paseaba por el vergel a la brisa de la tarde, y el hombre y su mujer se ocultaron de la presencia de Elohim por el interior de la arboleda del vergel. Elohim entonces llamó al hombre, diciéndole: "¿Dónde estás? (...) ¿Has comido acaso de árbol del que te ordené no comieras?".»
>
> (Génesis 3, 8-11)

Interpretación:

El relato sugiere la presencia manifiesta de alguien que ocupa espacio y que está ajeno a todo cuanto está ocurriendo a su alrededor o no lo sabe necesariamente, lo cual demuestra que no se está hablando de Dios, sino de estos visitantes, quienes ven fracasar el proyecto que tenían previsto por el mal proceder de uno de sus compañeros.

¿Nos tienen miedo los extraterrestres por algo que nosotros desconocemos pero que podríamos llegar a saber?

«Entonces Elohim dijo: "¡Ahí tienen al que ha llegado a ser como uno de nosotros [el hombre] conociendo el bien y el mal! ¡No vaya ahora a alargar su mano y tome también del árbol de la vida, coma de él y viva eternamente!". Lo expulsó, pues, Elohim del vergel de Edén, y lo puso a trabajar la tierra de la cual había sido formado. Después de haber sacado al hombre, puso al oriente del jardín unos seres alados y una espada ardiendo que daba vueltas hacia todos lados, para evitar que nadie llegara al árbol de la vida.»

(Génesis 3, 22-24)

Interpretación:

Los extraterrestres llegan a temer las consecuencias de la trasgresión y de nuestro carácter y curiosidad; y también nos temen a nosotros, puesto que somos una versión corregida y mejorada de ellos mismos. Deciden entonces abortar esa parte de la misión, expulsando a nuestros antepasados del laboratorio genético. El proyecto es dejado de lado; y la humanidad de la Tierra, abandonada a su suerte en un mundo agresivo e inestable. Y tanto es el temor, o la desconfianza, que se acordona la zona con guardias (¿robots?) y armas inteligentes.

¿Qué conocimiento temían ellos que pudiéramos llegar a adquirir? ¿En qué los podría perjudicar? La clave está en nuestra genética, porque el poder del sonido y la geometría sagrada son capaces de reestructurar el tiempo afectando directamente a los interventores y visitantes.

«Entonces Elohim puso a Caín una señal para que no lo hiriera nadie que lo hallase. Luego partió Caín de la presencia de Elohim y se asentó en el país de Nod, al oriente de Edén. [Allí] Conoció Caín a su mujer.»

(Génesis 4, 15-17)

Interpretación:

Si Adan y Eva, Caín y Abel eran los únicos sobre la faz de la tierra, ¿quién podría encontrar a Caín que no fueran sus padres? Y, ¿de dónde salió luego la mujer de Caín? Además, ¿cómo puede ser posible que Caín se aleje de la presencia de Dios, si Dios está en todas partes? Evidentemente no se está hablando de Dios, sino de otra entidad malinterpretada como tal, y que se ubica en algún lugar determinado del paisaje. ¿Y cuál fue esa señal ubicada en la frente de Caín? ¿Tendría alguna relación con el bloqueo del potencial psíquico o tercer ojo?

Al salir de la nave laboratorio, nuestros antepasados sujetos al experimento (ahora indefensos) se encontraron con muchos otros homínidos con quienes empezaron a mezclarse.

Según enseñanzas recibidas por los grupos de contacto extraterrestre, hace unos 25.000 años de los nuestros, dos grandes civilizaciones (los seres de Orión y los de las Pléyades) habrían sido enviados a nuestro mundo en calidad de Vigilantes y Guardianes para retomar la supervisión del proceso evolutivo de la humanidad. Anteriormente la supervigilancia se había interrumpido por desavenencias y desacuerdos entre los interventores extraterrestres. La Tierra y la humanidad habrían seguido su propio proceso, con características muy propias y originales, lo cual atrajo nuevamente la atención de los Vigilantes, que consideraron que había que impedir en lo posible que nadie externo no autorizado interfiriera el proceso de evolución humano. Pero uno de estos Vigilantes de Orión de aspecto reptiloide, llamado Satanel (conocido como Satán o Satanás, no hay que confundirlo con Lucifer o Luzbel, que sería un ultraterrestre), quiso interferir controlando y hasta impidiendo el avance (pero no precisamente para bien). Esto desencadenó una tensión tal que terminó en lo que conocemos como «la guerra de los hijos de la luz contra los hijos de las tinieblas» o también llamada «la guerra de los ángeles». Esta culminó con la deportación a nuestro planeta de los líderes de la disidencia, quienes, acostumbrados a vivir miles de años fuera de nuestro mundo, envejecieron prematuramente aquí, murieron y quedaron atrapados en otra dimensión. Aunque no todos los oriones participaron de la disidencia, los que se mantuvieron fieles al Plan Cósmico fueron reemplazados por los seres de Sirio (Can Mayor), pero se les permitió establecerse en las lunas de Júpiter y radicar allí en colonias mineras, y quedaron en calidad de observadores distantes del proceso planetario.

ENOC, LOS VIGILANTES Y LOS ÁNGELES CAÍDOS

¿Fue Enoc el primer caso de abducción conocido?

«Como Enoc vivió de acuerdo con la voluntad de Elohim, un día desapareció porque Elohim se lo llevó.»

(Génesis 5, 24)

Interpretación:

Aquí nos encontramos con el caso más antiguo que se conocería de abducción (secuestro) por parte de seres extraterrestres. Pero me atrevería a afirmar que más bien fue una invitación a acompañarlos, aunque no hubo retorno.

¿Hubo hibridación y mestizaje con extraterrestres en el pasado como cuentan todas las leyendas de los pueblos antiguos?

> «Existían por aquel tiempo en la tierra gigantes; e incluso después de esto, cuando los hijos de Dios [los ángeles del cielo] se unieron a las hijas de los hombres y les engendraron hijos, que son los héroes, desde antaño varones renombrados.»
>
> (Génesis 6, 4)

Interpretación:

La Biblia recoge aquí una serie de afirmaciones muy impactantes, como la existencia de gigantes, permanentemente mencionados en la mitología griega y de muchos otros pueblos; además, reproduce el tema ampliamente extendido de las relaciones sexuales de los seres divinos o celestiales con mortales humanos. Porque si los ángeles son seres inmateriales con cara de niña y alas en las espaldas (como se nos ha hecho creer), ¿cómo se explica que aquí se diga abiertamente que tuvieron contacto sexual, como marineros que van dejando familia de puerto en puerto? Este contacto no podría ser posible sino fuesen seres físicos, ni podrían tener hijos si la genética no fuera compatible.

Reiterando lo anterior, en el libro apócrifo de Enoc se dice:

«Así, pues, cuando los hijos de los hombres se multiplicaron, les nacieron en esos días hijas hermosas y bonitas; y los ángeles, hijos de los cielos, las vieron, y las desearon, y se dijeron entre ellos: "Vamos, escojamos mujeres de entre los hijos de los hombres y engendremos hijos". Entonces, Semyaza, su jefe, les dijo: "Temo que quizá ustedes no quieran [realmente] cumplir esa obra, y yo seré responsable de un gran pecado".»

(Enoc 6, 1-4)

«Así pues, todos ellos eran doscientos, y descendieron sobre Ardis, la cima del monte Hermon [frontera de Siria y Líbano].»

(Enoc 6, 6)

«Estos y todos los otros con ellos [los ángeles] tomaron mujeres; cada uno escogió una, y comenzaron a ir hacia ellas y a tener comercio con ellas, y les enseñaron los encantos y los encantamientos, y les enseñaron el arte de cortar raíces y [la ciencia] de los árboles.»

(Enoc 7, 1)

Interpretación:
Se nos llega a dar el nombre del líder de los Vigilantes (pleyadianos), que es Semyaza, y el número de los involucrados en la terrible trasgresión: ¡doscientos cosmonautas!

Pero también se nos explican los inicios de la magia, la hechicería y el chamanismo, que recayeron originalmente en las mujeres. Aquí encontramos una razón interesante de la aversión y el miedo irracional que han conducido al fanatismo a perseguir y matar de la manera más brutal a lo largo de la historia a quienes han conservado y trasmitido estas artes y este conocimiento, llevando siempre las mujeres la peor parte.

La postergación de la mujer en nuestra sociedad machista y su sometimiento estarían también relacionadas con el temor al potencial desarrollo y activación de la magia y lo psíquico en ellas. Había que impedir por todos los medios que la mujer recuperara su sitial y dominara artes tan poderosas.

«El Señor dijo aún a Rafael: "Encadena a Azazel de pies y de manos, y arrójalo en las tinieblas; y abre el desierto que está en Dudael, y lánzalo allí".»

«Y a Miguel el Señor le dijo: "Ve, encadena a Semyaza y a sus compañeros que se han unido a las mujeres para mancharse con ellas en toda su impureza".»

(Enoc 10, 4 y 11)

Interpretación:

La idea de los ángeles caídos no sería sólo la de aquellos que se habrían rebelado contra el Plan Cósmico o el gobierno de la galaxia, sino también la de un grupo de transgresores que tuvieron contacto sexual con terrestres, cosa que estaba prohibida por los visitantes.

El contacto sexual habría sido promovido a la distancia por aquellos exiliados que requerían cuerpos híbridos o mestizos en donde encarnarse, ya que ellos no podrían haberlo gestionado directamente. El hecho de encarnarse aquí les permitiría estar a punto de abandonar su prisión, porque en la medida que fueran muriendo y naciendo podrían hacerse del poder y del control planetario, aunque estarían sujetos al olvido de sus procesos anteriores (reencarnación).

>«Destruye pues, todas las almas voluptuosas y los hijos de los guardianes, pues ellos han oprimido a los hombres.»
>
> (Enoc 10, 15)

Interpretación:
Al parecer, no todos los hijos de extraterrestres con humanos resultaron heroicos, pues aquí se menciona que hubo algunos que oprimieron a los seres humanos, aprovechándose de su situación de ventaja, quizás por el conocimiento que manejaban y por las necesidades que tenían.

> «Allí vi siete estrellas del cielo, encadenadas juntas en ese lugar, parecidas a grandes montañas, y ardiendo como el fuego.»
> «Estas estrellas son las que han transgredido la orden del Señor y ellas han sido encadenadas aquí hasta que pasen diez mil siglos, número de los días de sus pecados.»
>
> (Enoc 21, 3 y 6)

Interpretación:
Aquí se menciona nuevamente que algunos de los seres castigados serían de origen pleyadiano.

NAVES Y MÁS NAVES

¿Qué era lo que se veía en el cielo en los tiempos de los patriarcas bíblicos?

«Y llegó, tras eso, que vi otro ejército de carros [naves], sobre los que había hombres montados; y ellos iban sobre los vientos [en el cielo], de oriente y de occidente hasta el mediodía. Se oía el rodar de sus carros.»

(Enoc 57, 1)

Interpretación:

Hay aquí una clara descripción de la aparición de naves tripuladas que llegan la Tierra procedentes del cielo.

¿EL DILUVIO O UNA CATÁSTROFE CÓSMICA?

«Dijo, pues, Elohim a Noé: "He decidido el fin de toda criatura, ya que por su causa la tierra está llena de violencia. Y he aquí que voy a exterminarlos con la tierra".»

(Génesis 6, 13)

Interpretación:

Qué extraño que, siendo el «no matarás» uno de los mandamientos más importantes de Dios, se diga que se va ha acabar con la violencia, pero utilizando una mayor y más terrible violencia. Además, ¿qué culpa tienen los animales, por ejemplo, si su forma de actuar es meramente instintiva y natural? La destrucción anunciada a Noé (el diluvio) estaría relacionada con la legendaria destrucción de la civilización de la Atlántida, que se referiría al mismo acontecimiento.

> «Elohim percibió el grato olor y dijo en su corazón: "No volveré a maldecir el suelo por causa del hombre, pues la inclinación del corazón humano es mala desde su mocedad; no volveré a herir a todos los seres vivientes como he hecho".»
>
> (Génesis 8, 21)

Interpretación:
Este tipo de reflexiones son más propias de alguien muy humano y temperamental que se arrepiente después de haber metido la pata, destruyéndolo todo en una rabieta. Y se contradice en todo con el Dios de amor que nos enseñó Jesús, y que siendo justo y compasivo ama la vida y al ser humano sin menospreciarlo. Evidentemente, no era Dios.

LA TORRE DE BABEL Y EL CONOCIMIENTO PERDIDO

¿Tenía la humanidad desarrollada la telepatía en el pasado?

> «Pero Elohim bajó a ver la ciudad y la torre que los hombres estaban construyendo, y pensó: "Ellos son un solo pueblo y hablan un solo idioma; por eso han comenzado este trabajo, y ahora por nada del

mundo van a dejar de hacerlo. Es mejor que bajemos a confundir su idioma para que no se entiendan entre ellos".»

(Génesis 11, 5-7)

Interpretación:

De lo temperamental pasamos al sabotaje malévolo, malintencionado e incomprensible de alguien (un colectivo extraterrestre) que teme el progreso del ser humano y que hace lo indecible por evitarlo, llegando hasta hacerle olvidar facultades y capacidades. Al parecer, el ser humano dominaba en aquel entonces un mismo idioma, la telepatía, de tal manera que no sólo trasmitíamos ideas sino también emociones. Debido a esto no había engaño, mentira ni hipocresía, y esto nos hacía conocedores en profundidad de las cosas.

La disculpa que se da en el relato, de que el ser humano unido ofendía al cielo porque estaba construyendo una torre a manera de escalera hacia cielo, no es más que eso: una simple excusa. La escalera era mental y espiritual, y había quienes querían impedir que llegáramos quizás más alto y más rápido que ellos. Además, el gran temor que la humanidad inspiraba, al parecer, en los visitantes era que estuviésemos integrados en un mismo propósito, con una actitud de cooperación sin competencia, y con ello fuésemos capaces de ser independientes.

Los zigurat de Mesopotamia eran torres de observación astronómica y centros de la cultura y expansión del conocimiento.

Las analogías que encontramos con mitos y relatos similares en otras partes de la Tierra nos hacen tomar con mayor interés lo de la torre de Babel. Por ejemplo, en Puebla (México), se menciona una antigua leyenda que hablaba de siete gigantes que se salvaron del diluvio porque se habían refugiado en una elevada montaña. Una vez que descendieron al valle, decidieron edificar una pirámide muy grande y alta que llegara hasta el firmamento para que los protegiera ante futuros desastres. Además, esta estructura les serviría para rendir homenaje al dios Tláloc (dios de las aguas) y, como una escalera al cielo, para ascender y poder hablar directamente con los dioses. Mas los dioses se sintieron ofendidos y lanzaron fuego sobre el edificio, dispersando a sus constructores, por lo que quedaría inconcluso hasta nuestros días. Esta pirámide sería la gigantesca estructura de Cholula.

ABRAHAM, EL CONTACTADO

¿Fue Abraham un contactado con extraterrestres?

«Un día Elohim le dijo a Abram: "Deja tu tierra, tus padres y la casa de tu padre, para ir a la tierra que yo te voy a mostrar. Con tus descendientes voy a formar una gran nación, (...) por medio de ti bendeciré a todas las familias del mundo".»

(Génesis 12, 2)

Interpretación:
Abraham era un semita del clan de Heber, y es llamado por parte de los visitantes a cumplir una misión como contactado; para ello, debe movilizarse por su propio esfuerzo hacia

Canáan, con todo el trabajo que eso supone. Llegará en su momento a engendrar más de un pueblo (el hebreo y el árabe), los cuales estarán comprometidos a orientar espiritualmente a la humanidad (¿corrigiendo los desaciertos anteriores?), porque, como dice la Biblia, el mensaje beneficiará a todos.

«Abram atravesó toda esta región [de Canaán] hasta llegar a Siquem, donde está la encina sagrada de More. Los cananeos vivían entonces en aquella región. Allí el Señor se le apareció y le dijo: "Esta es la tierra que le voy a dar a tu descendencia".»

(Génesis 12, 6-7)

«Por aquel entonces hubo una gran escasez de alimentos en toda aquella región, y Abram se fue a vivir a Egipto durante algún tiempo, pues no había nada de comer en el lugar donde vivía. Cuando ya estaba llegando a Egipto, Abram le dijo a su esposa Sarai: "Mira, yo sé bien que tú eres una mujer hermosa y que, cuando los egipcios te vean, van a decir: Esta mujer es la esposa de este hombre. Entonces a mí me matarán, y a ti te dejarán con vida para quedarse contigo. Por eso, para que me vaya bien y no me maten por causa tuya, diles por favor que eres mi hermana".»

(Génesis 12, 10-13)

Interpretación:

Hoy por hoy las religiones que se precian de ser descendientes del patriarca Abraham destacan en él su fe y disposición para acatar la voluntad del Señor, siguiendo propiamente a ciegas un camino hacia una tierra prometida, en la que según lo anunciado «manaba leche y miel». Pero al poco tiempo de haber llegado tiene que partir hacia Egipto porque hay una gran hambruna. ¿No es extraño que, si fuese Dios quien estaba involucrado, no se hubiese enterado de que la región estaba pasando por un pésimo momento antes de enviar a su escogido? ¿Por qué si las relaciones con el Altísimo eran tan buenas y estrechas no le solucionó los problemas enviando lluvias, alimento...? ¿O es que acaso no era Dios?

Al parecer los visitantes lo necesitaban en el lugar y en ese momento. ¿Pero por qué ese lugar? ¿Qué tiene de especial?

El territorio de Canaán (actualmente Israel) es un puente natural entre Asia y África. Con una visión hacia el futuro, se sabía que aquella tierra era paso obligado para las más importantes civilizaciones expansionistas, de tal manera que era un buen lugar para ubicar a un grupo humano programado genéticamente para influir en la mentalidad de los otros pueblos con determinados valores morales. También Abraham era una persona especial: además de ser muy inteligente, era un psíquico nato y podía entrar con relativa facilidad en comunicación mental (contacto) con los visitantes.

Pero a Abram o Abraham, ejemplo de la fe, basta conocerlo bien como para que inmediatamente nos sintamos defraudados. Por ejemplo, cuando le pide a su esposa que finja ser su hermana para que no lo maten en Egipto. ¿Cómo lo podrían matar si es un elegido? ¿Dónde está su fe? ¿Cómo es capaz de exponer a su esposa a la prostitución con tal de no salir perjudicado él? Además, por muy simpática o bella que fuese Sara (toda cubierta de gruesas telas oscuras como las mujeres beduinas de hoy, oliendo a todo, con la piel resquebrajada por el polvo y el sol), ¿cómo podría compararse con las bellísimas, delgadas, jóvenes y sensuales damas de la corte del harén del faraón, quienes mostraban libremente sus firmes pechos, vestían túnicas vaporosas que no dejaban nada para la imaginación y olían a perfumes de loto? ¡Bueno!... Sobre gustos y colores no han escrito los autores. Y gracias a Sara Abraham se hizo rico, o más rico de lo que era, pues recibió cantidad de regalos del faraón.

Decía que lo extraño es que Abraham haya llegado a sentirse desamparado, hasta el grado de que tuvo que abandonar la Tierra Prometida y en Egipto sintiera temor de ser asesinado. ¿No sería acaso que la presencia de Elohim (los visitantes) era esporádica (no todo el tiempo)? Y, cuando no estaban cerca, no había una forma sencilla de solicitarles ayuda y protección, o simplemente se demoraban en llegar y actuar... ¡Muy extraño! ¿No?

> «He aquí que mi pacto es contigo [dijo Elohim], y serás padre de multitud de naciones. Y no se llamará más tu nombre Abram, sino que será tu nombre Abraham, porque te he puesto por padre de multitud de naciones. Y te multiplicaré en gran manera, y haré naciones de ti, y reyes saldrán de ti.»
>
> (Génesis 17, 4-6)

Interpretación:

Abraham, como decíamos, fue seleccionado y programado genéticamente por los extraterrestres, de tal manera que a través suyo debía surgir un grupo humano que actuaría en el futuro como guía espiritual de la humanidad. Por ello, más adelante nos vamos a encontrar con recomendaciones para evitar mezclar la raza, y hasta nuevas manipulaciones con embarazos impensables.

En el libro apócrifo *El testamento de Abraham* se expone el grado de familiaridad y de simpatía que alcanzó el patriarca con los visitantes, pues se dice que antes de morir recibió la visita de un mensajero de Elohim, que lo invitó a un carro de fuego con querubines y lo transportó al cielo donde pudo contemplar el espacio. Luego lo regresaron a su tienda.

«El Señor se le apareció a Abraham en el bosque de encinas de Mamre, mientras Abraham estaba sentado a la entrada de su tienda de campaña, como a mediodía. Abraham levantó la vista y vio que tres hombres estaban de pie frente a él. Al verlos, se incorporó rápidamente para recibirlos, se inclinó hasta tocar el suelo con la frente, y dijo: "Mi señor, por favor, le suplico que no se vaya en seguida. Si a usted le parece bien, voy a pedir un poco de agua para que se laven los pies y luego descansen un rato bajo la sombra del árbol. Ya que han pasado por donde vive este servidor suyo, les voy a traer algo de comer para que repongan sus fuerzas antes de seguir su camino". "Bueno, está bien", contestaron ellos. (...) Abraham les ofreció cuajada y leche, y estuvo atento a servirles mientras ellos comían debajo del árbol. Al terminar de comer, los visitantes le preguntaron a Abraham: "¿Dónde está tu esposa Sara?". "Allí, en la tienda de campaña", respondió él. Entonces uno de ellos dijo: "El año próximo volveré a visitarte, y para entonces tu esposa Sara tendrá un hijo". Mientras tanto, Sara estaba escuchando toda la conversación a espaldas de Abraham, a la entrada de la tienda. Abraham y Sara ya eran muy ancianos, y Sara había dejado de tener sus períodos de menstruación. Por ello Sara no pudo aguantar la risa, y pensó: "¿Cómo voy a tener este gusto, ahora que mi esposo y yo estamos tan viejos?". Pero el Señor le dijo a Abraham: "¿Por qué se ríe Sara? ¿No cree que pueda tener un hijo a pesar de su edad? ¿Hay algo tan difícil que el Señor no pueda hacerlo?".»

(Génesis 18, 1-14)

Interpretación:

¿Abraham recibe al Señor? ¿Cómo puede ser esto posible, si en la misma Biblia se dice que nadie ha visto a Dios ni ha vivido para contarlo? Alguien podría argumentar que no se lo ha percibido como es, porque nadie podría soportar esta visión. Pero si Dios es todo, lo estamos viendo siempre en su creación. Aunque esto es diferente, delante de Abraham había tres individuos, uno de los cuales se atribuía ser el Señor o Elohim. Habría que preguntarse qué señor. Además, comen, beben y descansan como cualquier hijo de vecina, y no tienen mucho sentido del humor, lo cual los hace muy humanos. Más bien diría ¡sospechosamente humanos!

¿QUÉ PASO EN SODOMA Y GOMORRA?

«"La gente de Sodoma y Gomorra tiene mala fama, y su pecado es tan grave que ahora voy para allá, para ver si en verdad su maldad es tan grande como se me ha dicho. Así lo sabré". Dos de los visitantes se fueron de allí a Sodoma, pero Abraham se quedó todavía ante el Señor. Se le acercó un poco más a él, y le preguntó: "¿Vas a destruir a los inocentes junto con los culpables?".»

(Génesis 18, 20-22)

«En seguida comenzaron [los habitantes de Sodoma] a maltratar a Lot [sobrino de Abraham] y se acercaron a la puerta para echarla abajo, pero los visitantes de Lot [los ángeles] alargaron la mano y lo metieron dentro de la casa; luego cerraron la puerta, e hicieron quedar ciegos a los hombres que estaban fuera.»

(Génesis 19, 9-11)

«Ya son muchas las quejas que el Señor ha tenido contra la gente de esta ciudad y por eso nos ha enviado a destruirla.»

(Génesis 19, 13)

«El Señor hizo llover fuego y azufre sobre Sodoma y Gomorra; las destruyó junto con todos los que vivían en ellas, y acabó con todo lo que crecía en aquel valle (...) Al día siguiente por la mañana, Abraham fue al lugar donde había estado hablando con el señor; miró hacia Sodoma y Gomorra, y por todo el valle, y vio que de toda la región subía humo, como si fuera un horno.»

(Génesis 19, 27)

Interpretación:

¿Quién le habrá llevado el chisme al cielo de que Sodoma era como una ciudad en carnaval pero todo el año? ¿Cómo es posible que sean tan humanos y limitados estos seres celestiales? ¿Acaso Dios mismo tiene que apersonarse al lugar para constatar los hechos? ¿No confía en sus observadores celestes? ¿No es él mismo capaz de ver a la distancia, ya que todo lo sabe y todo lo ve? ¿O es que la imagen de Dios que nos dan es la de alguien anciano, corto de vista y algo escéptico? Evidentemente y sin ánimo de ofender, este «señor» no es más que algún empleado de segunda categoría o de las ligas inferiores.

¿Y cómo es eso de destruir las ciudades? ¿Qué pasa nuevamente con el mandamiento de no matar? ¿O sólo es aplicable a los humanos o bajo ciertas circunstancias?

Tomemos en cuenta un hecho interesante, y es que estos seres portaban armas que produjeron una ceguera por deslumbramiento a la gente de Sodoma. Además, la lluvia de fuego que se abatió sobre la zona tiene muchos elementos similares a los de una explosión nuclear con su respectiva radiación atómica.

Puede ser que, para los planes extraterrestres, ciudades como Sodoma y Gomorra fueran una mala influencia para la descendencia de Abraham (Canaán debía transformarse en un faro de luz al mundo); pero de allí a destruirlas es algo que entra en contradicción con los valores espirituales y con las leyes universales. ¿Y dónde está la promesa hecha a Noé de no maldecir ni destruir nuevamente la tierra?

Estos seres cometen también errores y arbitrariedades, prometiendo algunas veces cosas que no se apuran a cumplir o no vacilan en incumplir. Pero, cuidado, que hay de todo allí arriba como aquí abajo, y me consta que hay seres muy derechos y correctos entre los extraterrestres.

UNA DESCENDENCIA PROGRAMADA

«Después de algún tiempo, Dios puso a prueba la fe de Abraham. Lo llamó por su nombre, y él contestó: "Aquí estoy". Y Dios le dijo: "Toma a Isaac, tu único hijo, al que tanto amas, y vete a la tierra de Moriah. Una vez allá, ofrécelo en holocausto sobre el cerro que yo te señalaré".»

«Pero en el momento de tomar el cuchillo para sacrificar a su hijo, el ángel del Señor lo llamó desde el cielo: "¡Abraham! ¡Abraham!". "Aquí estoy", contestó él. El ángel le dijo: "No le hagas ningún daño al muchacho, porque ya sé que tienes temor de Dios, pues no te negaste a darme a tu único hijo".»

(Génesis 22, 2 y 9-12)

Interpretación:
Cuando Abraham llegó a Canaán, se encontró con que los pueblos cananeos tenían la muy mala costumbre de sacrificar sus hijos primogénitos en lo alto de los cerros a sus dioses, algo que Abraham inmediatamente rechazó. Sin embargo, cuando se cumple la promesa del nacimiento del hijo, al parecer el patriarca se sintió en deuda con el cielo por semejante bendición. Este sentimiento puede haberle producido el típico mentalismo por un juego de su ego. Si los pueblos que poseen

dioses falsos son capaces de sacrificar lo que más aman, él, que amaba al Dios verdadero, ¿no sería capaz de hacer lo mismo? ¿Hasta qué punto no fueron estos seres los que empujaron a Abraham a arriesgar la vida de su hijo, sino él mismo? Si Dios conoce el corazón de las personas, ¿cómo va a estar probando o tentando como un diablillo para ponernos a los seres humanos entre la espada y la pared, angustiándonos?

No era Dios, ni fueron los extraterrestres los que hicieron semejante pedido. Pero estoy convencido de que los ángeles («ets») actuaron desanimando a Abraham en el monte Moriah para que no consumara semejante crimen. Además, les había costado tanto programar a ese hijo que no podían permitir que se frustrara tan rápidamente su plan.

> «Rebeca no podía tener hijos, así que Isaac le rogó al Señor por ella. Y el Señor oyó su oración y Rebeca quedó embarazada.»
>
> (Génesis 25, 21)

> «Y se le apareció Elohim aquella noche [a Isaac], y le dijo: "Yo soy el Elohim de tu padre; no temas, porque yo estoy contigo, y te bendeciré, y multiplicaré tu descendencia por amor de mi siervo Abraham".»
>
> (Génesis 26, 24)

Interpretación:
Los encuentros continuaban involucrando a la descendencia del patriarca, y manteniendo la línea de comunicación o conexión. Además, seguían los nacimientos con ayuda o intervención superior.

JACOB Y EL ÁNGEL, ¿UNA LUCHA DESIGUAL?

¿Fue testigo Jacob del descenso de extraterrestres a la Tierra?

> «Y he aquí una escalera que estaba apoyada en tierra, y su extremo tocaba el cielo; y he aquí ángeles de Dios que subían y descendían por ella.»
>
> (Génesis 28, 12)

Interpretación:

Si esto que se narra sólo constituye un sueño, tiene su relevancia simbólico-espiritual, aunque no podemos descartar que muchos sueños sean realmente experiencias astrales. Pero si ocurrió como una visión de algo material, y la impresión hizo creer al testigo que podía ser un sueño, tenemos el testimonio de una observación del descenso de seres a la Tierra.

> «Jacob siguió su camino, y unos ángeles de Dios le salieron al encuentro. Cuando Jacob los vio, dijo: "Este es un ejército de Dios". Por eso llamó Mahanaim a aquel lugar [donde Dios hizo su campamento].»
>
> (Génesis 32, 1)

Interpretación:

Al parecer era muy frecuente encontrarse con los visitantes, hasta el punto de que pudiese tomarse eso como algo relativamente normal.

«Entonces quedó solo Jacob, y un hombre [un ángel] estuvo luchando con él hasta rayar el alba. Como viese que no le podía vencer a Jacob, le pegó en la articulación del muslo y se la dislocó. Entonces le dijo: "Déjame marchar, pues raya el alba". Mas respondió Jacob: "No te dejaré marchar sin que me hayas bendecido". El personaje le preguntó: "¿Cuál es tu nombre?". Contestó: "Jacob". Dijo él: "Ya no se dirá tu nombre Jacob, sino Israel, por cuanto has luchado con Elohim y con hombres, y has vencido". Jacob entonces le preguntó y dijo: "¡Declárame, por favor, tu nombre!". Respondió: "¿Por qué me preguntas mi nombre?". Luego el hombre lo bendijo allí mismo. Y Jacob llamó a aquel lugar Penuel, porque dijo: "He visto a Elohim cara a cara, y sin embargo todavía estoy vivo".»

(Génesis 32, 22-30)

Interpretación:

Ahora resulta que uno se las puede agarrar a trompazos con los ángeles y hasta con Dios y vencerlos, sin generar felizmente con ello consecuencias cósmicas nefastas. ¿Pero qué es lo que ocurre realmente? ¿Están faltos de entrenamiento en las altas esferas? ¿Ya no hacen a los ángeles como antes? Una vez más, lo obvio es que estos seres, malinterpretados como Dios o como ángeles (aunque sí eran mensajeros), no son todopoderosos y no siempre están protegidos o apoyados por su parafernalia. Pero no dejan de tener algunos de ellos la suficiente «clase» (a pesar de los golpes) como para mantener una atmósfera de misterio, hablando sin decir mucho, con una actitud críptica. De todas maneras estos personajes tenían comportamientos muy peculiares, o eran malinterpretados en muchos aspectos por la ignorancia de aquella época. Y si volvemos a lo de que nadie nunca ha visto a Dios, Elohim no era Dios.

LA ZARZA Y LA COLUMNA DE NUBE

¿Tuvo Moisés un encuentro cercano del tercer tipo en el monte Horeb?

«Llegó [Moisés] hasta el monte de Dios, que se llama Horeb. Allí el Ángel del Señor se le apareció en una llama de fuego, en medio de una zarza. Moisés se fijó bien y se dio cuenta de que la zarza ardía con el fuego pero no se consumía. Entonces pensó: "¡Qué cosa tan extraña! Voy a ver por qué no se consume la zarza". Cuando el Señor vio que Moisés se acercaba a mirar, lo llamó desde la zarza: "¡Moisés! ¡Moisés!". "Aquí estoy", contesto Moisés. Entonces Dios le dijo: "No te acerques. Y descálzate, porque el lugar donde estás es sagrado". Y añadió: "Yo soy el Dios de tus antepasados. Soy el Dios de Abraham, de Isaac y de Jacob". Moisés se cubrió la cara, pues tuvo miedo de mirar a Dios, pero el Señor siguió diciéndole: "Claramente he visto cómo sufre mi pueblo que está en Egipto. Los he oído quejarse por culpa de sus capataces, y sé muy bien lo que sufren. Por eso he bajado, para salvarlos del poder de los egipcios; voy a sacarlos de ese país y a llevarlos a una tierra grande y buena, donde la leche y la miel corren como el agua. Es el país donde viven los cananeos, los hititas, los amorreos...»

(Éxodo 3, 3-8)

Interpretación:

Las apariciones de los visitantes suelen estar rodeadas de manifestaciones luminosas o de fuego, de ruidos extraños y demás; pero en esta ocasión nos encontramos con un fenómeno natural, real y vigente. El tipo de zarza en cuestión tiene una concentración de aceite en sus ramas que hace que bajo ciertas circunstancias, incluso hoy en día, arda pero no se consuma. ¿Podría haber sido esto aprovechado por los Elohim para atraer de una manera sencilla la curiosidad de Moisés, y para que una vez que estos seres se marcharan, cada vez que se volviese a producir el mismo fenómeno, la gente sintiera el consuelo de la compañía celestial?

El pueblo de Israel estaba viviendo hacía cuatrocientos años en Egipto, y una buena parte de este tiempo sometido a la esclavitud sin merecerlo. La pregunta del millón es: ¿Por qué se permitió que el pueblo elegido fuese esclavizado y maltratado tanto tiempo, habiéndose mantenido fieles a su Dios? ¿Cómo es posible que ese «Dios» (que no puede ser, reitero, el verdadero Dios) le diga a Moisés que ha visto claramente la aflicción del pueblo? ¿Es que antes no estaba claro? ¿Por qué se demoró tanto en darse cuenta y en actuar? Además, ¿cómo es eso de que ha bajado? Si es Dios, está en todas partes y no tiene que descender como un cosmonauta que se encuentra orbitando el planeta a la espera de las mejores condiciones. Pero, si fuese un extraterrestre, se explicaría que ellos dejaran el pueblo a buen recaudo hace cuatrocientos años y, como el tiempo no pasa para ellos igual que para nosotros, volvieran al poco rato (para ellos) y encontraran en crisis lo que dejaron.

Los extraterrestres sabían que ya no debían intervenir directamente (aunque pueden, no deben), porque las cosas cambian y la humanidad debe evolucionar por sí misma. En el pasado lo hicieron y fue más dañino que constructivo. Pero vemos que en ciertos aspectos siguen con las mismas arbitrariedades, pues para ayudar a uno van a perjudicar al otro; como, por ejemplo, quitarle la tierra a unos para dársela a otros. Esto no es nada justo ni espiritual, porque ¿cómo se nos puede pedir después que hagamos lo que ni las jerarquías celestes cumplen o hacen, como en el caso de los mandamientos?

«"Ellos me van a preguntar: ¿Cómo se llama? Y entonces, ¿qué les voy a decir?". Y Dios le contestó: "Yo soy el que soy. Y dirás a los israelitas: El Señor, el Dios de sus antepasados, el Dios de Abraham, de Isaac y de Jacob, me ha enviado a ustedes. Este es mi nombre eterno; este es mi nombre por los siglos".»

(Éxodo 3, 13-15)

Interpretación:

Como en un juego de palabras, los Elohim no contestaron directamente, sino que lanzaron un enigma: «Yo soy el que soy». Hasta ese momento, como ya he dicho antes, se había utilizado el plural «nosotros» para referirse a la divinidad o a los Vigilantes (Elohim). Ahora se habla de la primera persona del singular, pero no se aporta un nombre (Yahvéh o Jehová no es un nombre, es como decir «el que es» o «el es»). Quizás con ello se estaban librando ingeniosamente de tener que mentir o aportar algo novedoso y contundente, para lo cual no estaban preparados nuestros antepasados; y, así, salían bien parados de la situación problemática en la que Moisés los había metido exigiéndoles definiciones.

> «"¡Ay, Señor!", respondió Moisés. "Yo no tengo facilidad de palabra y esto no es sólo de ayer ni de ahora que estás hablando con este siervo tuyo, sino de tiempo atrás. Siempre que hablo se me traba la lengua". Pero el Señor le contestó: "¿Y quién le ha dado la boca al hombre? ¿Quién, sino yo, lo hace mudo, sordo o ciego, o hace que pueda ver? Así que, anda, que yo estaré contigo cuando hables, y te enseñaré lo que debes decir". Moisés insistió: "¡Ay, Señor, por favor, envía a alguna otra persona!". Entonces el Señor se enojó con Moisés y le dijo: "¡Pues ahí está tu hermano Aarón, el levita! Yo sé que él habla muy bien. (...) Tú le hablarás a Aarón como si fuese yo mismo, y Aarón a su vez lo comunicará al pueblo".»
>
> (Éxodo 4, 10-16)

> «Cuando llegues a Egipto, pon toda tu atención en hacer ante el faraón las maravillas que te he dado el poder de realizar. Yo, por mi parte, voy a hacer que él se ponga terco y que no deje salir a los israelitas.»
>
> (Éxodo 4, 21-22)

Interpretación:

Moisés recibe la misión de dirigirse a la gente, pero había un pequeño problema: él no hablaba hebreo. Había sido educado en la casa del faraón y era ajeno al idioma. La Torá y el Talmud (libro de los comentarios de los rabinos judíos) tratan de salvar la situación diciendo que el principal problema era que Moisés era tartamudo (qué penoso resultaba a los rabinos, en su ego nacionalista, tener que plantearse que su liberador no hablaba el idioma sagrado del hebreo). Nada más ridículo que el argumento de que tenía dificultad de palabra. Además, si realmente era Dios quien estaba involucrado, podía solucionarle el problema en una fracción de segundo. La idea de usar a Aarón como traductor no creo que tampoco haya gustado mucho a los Elohim, pues ellos sabían que podía ocurrir (y de hecho pasó) que el asunto se convirtiera en un teléfono malogrado. Al final uno era el mensaje que Moisés recibía de los Elohim, otro el que él entendía, otro el que él compartía con Aarón, otro el que Aarón entendía y otro el que llegaba a trasmitir al pueblo (manipulándolo muchas veces de una manera conveniente, ya que Aarón no era una persona muy confiable y sus numerosas debilidades están demostradas).

¿Por qué este doble juego de presionar a un pobre Moisés, que tenía precio sobre su cabeza en Egipto (por más que le aseguraban que los que lo perseguían habían muerto), para sacar al pueblo con señales y prodigios y luego endurecer el corazón del faraón? Esta situación no tiene sentido, más aún cuando lo que convenía no eran báculos que se convirtieran en serpientes, ni rebuscadas plagas estacionales que martirizaran a la gente y a los animales (inocentes de toda culpa.); sino más bien, y con sentido común, predisponer positivamente a las personas para que nadie sufriera innecesariamente.

> «Durante el camino, en el lugar donde Moisés y su familia iban a pasar la noche, el Señor salió al encuentro de Moisés y quiso matarlo. Entonces Séfora tomó un cuchillo de piedra y le cortó el prepucio a su hijo.»
>
> (Éxodo 4, 24-25)

Interpretación:

Nuevamente nos encontramos con un personaje que poco tiene de divino y mucho de demoníaco. Este comportamiento es típicamente esquizofrénico. Por un lado, Elohim lo envía a cumplir una misión y, a mitad de camino (¿cambia de opinión?), le sale al acecho él mismo para matarlo. Realmente una cosa de locos... ¿No será que como la palabra o el término Elohim supone varios tipos de seres y tripulaciones, con colectivos que muchas veces no estaban de acuerdo entre sí en su actuación, había en este sentido opiniones encontradas entre ellos? Esto podría explicar las contradicciones, muy peligrosas para los humanos que se encontraban en medio de sus decisiones. Y en cuanto a la circuncisión, no podemos aceptar que sea la señal del pueblo elegido de Dios, porque mucho tiempo antes ya los egipcios la practicaban.

> «Dile a Aarón que tome su bastón y que extienda su brazo sobre los ríos, arroyos, lagunas y depósitos de agua de Egipto; sobre todo lo que tenga agua, para que se convierta en sangre.»
>
> (Éxodo 7,19)

Interpretación:

Como el relato del Éxodo fue escrito varios siglos después de que los hechos ocurrieran, no es extraño que haya variado con el tiempo. Precisamente los escribas de Salomón sólo recordaban vagamente lo que había sido la vida del pueblo de Israel esclavizado en Egipto. Esto explicaría el énfasis que se hace en las diez plagas con las que se castigó el país. Estas plagas en su mayoría eran eventos periódicos que se daban normalmente como consecuencia de las lluvias en el corazón del África y de las crecidas del Nilo. La inundación anual suponía el empantanamiento del limo rojizo sobre todo el territorio y lo fertilizaba. Todos los años, seis meses al año, esto ocurría. Por tanto, podemos asegurar que Moisés nunca le dijo al faraón que el río se iba a convertir en sangre (reitero, era el limo y la tierra roja del desierto arrastrada por la crecida), ni que habría plaga de ranas, mosquitos, etcétera, porque era algo común y frecuente en la época. Lo que Moisés realmente le habría dicho, enfrentándose al faraón, era que ese año se adelantaban o se atrasaban las lluvias, lo cual supondría la hambruna de Egipto. Y esto lo tendrían que haber sabido previamente los meteorólogos de aquel entonces: los sacerdotes de los templos, que hacían sus mediciones astronómicas observando el cielo (las estrellas, entre ellas Sothis o Sirio) o el río con su famoso «nilómetro». Pero no lo supieron advertir y ocurrió tal cual dijo Moisés. Y esto fue lo que infundió temor en el rey al comprobar que detrás de él había un conocimiento y poder superiores.

«Entonces el Señor le dijo a Moisés y a Aarón: "Tomen puñados de ceniza hacia arriba, en presencia del faraón. La ceniza se convertirá en polvo y se extenderá por todo el país, produciendo llagas en todos los hombres y animales de Egipto".»

(Éxodo 9, 8-9)

Interpretación:

¿Será acaso que, como medida extrema, los Elohim (extraterrestres) se vieron presionados a utilizar algún tipo de arma química o radioactiva que produjo llagas u ampollas en la gente? Evidentemente esta plaga no pudo ser algo natural, como tampoco la muerte de los primogénitos. Al parecer se les había pasado la mano jugando a ser interventores.

¿Era la gloria de Dios una nave nodriza extraterrestre?

«De día, el Señor los acompañaba en una columna de nube, para señalarles el camino; y de noche, en una columna de fuego, para alumbrarlos. Así pudieron viajar de día y de noche.»

(Éxodo 13, 21)

Interpretación:

Típico caso de avistamiento ovni: una nave del tipo nodriza o madre, quizás en forma de tubo o gran óvalo, envuelta en un camuflaje a manera de una nube. Muchos han sido los casos de pilotos militares y comerciales que han tenido este tipo de encuentros, lo cual demuestra que siguen siendo frecuentes y que no eran Dios.

«Pongan sus campamentos enfrente de este lugar, junto al mar. Así el faraón pensará: "Los israelitas no saben adónde ir. Andan perdidos en el desierto". Pero yo voy a hacer que el faraón se ponga terco y los persiga; entonces mostraré mi poder en él y en todo su ejército, y los egipcios sabrán que yo soy el Señor.»

(Éxodo 14, 2-4)

Interpretación:

Nuevamente este doble juego muy peligroso, haciendo sufrir a unos y a otros, no tenía sentido alguno. Era mucho más sencillo ablandar el corazón de los perseguidores para que nadie sufriese o lanzar algún espejismo que los distrajera o confundiera, o una tormenta de arena que alejara sin mayores víctimas a los perseguidores. Pero, ¿no será acaso que el relato, más que reflejar los hechos, refleja más bien la confusión de los escribas y rabinos sobre el comportamiento a veces indiferente o limitado de los Elohim?

«En ese momento el ángel de Dios y la columna de nube, que marchaban al frente de los israelitas, cambiaron de lugar y se pusieron detrás de ellos. Así la columna de nube quedó entre el ejército egipcio y los israelitas; para los egipcios era una nube oscura, pero a los israelitas los alumbraba. Por eso los egipcios no pudieron alcanzar a los israelitas en toda la noche. Moisés extendió su brazo sobre el mar, y el Señor envió un fuerte viento del este que sopló durante toda la noche y partió el mar en dos. Así el Señor convirtió el mar en tierra seca, y por la tierra seca lo cruzaron los israelitas, entre dos murallas de agua, una a la derecha y otra a la izquierda.»

(Éxodo 14, 19-22)

Interpretación:

De nuevo se hace referencia a la protección que suponía para el pueblo hebreo la presencia de la sospechosa nube o nave camuflada. Ciertamente algo vieron, y algo los acompañaba guardando las distancias. Lo interesante es verificar que el mismo fenómeno se sigue dando en diferentes partes del mundo, y en la actualidad se puede investigar como fenómeno ovni. Pero, en cuanto al pasaje bíblico, nos encontramos que en el texto hebreo no se dice que cruzaron por el mar Rojo, sino por el «mar de cañas»; y es que en aquel entonces no había canal de Suez, por lo que el Mediterráneo no estaba unido con el mar Rojo. Más bien existía una franja de tierras bajas inundables y pantanosas, conocida como «mar de cañas» por el tipo de vegetación que la cubría; con los fuertes vientos que allí a veces se producían, se abría un paso en gran parte seco por donde se podría pasar a pie, pero no con los carros del faraón. Aquí volveríamos a encontrarnos con la posibilidad de la exageración y la distorsión, producto de la lejanía con la que ocurrieron los acontecimientos. O también la alternativa del hecho histórico: la participación de una alta tecnología extraterrestre capaz de producir lo que se afirma que aconteció.

«Allí en el desierto, todos ellos comenzaron a murmurar contra Moisés y Aarón. Y les decían: "¡Ojalá el Señor nos hubiera hecho morir en Egipto! Allá nos sentábamos junto a las ollas de carne y comíamos hasta llenarnos, pero ustedes nos han traído al desierto para matarnos de hambre a todos". Entonces el Señor le dijo a Moisés: "Voy a hacer que les llueva comida del cielo. La gente deberá salir cada día y recogerá sólo lo necesario para ese día".»

(Éxodo 16, 2-4)

«En el momento en que Aarón estaba hablando con los israelitas, todos ellos miraron hacia el desierto, y la gloria del Señor se apareció en un nube. Y el Señor se dirigió a Moisés y le dijo: "He oído murmurar a los israelitas. Habla con ellos y diles: Al atardecer, ustedes comerán carne, y por la mañana comerán pan hasta quedar satisfechos. Así sabrán que yo soy el Señor su Dios". Aquella misma tarde vinieron codornices, las cuales llenaron el campamento, y por la mañana había una capa de rocío alrededor del campamento. Después de que el rocío se hubo evaporado, algo muy fino, parecido a la escarcha, quedó sobre la superficie del desierto. (...) Y Moisés les dijo: "Este es el pan que el Señor les da como alimento".»

(Éxodo 16, 10-15)

Interpretación:

Aunque es verdad que en el desierto del Sinaí suele darse con frecuencia la aparición del maná, una secreción de la planta *Tamarix mannifera* (con la que aún hoy los beduinos fabrican unas tortas dulces), el que apareciera en la proporción suficiente para la gran cantidad de gente que suponía el pueblo de Israel no puede dejarnos de maravillar. Lo mismo sucede con la aparición de las codornices, que también ha ocurrido en la zona. Pero que fuese justo en aquel momento de gran tensión e inconformidad, y que continuara indefinidamente mientras duró la necesidad de alimentar diariamente a todas esas personas, nos debe llevar a la reflexión. Hubiese sido quizás relativamente fácil para civilizaciones espaciales abrir las bodegas de sus naves y hacer caer paquetes de comida, como en la actualidad se sueltan alimentos desde aviones en zonas empobrecidas o afectadas por alguna catástrofe. ¿Por qué hacerlo desde una perspectiva tan sencilla, natural y práctica? ¿Y si no hubiesen sido en este caso los extraterrestres sino el verdadero Dios, que también sabe escuchar y ayudar en los momentos más duros de nuestra vida en los que la fe empieza a tambalearse? Porque una cosa no niega a la otra. Dios existe, como existiría vida en otros mundos y también otras civilizaciones que nos visitan. Todo es una cuestión de sentido común y lógica, pero también de fe desde una perspectiva abierta.

> «Ahora estoy convencido [Jetro, el suegro de Moisés] de que Yahvéh es más grande que todos los dioses.»
>
> (Éxodo 18, 11)

Interpretación:
El pueblo hebreo, como ya dijimos antes, originalmente no era monoteísta, llegó a serlo con el tiempo, pasando de reconocer la existencia de otros dioses a centrar su atención en el Dios principal para ellos y su protector, Yahvéh. Pero

también esto de la existencia de muchos dioses tenía que ver con la continua visita de diferentes tripulaciones de seres en calidad de Vigilantes y Guardianes, lo cual se sabía que ocurría.

EL ENCUENTRO CERCANO EN EL HOREB

«Al amanecer del tercer día hubo relámpagos y truenos, y una espesa nube se posó sobre el monte. Un fuerte sonido de trompetas hizo que todos en el campamento temblaran de miedo. Entonces Moisés llevó al pueblo fuera del campamento para encontrarse con Yahvéh, y se detuvieron al pie del monte. Todo el monte Sinaí echaba humo debido a que Yahvéh había bajado a él en medio de fuego, y subía su humo como el humo de un horno, mientras toda la montaña temblaba reciamente. El sonido de la corneta iba haciéndose cada vez más intenso: Moisés hablaba y Elohim le respondía (...), y como llamase Yahvéh a Moisés hacia la cumbre del monte, Moisés subió. Luego dijo Yahvéh a Moisés: "¡Baja, conjura al pueblo no sea que irrumpan hacia Yahvéh para observar y caigan de aquel muchos!".»

(Éxodo 19, 16-21)

«Todo el pueblo percibía los truenos, los relámpagos, el sonido de la corneta y la montaña humeante: el pueblo temió y, temblando, se mantuvieron lejos.»

(Éxodo 20,18)

Interpretación:

Estamos ante el primer caso difundido del descenso de una nave madre anunciado previa cita y con un récord de testigos. Hoy por hoy, de la lectura de las tablillas sumerias a cargo de investigadores orientalistas, se deduce que los descensos en Mesopotamia eran algo común y corriente. Aunque la parte más espectacular del contacto estaba reservada para muy pocos, pues no se permitía la entrada a curiosos. ¿Sería acaso que estos seres (los Elohim) no querían ser descubiertos como humanos y mortales al igual que nosotros?

Hay que tomar muy en cuenta que la precaución de alejarse a cierta distancia de la montaña podía deberse a la necesidad de evitar la radiación, al igual que se produce en los encuentros cercanos cuando uno debe esperar a que lo inviten a aproximarse, como sucedió con el caso de Moisés.

> «No te postrarás ante ellas [las imágenes] ni las servirás, pues Yo, Yahvéh, tu Dios, soy un El celoso, que castigó la iniquidad de los padres sobre los hijos hasta la tercera o cuarta generación respecto a quienes me odian, y en cambio trato con misericordia hasta la milésima a quienes me aman y guardan mis mandamientos.»
>
> (Éxodo 20, 5-6)

Interpretación:

Dice «soy un *El* celoso». La palabra «El» se utilizaba para denominar a los dioses mesopotámicos en la antigüedad. Al decir «soy un dios», estaría reconociendo que existen otros (es uno entre varios dioses o guardianes), colocándose a la vez en la categoría de los otros, pero a la vez marcando su territorio. Yahvéh no se nos presenta como el verdadero Dios de amor, Padre del Hijo del hombre, sino que inmediatamente se nos desenmascara mostrándose como un ser egocéntrico, celoso, rencoroso, amenazador y que condiciona su aprecio y ayuda. Al parecer, había habido un reparto de responsabilidades entre los extraterrestres que actuaban en la tierra como Vigilantes; entre los que fueron asignados al proyecto de contacto con Abraham y con su descendencia (el pueblo de Israel), alguno se lo habría tomado muy a pecho, se le habrían subido rápidamente los humos y, perdiendo rápidamente la perspectiva y la proporción de las cosas, al querer educar llegó a imponer un orden de terror.

«Mira, yo enviaré mi ángel delante de ti, para que te cuide en el camino y te lleve al lugar que te he preparado. No te alejes de él; obedécelo y no le seas rebelde, porque él actúa en mi nombre y no perdonará los pecados de ustedes.»

(Éxodo 23, 20-21)

Interpretación:

Si el mensaje de Dios al mundo y a su creación es el amor, y el amor en su exaltación suprema es el perdón, ¿cómo puede ser posible que se dijera que si la humanidad no se portaba bien no sería perdonada? ¿Y por qué nosotros sí debemos perdonar, cuando Dios o los visitantes son rencorosos? Da la impresión de que se nos estuviese aplicando la ley del embudo.

«Luego Moisés subió con Aarón, Nadab y Abihú y setenta de los ancianos de Israel, y contemplaron al Dios de Israel: bajo sus pies había como un pavimento de baldosa de zafiro y semejante en claridad al mismo cielo.»

(Éxodo 24, 9-10)

«Dicho esto, Moisés subió al monte, el cual quedó cubierto por una nube. La gloria del Señor vino a posarse sobre el monte Sinaí, y durante seis días la nube lo cubrió. Al séptimo día el Señor llamó a Moisés desde la nube. La gloria del Señor se presentó a los ojos de los israelitas como un fuego devorador, sobre la parte más alta del monte. Moisés entró en la nube, subió al monte, y allí se quedó cuarenta días y cuarenta noches.»

(Éxodo 24, 15-18)

Interpretación:
Moisés es invitado a entrar directamente en el área inmediata a la nave, y el pueblo era testigo de ello. Pero la nave permanecía cubierta para evitar que la gente viese la forma que tenía y luego se confundiera pensando que la forma divina de Dios es la de una astronave en forma de disco u óvalo.

UN ARCA COPIADA DE OTRA

«Haz un cofre de madera (...). Recúbrelo de oro puro por dentro y por fuera, y ponle un ribete de oro alrededor. Hazle también cuatro argollas de oro, y pónselas en las cuatro patas, dos de un lado y dos del otro. Haz también travesaños de madera de acacia, recúbrelos de oro, y pásalos a través de las argollas que están a los costados del cofre, para que pueda ser levantado con ellos, (...) y coloca en el cofre la ley que te voy a dar. Haz una tapa de oro puro, que mida un metro y diez centímetros de largo por sesenta y cinco centímetros de ancho, con dos seres alados de oro labrado a martillo en los dos extremos, (...) el uno frente al otro, pero con la cara hacia la tapa, y sus alas deben quedar extendidas por encima de la tapa cubriéndola con ellas.»

(Éxodo 25, 10-20)

Interpretación:

Cuando uno recorre los antiguos templos egipcios se encuentra con la representación en los muros de la procesión de la barca solar, en la que los sacerdotes egipcios llevaban en andas el naos, que era un arca dorada con dos seres femeninos alados en la tapa (la diosa Isis, guardiana de los velos del conocimiento oculto). Según el ocultismo egipcio, en el interior de este arca se guardaban las Tablas Esmeralda de Thot el Atlante, herencia de la sabiduría traída a Egipto por Thot.

El pedido de hacer un arca de la Alianza hebrea similar al arca egipcia, podría haber sido un plagio de lo observado en Egipto, o un genuino pedido de confeccionar algo similar por parte de los Elohim, que serían los mismos seres que han actuado antes y ahora con los distintos pueblos. Sabemos que Moisés es un nombre egipcio que significa 'hijo de', como *ben* en hebreo. Todos los faraones egipcios solían utilizar el nombre «Moisés», como por ejemplo Amosis (Amon-moisés, el hijo de Amon), Thutmosis (Thot-moisés, el hijo de Thot) y hasta Ramsés o Ramoses (Ra-moisés, el hijo de Ra). Moisés había sido educado en la casa del faraón y probablemente se habría iniciado en el sumo sacerdocio de Amón, frecuentando los santuarios de los templos donde existía el arca egipcia. ¿Será realmente que Elohim o Yahvéh mandó hacer el arca hebrea, o simplemente fue una ingeniosa copia? Recordemos que el pueblo hebreo vivió, como ya hemos dicho antes, un largo proceso de transculturización a lo largo de su historia. Se ha llegado a detectar, por ejemplo, que algunos salmos atribuidos al rey David (930 a.C.) se encuentran casi textualmente en los papiros que conforman el *Amenemope*, libro de máximas y aforismos del faraón Amenofis III (1450 a.C.). Quizás, al no existir el *copyright* o los derechos de autor, se consideraba sabiduría popular que se copiaba y retransmitía fuera de su contexto original o con ligeras variaciones.

También encontramos que en el Deuteronomio y en el Levítico se hace constancia expresa de que no deben crearse imágenes de ningún tipo. Y con el arca se contraviene esto mismo. No se debía representar lo que hay en el cielo ni lo que hay en la tierra. Entonces, si eran tan estrictas las recomendaciones, viene la pregunta: ¿Por qué se pide que el arca hebrea lleve los dos querubines en la tapa, si esto de por sí es una trasgresión a las leyes dadas por la misma fuente?

Evidentemente el arca no era un mero artefacto de culto o adorno, tenía una carga eléctrica. Precisamente en universidades norteamericanas han intentado reproducirlo aplicando las instrucciones bíblicas, y se ha obtenido una tensión eléctrica de centenares de voltios. El condensador estaba formado por las láminas de oro, una positiva y otra negativa. Por tanto se ha especulado sobre las posibles aplicaciones, incluyendo (entre los investigadores más liberales) que fuera parte de un radiotransmisor.

ÁNIMOS CAMBIANTES Y POCA PACIENCIA

«Mas viendo el pueblo que Moisés tardaba en bajar de la montaña, se congregó en torno a Aarón, y dijéronle: "Ea, haznos elohim [dioses] que marchen delante nuestro [a la usanza de Egipto]; pues de ese Moisés, el hombre que nos sacó de Egipto, no sabemos qué ha sido de él". Respondióles Aarón: "Arranquen los zarcillos de oro que penden de las orejas de sus mujeres, de sus hijos e hijas, y tráiganmelos". (...) Él lo tomó en sus manos, le dio forma con el buril y lo transformó en un becerro de fundición. Entonces exclamaron: "¡Estos son tus elohim, Israel, que te han sacado de Egipto!". Cuando Aarón vio esto, construyó un altar delante de aquel y echó un pregón, diciendo: "Mañana habrá fiesta en honor a Yahvéh". Al día siguiente levantáronse temprano, ofrecieron holocaustos y presentaron víctimas pacíficas; luego sentóse el pueblo a comer y a beber, y después se levantaron para divertirse.»

(Éxodo 32, 1-6)

«"Me he fijado en esta gente, y me he dado cuenta de que son muy tercos. ¡Ahora déjame en paz, que estoy ardiendo de enojo y voy a acabar con ellos!" (...) Moisés entonces trató de aplacar el rostro de Yahvéh, su Elohim, y dijo: "¿Por qué, oh Yahvéh, se ha de inflamar tu cólera contra tu pueblo, a quien has sacado de Egipto con gran potencia y mano fuerte? ¿Por qué han de poder exclamar los egipcios, diciendo: Con malicia los ha sacado, para matarlos en las montañas y exterminarlos de sobre la faz de la tierra. (...) Acuérdate de Abraham (...)". Y Yahvé se arrepintió del mal que había indicado que haría a su pueblo.»

(Éxodo 32, 9-14)

Interpretación:

Verdaderamente era desalentador el grado de ignorancia de la gente, que era muy propensa a los desenfrenados cultos primitivos, pero también tenía muy poca paciencia y mal humor el tal Elohim Yahvéh; y lo peor es que era cambiante y temperamental, por lo cual a veces no se sabía a qué atenerse con él. Cualquier lector podrá darse cuenta de que, quien tiene actitudes y opiniones tan cambiantes, obviamente no lo sabe todo, ni lo puede todo, y por tanto no puede ser de ninguna manera confundido con Dios. Nos encontramos con un ser quizás muy avanzado en ciertos aspectos y con un gran apoyo tecnológico para la época, que tal vez con la mejor intención jugaba a ser dios, tratando de imponer en la gente una cultura de vida y un orden moral pero creando dependencia hacia su ególatra y maníaca personalidad.

Otro dato es la actuación tan desastrosa de quien después sería nombrado el sumo sacerdote de Israel, Aarón. Cuando se quiso juzgar la infidelidad, fue el primero en acomodarse del lado de Moisés para protegerse, cruzando hacia la línea de los que se mantuvieron puros cuando él había sido uno de los promotores. ¿Es que acaso influyó el hecho de ser hermano del líder Moisés y eso lo salvó de una muerte segura? Pero de allí a llegar a ser el sumo sacerdote a pesar de ser una veleta al viento, muy acomodaticio, nos muestra que hay una tendencia general a que las máximas autoridades eclesiásticas de las diferentes religiones tengan estos defectos. Si no, recuerden la actuación de Anás y Caifás en el Nuevo Testamento.

TRAJES AISLANTES Y CRISTALES PARA CONECTAR

«Harás a Aarón, tu hermano, vestiduras sagradas para honor y ornamento. (...) Estas serán las vestiduras que se tendrán que hacer: pectoral, efod, manto, túnica de malla, tiara y cinturón. Harán vestiduras sacras para Aarón, tu hermano, y para sus hijos; y utiliza el oro, la púrpura escarlata, el carmesí y el lino fino. (...) Además, harás el pectoral del juicio, (...) será cuadrado, doble, de un palmo de anchura. Lo guarnecerás de una guarnición de pedrería con cuatro filas de piedras (...). En el pectoral del juicio pondrás el Urim y el Tummin, para que estén sobre el corazón de Aarón.»

(Éxodo 28, 2-30)

«Entonces Moisés mandó acercarse a Aarón y sus hijos y los lavó con el agua. Luego puso sobre él la túnica, le ciñó con el cinturón, le vistió con el manto, púsole encima el efod y ciñole con la faja del efod, envolviéndole en él. Sobre él puso el pectoral, y en el pectoral colocó el Urim y el Tummin. También puso sobre su cabeza la tiara y encima de la tiara colocó en su parte anterior la lámina de oro, la diadema de la santidad, tal como Yahvéh había ordenado a Moisés.»

(Levítico 8, 6-10)

Interpretación:

Siendo el arca un objeto tan especial y peligroso, y los contactos con ella y con la nube experiencias que exigían sumo cuidado, nos encontramos con la exigencia de ornamentos especiales, por parte de los Elohim, para mantener aislados a los sacerdotes, aprovechar las energías allí liberadas, entrar en conexión y hasta poder tener expansiones de conciencia o captaciones más profundas. Para ello nos encontramos con las piedras de Urim y el Tummin, que son para la adivinación y se colocan en un peto en el pecho.

EL ROSTRO DE DIOS

«Moisés tomó la tienda de campaña y la puso a cierta distancia fuera del campamento, y la llamó tienda del encuentro con Dios. Cuando alguien quería consultar al Señor, iba a la tienda, la cual estaba fuera del campamento. Y cuando Moisés iba a la tienda, toda la gente se levantaba y permanecía de pie a la entrada de su propia tienda de campaña, siguiendo a Moisés con la mirada hasta que este entraba en la tienda. En cuanto Moisés entraba en ella, la columna de nube bajaba y se detenía a la entrada de la tienda, mientras el Señor hablaba a Moisés. (...) Dios hablaba con Moisés cara a cara, como quien habla con un amigo, y después Moisés regresaba al campamento. Pero su ayudante, el joven Josué, hijo de Nun, nunca se apartaba del interior de la tienda.»

(Éxodo 33, 7-11)

«"¡Déjame ver tu gloria!", suplicó Moisés. Pero el Señor contestó: "Voy a hacer pasar toda mi bondad delante de ti, y delante de ti pronunciaré mi nombre. Tendré misericordia de quien yo quiera, y tendré compasión también de quien yo quiera. Pero te aclaro que no podrás ver mi rostro, porque ningún hombre podrá verme y seguir viviendo". Dijo también el Señor: "Mira, aquí junto a mí hay una roca. Cuando pase mi gloria, te pondré en un hueco de la roca y te cubriré con mi mano hasta que yo haya pasado. Después quitaré mi mano y podrás ver mis espaldas; pero mi rostro no debe ser visto".»

(Éxodo 33, 19-23)

Interpretación:

Los encuentros que Moisés tenía eran muy directos, ya sea con las manifestaciones de Yahvéh (la nube, el fuego, resplandores...) o con el mismísimo Elohim, dentro de la nave o al pie de ella. Pero este ser, a pesar del grado de confianza y amistad que empezó a sentir por este hombre, no quería mostrarse tal cual era para no descubrirse, por lo que recurre nuevamente a la espectacularidad. Imaginémonos por un momento un helicóptero moderno o un avión haciendo evoluciones delante de un indígena amazónico para alardear de su poder y alentar en el ignorante la fascinación.

¿RADIESTESIA ESPACIAL?

«"¿Por qué nos has hecho subir de Egipto para traernos a este mal lugar? No es lugar de sementera, de higueras, de viñas ni de granadas; ni aun de agua para beber". (...) "Tomen la vara, congreguen a la comunidad, tú y Aarón, tu hermano; luego hablen a la peña a vista de ellos, y ella dará agua, y sacarás aguas de la peña, y darás de beber a la asamblea y su ganado".»

(Números 20, 5-8)

Interpretación:
Hacer hallazgos insólitos, pero especialmente de corrientes de aguas subterráneas es conocido mundialmente como radiestesia. Suele ser una facultad psíquica que se manifiesta en personas muy sensibles o sensibilizadas a propósito. En cuanto a la vara, que suele usarse de madera u orqueta, es opcional porque la capacidad está en uno mismo. Según el doctor Yves Rocard, de la Facultad de Ciencias de París, «el agua, que se filtra por un medio poroso por la acción de una diferencia de presión, hace nacer potenciales electrocinéticos. (...) Estos potenciales hacen circular en la tierra unas corrientes eléctricas».

Estas corrientes eléctricas generan un débil campo magnético, perceptible por la sensibilidad humana. Por tanto, hallar agua en el desierto es algo real y propio de los fenómenos de la naturaleza; pero necesariamente alguien debió haber instruido a Moisés al respecto.

GIGANTES Y BOLAS DE FUEGO

«Porque únicamente Og, rey de Basán, había quedado del resto de los gigantes. Su lecho era de hierro, ¿acaso no se conserva en Rabbath de los ammonitas? Su longitud es de nueve codos, y su anchura de cuatro codos, según el codo de un hombre.»

(Deuteronomio 3, 11)

Interpretación:

Una cama de cuatro metros y medio de largo era algo impresionante y, a menos que a la persona le gustara la holgura o dormir muy acompañado, realmente era para alguien gigantesco. Pero no es el único caso mencionado en la Biblia.

«En su equipo deberán llevar siempre una estaca, para que cuando tengan que hacer sus necesidades hagan un hoyo con la estaca y luego, cuando hayan terminado, tapen con tierra el excremento. Porque Elohim anda entre ustedes, en el campamento, para protegerlos y darles la victoria sobre sus enemigos; por tanto, el campamento de ustedes debe ser un lugar santo [limpio], para que Dios no vea ninguna cosa indecente en él, pues de lo contrario se apartaría de ustedes.»

(Deuteronomio 23, 13-14)

Interpretación:

A parecer Elohim visitaba el campamento hebreo de incógnito y le molestaban mucho los malos olores y la inmundicia, a tal punto que amenazaba con marcharse si no instalaban baños portátiles. Pero, ¿cómo eran esas visitas? Uno de los fenómenos ovni más frecuentes en la actualidad son las caneplas, «ojos de gato» o esferas luminosas inteligentes, que suelen ser cámaras de televisión controladas a distancia desde las naves extraterrestres para observarlo todo. Suelen medir unos treinta centímetros; y las más grandes, un metro y medio o tres metros de diámetro. Son de color plateado, rojo, naranja, verde, amarillo o hasta totalmente transparentes. Suelen estar alojadas en la base de las naves de corto alcance (llamadas comúnmente platillos voladores), son soltadas a gran altura en forma de racimo y pueden llegar a entrar por la ventana de una casa o por una puerta.

«Yahvéh vino del Sinaí,
les fulguró desde Seir,
resplandeció desde el monte Parán,
y llegó a Meribá de Qadesh,
con la ley de fuego a su mano derecha.»

(Deuteronomio 33, 2)

Interpretación:
¿Bolas de fuego? ¿Espadas de fuego? ¿Qué es aquello que

resplandece e ilumina más allá de toda posible mención simbólica? ¿Quizás la observación de ovnis o naves espaciales en las que venían los Elohim, o en las que se transportaba aquel que era conocido como Yahvéh?

> «Estando Josué cerca de Jericó, alzó sus ojos y vio un varón que estaba delante de él, el cual tenía una espada desenvainada en su mano. Y Josué, yendo hacia él, le dijo: "¿Eres de los nuestros, o de nuestros enemigos?". Él respondió: "No, mas como Príncipe de los ejércitos de Yahvé he venido ahora". Entonces Josué, postrándose con el rostro en tierra, le adoró; y le dijo: "¿Qué dice mi señor a su siervo?".»
>
> (Josué 5, 13-14)

Interpretación:

Aquí el relato nos menciona un encuentro cercano del tercer tipo con un ser (extraterrestre infiltrado en las líneas hebreas) que está armado y que va a tomar partido, o sea que va a participar apoyando las huestes de Josué, lo cual demuestra que a estos seres les costaba mantenerse al margen de acciones concretas que favorecieran a unos o a tros.

VÍCTIMAS DE UNA TECNOLOGÍA EXTRATERRESTRE

> «Nadab y Abihú, hijos de Aarón, tomando sendos incensarios, pusieron en ellos fuego, sobre este colocaron incienso y ofrecieron ante Yahvéh un fuego

irregular que Él no les había ordenado. Entonces salió fuego de delante de Yahvéh y los devoró; y ellos murieron.»

(Levítico 10, 1-2)

«Trasladaron, en efecto, el arca del Dios de Israel. Pero en cuanto la trasladaron, la mano de Yahvéh originó en la ciudad enorme perturbación e hirió a las gentes de la ciudad, desde los chicos hasta los grandes, y les salieron tumores.»

(I Samuel 5, 8-9)

«Entre las gentes de Betsemes [hubo tristeza], porque habían curioseado el arca de Yahvéh, y mató de entre ellos a setenta hombres. Entonces el pueblo se lleno de duelo por haber inflingido Yahvéh a la población semejante castigo.»

(I Samuel 6, 19)

«Mas cuando llegaron a la era de Nakón, Uzzah alargó la mano hacia el arca de Dios y la agarró, pues los bueyes la iban a volcar. La ira de Yahvéh se encendió contra Uzzah e hirióle Yahvéh allí por tal negligencia, muriendo allí mismo.»

(II Samuel 6, 6-7)

Interpretación:

Las propiedades radioactivas del arca de la Alianza y el voltaje que era capaz de producir hicieron que hasta el mismo rey David la temiera.

EL TEMPLO COMO CENTRAL DE TELECOMUNICACIONES

«Y vació dos columnas de bronce; la altura de cada una era de dieciocho codos, y rodeaba a una y otra un hilo de doce codos (...). Hizo también dos capiteles de fundición de bronce para que fuesen puestos sobre las cabezas de las columnas (...). Había trenzas a manera de red y unos cordones a manera de cadenas para los capiteles que se habían de poner sobre las cabezas de las columnas; siete para cada capitel.»

(I Reyes 7, 15-17)

«Y los sacerdotes metieron el arca de la Alianza de Elohim en su lugar, en el santuario de la casa, en el lugar santísimo, debajo de las alas de los querubines.»

(I Reyes 8, 6)

«He escuchado la plegaria y la súplica que ante Mí has formulado: he santificado esta casa que has construido, asentando Yo allí mi Nombre por siempre, y mis ojos y mi corazón estarán allí todos los días.»

(I Reyes 9, 3)

«Los sacerdotes no podían entrar en la casa de Yahvéh, porque la gloria de Yahvéh había henchido la casa. Todos los hijos de Israel, al ver descender el fuego y la gloria de Yahvéh sobre la casa, se inclinaron rostro en tierra.»

(II Crónicas 7, 2-3)

Interpretación:

A la muerte del rey David, gobernó el espléndido, justo y sabio rey Salomón, lanzándose a la afanosa tarea de construir el templo que en vida proyectó su padre pero que no pudo concretar. Salomón resulta un personaje fascinante y fuera de serie; su historia está rodeada de muchos hechos y situaciones extraordinarias. Según la literatura rabínica, entre sus innumerables tesoros y posesiones tenía un extraña y gigantesca águila, con la que podía remontar el vuelo hacia los cielos a velocidades pasmosas. En cuanto al templo que edificara en honor a su padre fallecido, tenía forma cúbica, por dentro estaba chapado con láminas de oro y tenía dos impresionantes columnas de bronce envueltas por cuerdas metálicas, a manera de bobinas. Dentro del cubo, el rey hizo colocar el arca de la Alianza, que empezó a comportarse como un aparato de radio a través del cual había una comunicación fluida con Elohim. En el templo se producía una presencia física, o quizás sólo un holograma, gracias a la interacción del arca con el local; muchos fueron testigos de ello. Pero, en cuanto a la trascendencia del templo en sí, vale la pena una pequeña reflexión: si el templo hubiese sido realmente para Dios y él lo hubiese bendecido, hoy todavía estaría en su lugar y nadie ni nada lo habría podido destruir. Sin embargo, en la actualidad es una ruina, epicentro de los mayores odios encontrados y de lamentables fanatismos.

AQUEL EXTRAÑO RUIDO

«Y cuando oigas ruido como de marcha por las copas de las balsameras, entonces te moverás; porque Elohim saldrá delante de ti para batir el campamento de los filisteos.»

(II Samuel 5, 24)

«Y he aquí Elohim que pasaba, y un grande y poderoso viento que rompía los montes y quebraba las peñas delante de Elohim (...). Y tras el viento un terremoto (...). Y tras el terremoto un fuego (...). Y tras el fuego un silbo apacible y delicado. Al escucharlo Elías se cubrió el rostro con una capa y salió, y se quedó a la entrada de la cueva.»

(I Reyes 19, 11-13)

Interpretación:

La presencia o llegada de los Elohim (o de las naves) suele venir precedida de un ruido parecido a una marcha, a ruedas en movimiento o a un viento fuerte. En estas citas nuevamente nos encontramos con la descripción del sonido y las manifestaciones en el ambiente que delatan la cercanía de ciertos tipos de naves de los visitantes. Pero esta vez el testigo es el profeta Elías.

ELÍAS ARREBATADO AL CIELO

«Y sucedió que iban ellos hablando, y he aquí que un carro de fuego y unos caballos de fuego también se interpusieron entre ambos, y subió Elías en un torbellino al cielo. Eliseo lo veía y gritaba: "¡Padre mío, padre mío, carro de Israel y su caballería!". Y no lo vio más.»

(II Reyes 2, 11-12)

Interpretación:

Elías pasa de ser testigo de una experiencia del segundo y tercer tipo (avistamiento cercano y de alguna manera concertado) a ser parte de un encuentro del quinto tipo, cuando es arrebatado fuera de este mundo por una nave, como en el caso de Enoc.

ÁNGELES EXTERMINADORES Y ARMAS MORTÍFERAS

«Y aconteció que aquella misma noche salió el ángel del Señor. Y mató en el campamento de los asirios a ciento ochenta y cinco mil; y cuando se levantaron por la mañana, he aquí que todo era cuerpo de muertos.»

(II Reyes 19, 35)

«Pero el rey Ezequías y el profeta Isaías, hijo de Amós, oraron con tal motivo y clamaron al cielo. Y Yahvéh envió a un ángel, que aniquiló a todos los guerreros valientes, a caudillos y jefes, en el campamento del rey de Asiria, que hubo de volverse.»

(II Crónicas 32, 20-21)

«Clamó en mis oídos con gran voz, diciendo: "Los verdugos de la ciudad han llegado, y cada uno trae en su mano su instrumento para destruir". Y he aquí que seis varones venían del camino de la puerta de arriba que mira hacia el norte, y cada uno traía en su mano su instrumento para destruir.»

(Ezequiel 9, 1-2)

«En lo recio del combate se aparecieron desde el cielo a los adversarios cinco hombres distinguidos, sobre caballos con bridas de oro, que se pusieron al frente de los judíos. Dos de ellos tomaron en medio al Macabeo y, protegiéndolo con sus armaduras, le preservaron ileso, lanzando en cambio a los adversarios flechas y rayos.»

(II Macabeos 10, 29-30)

Interpretación:

Cuando se mencionan ángeles exterminadores podríamos pensar que es una forma romántica de mencionar epidemias y terribles plagas, que siempre han diezmado al ser humano. Pero, ¿y si realmente se hubiese dado el caso de ángeles de la muerte, que actúan por encargo? Además está la descripción, ya mencionada antes, de la presencia de seres de aspecto humano que utilizan algún tipo de arma. Estos instrumentos para destruir no sugieren algo simbólico, sino algo real y concreto. ¿Acaso armas de alta tecnología?

A pesar de que, como ya hemos dicho antes, no es ético tomar partido efectivo por uno u otro (podemos evitar la injusticia y el abuso, pero no abusando de la fuerza en el intento; si no, mantendríamos la cadena de la injusticia), hay momentos en que la acción directa sobrepasó en mucho los límites de intervención por parte de los extraterrestres, afanados en lograr la supervivencia de un grupo humano programado genéticamente (el pueblo de Israel) para cumplir una complicada labor.

NAVES ESPACIALES QUE INSPIRAN TEMOR

«Con sólo ver a Leviatán, cualquiera se desmaya de miedo. Si alguien lo provoca, se pone furioso; nadie es capaz de hacerle frente. ¿Quién que se le enfrente saldrá sano y salvo? ¡Nadie en todo el mundo! No dejaré de mencionar sus patas y su fuerza sin igual. ¿Quién puede quitarle el cuero que le cubre o atravesar su doble coraza protectora? ¿Quién puede abrirle el hocico, con su cerco de terribles dientes? Sus lomos son hileras de escudos cerrados y duros como la piedra. Tan apretados están unos contra otros que ni el aire puede pasar entre ellos. Tan unidos y trabados están que nadie puede separarlos. Sus estornudos son como relámpagos; sus ojos brillan como el sol cuando amanece. De su hocico salen llamaradas y se escapan chispas de fuego. De sus narices sale humo como de calderas que hierven al fuego.»

(Job 41, 9-20)

«De nuevo alcé mis ojos y miré, y he aquí cuatro carros que salían de entre dos montes: y aquellos montes eran de bronce. En el primer carro había caballos alazanes, en el segundo carro caballos negros, en el tercer carro caballos blancos, y en el cuarto carro por caballos tordillos.»

(Zacarías 6, 1-3)

Interpretación:
La serpiente Leviatán o el dragón nos hace recordar a Kukulcan, la serpiente emplumada de los mayas, que no sería

otra cosa que una nave nodriza. Su presencia produce miedo, su estructura es como una doble coraza (metálica) y sus flancos o lomos parecen escudos (naves pequeñas en forma de discos bruñidos). Es la típica nave alargada en forma de cilindro. Y también en este pasaje, como en el siguiente, nuevamente se cita el avistamiento de naves de diferentes colores saliendo de otra mayor.

«Entre tanto, el Señor había dispuesto un enorme pez para que se tragara a Jonás. Y Jonás pasó tres días y tres noches dentro del pez.»

(Jonás 1, 17)

Interpretación:

Estamos frente a un caso de un osni (objeto submarino no identificado). Jonás rechaza el pedido del Señor de ir a predicar a Nínive la conversión de la gente; y, tratando de huir de Yahvéh, es tragado por una nave que tiene tanto autonomía de vuelo en el cielo como de movimiento en el agua. Y durante tres días tratan de convencerlo (dialogan con él dentro) de que es él (el ser humano representado en Jonás) el que debe elaborar su propio cambio a través de la entrega y la renuncia. Hay momentos en que –en comparación con otras actuaciones– se ve que los extraterrestres se tornan muy escrupulosos en sus intervenciones, para evitar la dependencia y para no restarle méritos al ser humano (¿será que vienen distintos con actitudes diferentes?). Pero siguen presionándonos.

Si hubiese sido una ballena o un cachalote lo que se tragara al profeta (cosa que no es fácil que ocurra, especialmente en el caso de las ballenas), los jugos gástricos del animal lo hubiesen matado.

«Porque el Señor llega en medio de fuego, sus carros parecen un torbellino; va a descargar el ardor de su ira y las llamas ardientes de su castigo.»
(Isaías 66, 15)

«Entonces vi que del norte venía un viento huracanado; de una gran nube salía un fuego como de relámpagos, y en su derredor había un fuerte resplandor. En medio del fuego brillaba algo semejante al metal bruñido, y en el centro mismo había algo parecido a cuatro seres con aspecto humano. Cada uno de ellos tenía cuatro caras y cuatro alas. (...) El aspecto de los seres era como de carbones encendidos, o como algo parecido a antorchas que iban y venían en medio de ellos, el fuego era resplandeciente. (...) Miré a aquellos seres y vi que en el suelo, al lado de cada uno de ellos, había una rueda. Las cuatro ruedas eran iguales y, por la manera en que estaban hechas, brillaban como el topacio. Parecía como si dentro de cada rueda hubiera otra rueda. (...) Por encima de sus cabezas se veía una especie de bóveda, brillante como el cristal (...). Encima de la bóveda vi algo como un trono que parecía de zafiro y sobre aquella especie de trono había alguien que parecía un hombre.»
(Ezequiel 1, 4-26)

"Yo soy Rafael, uno de los siete ángeles que asisten y entran ante la gloria del Señor". Los dos se turbaron y cayeron de bruces llenos de miedo. Pero les dijo: "No teman, la paz con ustedes; alaben a Dios por todos los siglos. Cuando yo estaba con ustedes, no estaba por mi favor, sino por voluntad de Dios".»

(Tobías 12, 15-18)

«Vi descender del cielo a otro ángel fuerte, envuelto en una nube, con el arco iris sobre su cabeza.»

(Apocalipsis 10, 1)

«Y oyeron una gran voz del cielo, que les decía: "Suban acá". Y subieron al cielo en una nube; y sus enemigos los vieron.»

(Apocalipsis 11, 12)

Interpretación:

La vinculación de ángeles con nubes, luces, resplandores y fuego que llega a intimidar a enemigos se ha repetido como una constante a lo largo de toda la Biblia. Pero aquí nos encontramos con pasajes que advierten el retorno de las naves, pero para una acción más radical o para un contacto más directo.

La visión de Ezequiel, un sacerdote deportado en Babilonia, a orillas del río Quebar, llevó al científico Joseph Blumrich (asesor de la NASA en diseño de naves espaciales) a esbozar cómo debió haber sido la nave que contempló el profeta. Y lo más curioso es que una nave similar al modelo confeccionado por el científico, tipo módulo de comando, fue vista en 1980 sobrevolando la zona de Cocoyoc, en México.

SUPERVISANDO LA DESCENDENCIA

«En Zora, de la tribu de Dan, había un hombre que se llamaba Manoa. Su mujer nunca había tenido hijos porque era estéril. Pero el ángel del Señor se le apareció a ella y le dijo: "Tú nunca has podido tener hijos pero ahora vas a quedar embarazada y tendrás un niño".»

(Jueces 13, 2-3)

«Cuando el fuego subió del altar, Manoa y su mujer vieron al ángel del Señor subir hacia el cielo en medio de las llamas.»

(Jueces 13, 20)

«Yahvéh visitó, efectivamente, a Ana, la cual concibió y parió tres hijos y dos hijas.»

(I Samuel 2, 21)

«Y un ángel del Señor, en pie a la derecha del altar del incienso, se dejó ver de él. Zacarías se asustó al verlo, y el miedo lo sobrecogió. Pero el ángel le dijo: "No temas, Zacarías, porque ha sido escuchada tu plegaria; y tu mujer Isabel te va ha dar un hijo, al que pondrás por nombre Juan".»

(Lucas 1, 11-13)

«En el sexto mes el ángel Gabriel fue enviado por Dios a una ciudad de Galilea cuyo nombre era Nazaret, a una doncella desposada con un varón cuyo nombre era José, de la casa de David; y el nombre de la doncella era María. (...) "Mira, concebirás en tu seno y darás a luz a un hijo al que pondrás por nombre Jesús. Él será grande, se llamará Hijo del Altísimo, el Señor Dios le dará el trono de su padre David, reinará sobre la casa de Jacob eternamente y su reino no tendrá fin". María dijo al ángel: "¿Cómo será eso, puesto que no conozco varón?". El ángel le respondió así: "El Espíritu Santo vendrá sobre ti, y el poder del Altísimo te cobijará bajo su sombra; por eso lo que nacerá se llamará santo, Hijo de Dios".»

(Lucas 1, 26-35)

Interpretación:

Desde Abraham su descendencia fue contactada, intervenida, supervisada y hasta reorientada una y otra vez. Encontramos en el camino de la historia del pueblo de Israel muchas concepciones imposibles, como los nacimientos de Isaac, Esaú y Jacob, José y Benjamín, Sansón, Samuel, María la Virgen, Juan el Bautista y hasta el propio Jesús. Si la intención era mantener el programa genético original, tuvieron que hacer grandes esfuerzos, porque a pesar de que se advirtió que no mezclaran la sangre, siempre hubo mestizaje de los israelitas con los pueblos vecinos. El mismo Abraham tuvo su primer hijo con Agar, la esclava egipcia; Moisés estaba desposado con Séfora, una madianita (entre árabe y egipcia) con quien tuvo hijos; la esposa de José, virrey de Egipto, era egipcia y tuvo hijos con ella. Hay, pues, muchos otros ejemplos.

Pero el propósito de semejante programación apuntaba a crear las condiciones para que al final de un largo proceso naciese Jesús.

EL NACIMIENTO DEL MESÍAS

«Precisamente en aquella tierra había unos pastores que pernoctaban a la intemperie, para guardar de noche su rebaño; y un ángel del Señor se les presentó, y el esplendor del Señor los envolvió en luz, y temieron con un miedo enorme. Pero el ángel les dijo: "No teman, pues les doy una buena noticia, una gran alegría, que lo será para todo el pueblo: les ha nacido hoy en la ciudad de David un salvador, que es Cristo Señor. Y tienen esta señal: encontrarán a una criatura envuelta en pañales y acostada en un pesebre". Y de repente se unió al ángel una muchedumbre del ejército celestial, que alababan a Dios y decían: "¡Gloria a Dios en las alturas! Y en la tierra, paz entre los hombres de buena voluntad". Y se dio el caso de que, cuando los ángeles se separaron de ellos hacia el cielo, los pastores se decían unos a otros: "Hala, vamos hasta Belén a ver este acontecimiento que el Señor nos hizo conocer".»

(Lucas 2, 8-15)

Interpretación:

El nacimiento de Jesús fue un acontecimiento trascendental dentro de su simplicidad y humildad, que involucró tanto a la gente más sencilla de ese tiempo (los pastores) como a las altas jerarquías celestes (extraterrestres). Recordemos este importante simbolismo, ya que Abraham y su descendencia eran originalmente pastores, seleccionados por extraterrestres para guiar espiritualmente a toda la humanidad, y continuamente se repite en Jesús la figura del Buen Pastor, que mantiene contacto permanente con ángeles.

El hecho de que hoy podamos relacionar muchas de las apariciones angélicas con seres de otros mundos no niega la existencia real de seres de otras dimensiones, o verdaderos ángeles que no poseen una corporeidad física, y que también se manifiestan.

EL OVNI DE BELÉN

«Se pusieron en camino [los Reyes Magos]; y de pronto la estrella que habían visto en oriente iba delante de ellos hasta que, al llegar, se detuvo encima de donde estaba el niño. Cuando vieron la estrella sintieron una alegría enorme.»

(Mateo 2, 9-10)

Interpretación:

La estrella de Belén que guió a los sabios astrónomos y astrólogos de Caldea y Persia no tenía un comportamiento normal. No podía ser una estrella puesto que se movía y hasta se detuvo en un punto determinado; además, se veía indistintamente de día y de noche, lo cual descarta que fuera un cometa, una conjunción planetaria o un fenómeno celeste. Nos encontramos frente a un típico avistamiento ovni, en el que incluso hay una propósito: la señalización directa por parte de estos seres de un lugar y de un acontecimiento, ya que condujo a los Reyes Magos al sitio preciso y hasta lo indicó con sus movimientos y su estacionamiento.

INFORMACIÓN IMPORTANTE

«No hay nada secreto que no llegue a descubrirse, ni nada escondido que no llegue a saberse.»

(Mateo 10, 26)

«En la casa de mi padre hay muchos lugares donde vivir; si no fuera así, yo no les hubiera dicho que voy a prepararles un lugar.»

(Juan 14, 2)

«También tengo otras ovejas que no son de este redil.»

(Juan 10, 16)

Interpretación:

Los Evangelios advierten que llegará un momento en que serán esclarecidos todos los misterios y develados todos los secretos, de tal manera que la humanidad tendrá otra visión de la vida. También se dice claramente que hay otros mundos y que tenemos hermanos allí, lo cual le da a la vida un hermoso y maravilloso consuelo.

LA TRANSFIGURACIÓN EN EL MONTE TABOR

«Seis días después Jesús se llevó a Pedro, Santiago y Juan, su hermano, y a solas los subió a un monte alto [Tabor]. Y se transfiguró ante ellos, y su rostro relumbró como el sol, y su ropa se volvió blanca como la luz. Y de pronto se dejaron ver de ellos Moisés y Elías, conversando con él. Tomando Pedro la palabra, dijo a Jesús: "Señor, más vale quedarnos aquí; si quieres, pondré aquí tres tiendas: una para ti, otra para Moisés y otra para Elías". Todavía estaba él hablando cuando de pronto una nube luminosa los cubrió. Y de pronto sonó una voz desde la nube, que decía: "Este es mi Hijo querido, en el que me agradé. ¡Escúchenlo!".»

(Mateo 17, 1-5)

Interpretación:

Un nuevo encuentro cercano que rememora las experiencias del Éxodo (la luz y la nube), pero ahora los testigos son tres de los apóstoles, que ven cómo Jesús entra en contacto con dos personajes que desaparecieron entre ocho y trece siglos antes llevados fuera de este mundo. A partir de este momento se oficializa que Jesús es el que culminará lo iniciado a través de esos personajes.

PROFECÍAS QUE INVOLUCRAN A LAS NAVES

«Enseguida, después de la tribulación de aquellos días, el sol se oscurecerá, y la luna no dará su resplandor; las estrellas caerán del cielo y las fuerzas de los cielos se tambalearán. Y entonces aparecerá en el cielo la señal del Hijo del hombre; y se verá al Hijo del hombre que llega en las nubes del cielo con gran poder y esplendor. Enviará a sus ángeles con trompeta sonora y se reunirán sus elegidos desde los cuatro vientos, de extremo a extremo del cielo.»

(Mateo 24, 29-31)

«Y habrá señales en el sol, la luna y las estrellas, y en la tierra serán presa de angustia las naciones, perplejas ante el fragor del mar y el oleaje; mientras que los hombres enloquecerán por el miedo y la ansiedad ante todo lo que va a venir sobre el orbe, pues las fuerzas de los cielos se tambalearán. Y entonces verán al Hijo del hombre que llega en una nube con gran poder y esplendor. Cuando comience a suceder esto, pónganse en pie y levanten la cabeza, porque ha llegado la liberación de ustedes.»

(Lucas 21, 25-28)

Interpretación:
Sabemos que las profecías siempre son una advertencia de cuanto puede ocurrir si no hacemos nada para evitarlo. Pero hay ciertas profecías que, por el contrario, debemos hacer lo imposible para darles cumplimiento. En este sentido vemos que se habla de un panorama futuro muy sombrío, que estaría involucrando el regreso de Cristo sobre las nubes o naves, acompañado de los ángeles o extraterrestres. ¿Será acaso que el incremento de los cambios climáticos y planetarios, así como de los avistamientos de ovnis en el mundo, está anticipando este momento de definición? El tiempo lo dirá...

¿QUÉ PASÓ CUANDO MURIÓ JESÚS?

«Ya era hacia la hora sexta cuando hubo oscuridad en todo el país hasta la hora nona, al eclipsarse el sol. Y la cortina del santuario se rasgó por en medio. Dando una gran voz dijo Jesús: "Padre, en tus manos encomiendo mi espíritu".»

(Lucas 23, 44-46)

Interpretación:

Se ha especulado mucho con relación al supuesto eclipse que acompañó la muerte del Rabí de Galilea, injustamente crucificado. Pero, ¿y si fue algo localizado de tal manera que sólo ocurriera sobre esa zona? (como en el caso de Fátima, donde la «danza del sol», un ovni gigantesco que parecía esta estrella, fue avistado por más de 70.000 personas en 60 kilómetros a la redonda). Podría ser que una nave de gran tamaño, ubicada entre el Sol y la Tierra, aportara en ese momento su sombra sobre toda Jerusalén y alrededores. Esto no nos debe extrañar, recordemos que han sido detectadas por los satélites geoestacionarios hasta naves de 450 kilómetros de diámetro sobrevolando la Patagonia chilena.

LA NUBE O NAVE QUE RECOGIÓ A JESÚS

«Por su parte el Señor Jesús, después de hablarles, fue elevado al cielo y se sentó a la derecha de Dios.»

(Marcos 16, 19)

«Los sacó afuera hasta cerca de Betania; y alzando sus manos los bendijo. Y se dio el caso de que, mientras los bendecía, se separó de ellos y era llevado al cielo. Y ellos, después de adorarlo, se volvieron a Jerusalén con gran alegría.»

(Lucas 24, 50-52)

«Y después de decir esto se elevó mientras ellos miraban, y una nube lo recogió ocultándolo a sus miradas. Y según estaban mirando fijamente al cielo mientras él se iba, se les presentaron de pronto dos hombres con vestiduras blancas, que dijeron: "Galileos, ¿por qué están parados mirando al cielo? Este Jesús, elevado desde ustedes al cielo, volverá así como lo han visto ir al cielo".»

(Hechos 1, 9-11)

Interpretación:

Los apóstoles fueron testigos de la elevación en cuerpo físico (regenerado con la resurrección) de la persona de Jesús hacia una nube (nave), y también contactaron inmediatamente con algunos de los tripulantes de ese aparato (los dos ángeles).

LO QUE VIO JUAN EN PATMOS

«Yo me volví para ver la voz aquella que hablaba conmigo. Y al volverme vi siete candelabros de oro, y en medio de los candelabros alguien parecido a un hijo de hombre, revestido de larga túnica y ceñido con un cinturón de oro a la altura del pecho; su cabeza y sus cabellos, blancos como lana blanca, como nieve; sus ojos, como llama de fuego; sus pies, parecidos al bronce bruñido, como en la forja, incandescente; su voz, como estruendo de océanos; tenía en la mano derecha siete estrellas, de su boca salía una espada aguda de dos filos, y su aspecto era como el sol cuando brilla con toda su fuerza.»

(Apocalipsis 1, 12-16)

«En cuanto al misterio de las siete estrellas que has visto en mi mano derecha y los siete candelabros de oro: las siete estrellas son los ángeles de las siete Iglesias y los siete candelabros son las siete Iglesias.»

(Apocalipsis 1, 20)

«Después de eso, vi una puerta abierta en el cielo; y la voz primera que yo había escuchado, como de una trompeta que hablaba conmigo, estaba diciendo: "Sube aquí, y te mostraré lo que tiene que venir después de esto". Enseguida entré en éxtasis: resulta ser que en el cielo estaba puesto un trono con alguien sentado, y el que estaba sentado era de aspecto parecido a la piedra de jaspe y cornalina; y alrededor del trono había una aureola de aspecto como la esmeralda. Alrededor del trono, veinticuatro tronos, y sentados en los tronos veinticuatro ancianos vestidos con vestiduras blancas (...) y ante el trono había como un mar transparente, parecido al cristal.»

(Apocalipsis 4, 1-6)

Interpretación:

Juan, el discípulo amado, fue deportado por el emperador romano Domiciano a la pequeña isla de Patmos, en la costa turca, allá por el año 94 de la era cristiana. En ese lugar, el único sobreviviente de los doce apóstoles tuvo más que una visión: vivió un tremendo encuentro cercano, al principio del tercer tipo (ve al tripulante) y luego del cuarto tipo, al ingresar a esa otra realidad a través de una puerta interdimensional (Xendra). Cuando le informan sobre los siete ángeles de las siete comunidades cristianas (Iglesias), le estaban explicando que había sido asignado un ser extraplanetario a cada una de esas comunidades para que las guiara y protegiera, como suele ocurrir en la actualidad con los grupos de contacto extraterrestres. Digo esto sin que con ello quiera comparar los movimientos contactistas con una religión. Pienso que hay suficientes religiones sobre la faz de la Tierra como para inventar una nueva, y menos aún a la luz de seres que, siendo materiales, no son mejores que nosotros y también tienen mucho que aprender.

En su experiencia, Juan el Evangelista es llevado delante del consejo mismo de los Veinticuatro Ancianos, o gobierno de nuestra galaxia, donde es instruido y advertido de cuanto puede ocurrir y de cuanto ya ha ocurrido en nuestro mundo. La intención siempre será advertir para corregir.

A MANERA DE CONCLUSIÓN FINAL

Desde que el ser humano existe sobre nuestro planeta ha habido contacto con otras realidades, y ese contacto no tiene por qué terminar jamás. Pero sólo podrá restablecerse la mejor relación con las jerarquías superiores si restablecemos el contacto primero con nosotros mismos, con la naturaleza y luego con los demás.

Hay un Plan Cósmico que ha ido variando en la medida que la humanidad ha ido madurando y labrando su propio futuro; pero este plan también involucra a esos otros seres y dimensiones. Por tanto, ha llegado el momento en que asumamos definitivamente nuestra responsabilidad y enfrentemos el conocimiento profundo de quiénes somos, por qué existimos y hacia dónde vamos. Pero la respuesta, como todo en la vida, está dentro de cada uno, en esa... otra realidad.

LOS OVNIS EN LA ACTUALIDAD

LA PRIMERA GUERRA MUNDIAL

Y aconteció que, yendo ellos hablando, he aquí que un carro de fuego apartó a los dos, y Elías subió al cielo en un torbellino. Y viéndolo Eliseo, clamaba: «¡Padre mío, carro de Israel y su gente!». Y nunca más lo vio.

(II Reyes 2, 11)

¿Hubo durante la Primera Guerra Mundial avistamientos y experiencias con ovnis?

El 28 de agosto de 1915, en la bahía de Suvla, en Gallipoli (Turquía), ocurrió un hecho extraordinario y misterioso. Según tres testigos del ejército neozelandés, ese día estaba claro y despejado, pero de pronto apareció en el cielo una nube que a pesar del viento no se movía. Era de una estructura densa y hasta sólida en apariencia.

En ese momento se disputaban entre los británicos y los turcos la colina 60, la cual estaba completamente minada. Los neozelandeses, que se encontraban en trincheras listos para entrar en acción, observaron cómo el primer batallón británico de Norfolk marchaba hacia la colina y subía con todo su equipo para tomarla. Detrás de ella los aguardaban los turcos armados hasta los dientes. Iba a ser una cruenta carnicería. Entonces la nube, que había permanecido quieta sobre el lugar, empezó a descender sobre la colina transformándose en una niebla que lo envolvía todo. Y hasta que no entró el último de los 250 soldados y 17 oficiales a ella, permaneció allí. Luego empezó a elevarse, se volvió a compactar a gran altura y después se diluyó.

El batallón entero había desaparecido. Una vez terminó la Primera Guerra Mundial, los británicos exigieron a los turcos que les devolvieran los prisioneros sobrevivientes, pero según los turcos nunca habían peleado con ese batallón allí.

¿Adónde marcharon todos esos militares? ¿Qué fue de ellos?

Hay muchos autores que desconfían del relato y de los testigos, pues les cuesta creer que 267 hombres fuesen arrebatados de sobre la faz de la tierra, así nomás. Este podría ser el caso de un colapso espacio-temporal que abrió por motivos desconocidos un portal dimensional, por el cual desfilaron todos esos hombres al puro estilo del triángulo de las Bermudas. O también podría ser que en ese momento se produjera una abducción masiva (secuestro o arrebatamiento forzado) a través de naves del espacio, camufladas a manera de nube o neblina densa.

A partir de lo que hemos vivido en el tema del contactismo, la interpretación sería que seres extraterrestres abrieron un portal dimensional desde una nave camuflada, la misma que descendió sobre la colina, para evacuar al contingente británico, que se dirigía a una muerte segura. De haber sido así, en la actualidad todas esas personas se encontrarían en una base extraterrestre fuera de nuestro planeta, a la espera de que el tiempo y las condiciones permitan su regreso.

Pero fueron muchos los casos de avistamientos de ovnis en la Primera Guerra Mundial que aún hoy siguen en el misterio, puesto que oficialmente no se quiere aceptar la posibilidad de una intervención de observadores extraterrestres durante nuestros conflictos.

LA SEGUNDA GUERRA MUNDIAL Y LOS *FOO-FIGHTERS*

Había dos guardias sentados uno frente a otro. Una estrella vino aproximándose desde el sur. El hecho nunca había sucedido. La estrella se colocó sobre ellos y ninguno entre ellos pudo permanecer allí.
Estela Gebel Barkal, Dinastía XVIII (1450 a.C.)

En 1947 se hallaron los archivos de la Fuerza Aérea alemana (Luftwaffe), y en ellos constaba que, entre 1944 y 1945, se habían incrementado los casos de cazabombarderos Stuka y bombarderos Heinkel que se habían encontrado o habían sido perseguidos por extrañas esferas luminosas inteligentes y otros objetos. Estos avistamientos, que ya existían antes de la guerra, hicieron que Hermann Goering comisionara a un grupo especial de investigación que se llamó Sonder Buro N° 13, cuyo nombre cifrado era Operación Uranus.

Había un caso, fechado el 14 de marzo de 1942, en donde se informaba que sobre la base aérea de Banak, en Finlandia, se había detectado la aparición de un extraño y silencioso objeto aéreo no identificado.

Salió entonces el capitán Hauptmann Fisher en su avión caza Messerschmitt 109 para interceptarlo. Al llegar a 3.500 metros de altura pudo aproximarse al objeto. Después lo describió como un enorme cuerpo fusiforme (como un cilindro), sin ningún plano de sustentación (sin alas) y sin aberturas o ventanas visibles. Su longitud era de cien metros aproximadamente, con un diámetro de unos quince metros. Luego, el objeto se elevó verticalmente y desapareció a gran velocidad.

¿Qué otros casos importantes citan los alemanes?

El 18 de diciembre de 1943 se detectó el paso de un ovni que iba a la impresionante velocidad (para ese tiempo) de 3.000 km/h sobre las bases aéreas alemanas de Heligoland, Hamburgo, Wittenberg y Neustrelitz. El mismo artefacto fue observado por dos aviones caza Focke-Wulf 190. Fue descrito como un objeto cilíndrico, de una superficie aparentemente convexa y compuesto en su cuerpo por multitud de anillos.

¿Alguna vez se produjo una de estas observaciones cuando estaban presentes personajes importantes del Tercer Reich?

El 12 de febrero de 1944, en el centro de pruebas de Kummersdorf, estando presentes una serie de jerarcas nazis, entre ellos Joseph Goebbels (Ministro de Propaganda), Heinrich Himmler (Jefe de la Gestapo) y Hermann Goering (Comandante de la Lutfwaffe), se estaba probando un cohete. El ensayo fue filmado y, al revelarse, se confirmó la presencia en la trayectoria del misil de un objeto esférico que giraba sobre sí mismo.

¿Qué creían los alemanes que eran estos objetos?

Los alemanes pensaban que estas esferas eran armas secretas de los aliados; y los aliados, que también las estaban observando, pensaban a su vez que eran armas secretas de los alemanes. Por ello, los aliados las habían incluido en la larga lista de las *vergeltungswaffe* (armas de represalia alemana) y las llamaron *krauts balls* creyendo que eran eso: nuevas armas secretas nazis.

¿Cómo fueron definidos estos objetos?

Eran, según los pilotos, como globos luminosos con comportamiento inteligente y movimientos súbitos en ángulos imposibles. Los llamaron *foo-fighters* (combatientes de fuego o cazas fantasma), nombre derivado de la palabra francesa *feu* (fuego), por sus repentinas apariciones y desapariciones. También se les llamó *krauts fireball* (bolas de fuego alemanas), ya que era costumbre entre los aliados llamar *krauts* a toda persona de ascendencia germana y a todo lo que tuviera que ver con los alemanes.

¿Qué casos importantes de observaciones registraron los aliados?

El 23 de noviembre de 1944, los pilotos del 415 escuadrón de caza nocturna de los Estados Unidos, con base en Dijon (Francia), afirmaron haber observado varias bolas de «fuego rojo» que volaban a gran velocidad al norte de Estrasburgo, sobre la región de Alsacia-Lorena. El radar no las podía captar, pero eran perceptibles a simple vista, apareciendo y desapareciendo. Cuatro días después, una gran esfera, pero de un color naranja, fue avistada por un caza norteamericano sobre la localidad alemana de Espira, al sur de Mannheim. Según el piloto, el teniente Henry Giblin, el objeto se les acercó a aproximadamente 500 metros por encima de su aparato, volando a unos 400 km/h.

¿Tenían estos objetos o esferas un comportamiento inteligente o meramente natural?

El 22 de diciembre de 1944, otro avión del escuadrón 415, piloteado por el teniente David McFalls, captó la presencia de dos globos luminosos o fosforescentes de color anaranjado, con comportamiento inteligente, lo cual se podía deducir por sus movimientos. Esto ocurrió sobre la localidad de Hagenau, en la misma región de Alsacia-Lorena.

¿Los encuentros eran pacíficos o hubo en algún momento una sensación de acechanza o alguna actitud beligerante?

El 24 de diciembre de 1944 se dio el caso de un bombardero estadounidense que fue perseguido por una formación de quince objetos luminosos, lo cual fue confirmado por dos cazas P-47 que se acercaron y vieron las esferas de luz.

También en diciembre de 1944, el mayor William D. Leet, piloto de un bombardero B-17, se encontró sobre Austria con un objeto discoidal del color del ámbar que lo seguía.

¿Estos avistamientos se registraron en la guerra sólo sobre Europa o también se produjeron en otros lugares del mundo?

En 1945 los *foo-fighters* aparecieron en el Pacífico, y los observaron tanto pilotos norteamericanos como japoneses, quienes los describieron como esferas luminosas de un color rojo y hasta de un metro de diámetro. Solían acompañarlos como con curiosidad para luego alejarse precipitadamente.

¿Los ovnis que se observaron durante la guerra también fueron observados en ciudades lejanas al conflicto?
Terminada la guerra, se dio a conocer que el 25 de febrero de 1942, sobre la ciudad de Los Ángeles (California), se había observado una formación de *foo-fighters*. Estos fueron fotografiados sorteando los haces de luz de los reflectores y las armas antiaéreas, que los habían confundido con aviones japoneses.

¿Qué conclusión podríamos extraer de todo esto?
Dentro de la fenomenología ovni existen las caneplas u «ojos de gato», una especie de cámaras de televisión controladas a la distancia. Suelen venir en la panza de las naves extraterrestres, que las sueltan sobre las ciudades y campos, a manera de racimo, distribuyéndose de tal manera que todo lo que observan es proyectado en unas pantallas internas que las naves tienen. Así que, sin que descienda la nave, ellos saben lo que está ocurriendo abajo gracias a estas cámaras esféricas voladoras. Suelen medir desde treinta centímetros hasta metro y medio de diámetro, y son de diferentes colores: rojo, naranja, amarillo, blanco, azul, verde, plateado o simplemente transparentes.

Existen otros objetos, también en formas de esferas de energía, pero son más pequeños (a veces se les confunde con centellas o rayos en bola): se les llama sincronizadores de energía. Llegan a medir el tamaño de un puño o de una bolita de ping-pong y a son veces tan diminutos como un puntero láser. Parece que actúan con inteligencia propia y tienen labores específicas, como curar a personas o ingresar en el cuerpo de alguien para estimular la activación de percepciones extrasensoriales.

Durante la Segunda Guerra Mundial la humanidad fue permanentemente observada, y más aún cuando desarrollamos la energía nuclear y la detonamos mediante las bombas.

EL COMIENZO DE LA ERA DE LOS OVNIS:
El caso de Kenneth Arnold

Si ocurre que los testimonios históricos no cuadran con ciertas leyes ya formuladas, debe recordarse que la ley no es más que la consagración de la experiencia y de la experimentación, y que, en consecuencia, las leyes deben inclinarse ante los hechos históricos y no los hechos ante la ley.

Immanuel Velikovsky, *Mundos en colisión*

¿En que consistió la experiencia de Kenneth Arnold?

El 24 de junio de 1947, Kenneth Arnold, de 31 años de edad, piloto civil norteamericano y hombre de negocios muy respetado, se encontraba sobrevolando bajo un sol espléndido el monte Rainier, en el estado de Washington, colaborando en una labor de rescate de un avión de carga C46 de la marina, que estaba desaparecido. Había despegado de la localidad de Chehalis con destino a Yakima, a unos 175 kilómetros al este.

Se hallaba a una altitud de 2.800 metros piloteando una avioneta monomotor Call Air triplaza, cuando a las 3 p.m. percibió un fogonazo blanquecino de luz azul en el horizonte. De pronto, tenía delante de él nueve objetos centellantes, con un brillo metálico, que viajaban en formación serpenteando como la cola de una cometa china, procedentes del monte Baker.

¿Qué tamaño tenían los objetos y a qué velocidad se desplazaban?

Calculó que cada uno de esos objetos tenía un diámetro de unos quince metros, y le sorprendió que no tuvieran cola y que su forma fuera ovalada. Su observación duró aproximadamente tres minutos.

Arnold cronometró el tiempo que tardaron los objetos en cubrir la distancia entre las cumbres de los montes Rainier y Adams (75 kilómetros): un minuto y 42 segundos, lo cual significaba que se desplazaban a una velocidad de aproximadamente 2.700 km/h.

¿Qué hizo el piloto cuando volvió al aeropuerto?

De regreso al aeropuerto de Yakima, informó que lo que había visto parecía «como un tacón de zapato» y que se movía «como un platillo que lo hicieran brincar sobre la superficie del agua». De ahí el nombre «platillo volador» o *flying saucer*, que acuñó William Bequette, cronista de la *Associated Press*. Según la autoridad del aeropuerto, Arnold pudo haber visto misiles teledirigidos procedentes de la base Moses Lake.

¿Hubo avistamientos similares en otros lugares ese mismo día?

El avistamiento de Arnold coincidió con la observación de objetos similares ese mismo día en varios estados del país por policías, bomberos y todo tipo de personas.

¿Qué podemos concluir de este caso?

Cuando los testigos son gente cualificada como Kenneth Arnold, que tenía más cosas que perder que ganar contando su experiencia (además, hubo muchos otros testigos el mismo día en diferentes partes), a las autoridades no les queda más remedio que aceptar que lo que se observó fue un fenómeno ovni.

EL CASO ROSWELL

Hay gran violencia en los cielos.
(Mateo 11, 12)

¿En que consistió el caso Roswell?

El 2 de julio de 1947 en la finca del granjero William Mac Brazel, ubicada a 120 kilómetros al noroeste de la ciudad de Roswell (Nuevo México), ocurrió un hecho insólito. Había habido una tormenta muy violenta y, de pronto, se escuchó una explosión que no tenía ninguna similitud con un trueno. Esto hizo que el granjero saliese a recorrer las inmediaciones para enterarse de lo que había ocurrido. Al llegar a un lugar cercano se percató de la presencia de gran cantidad de restos esparcidos en un área de unos dos kilómetros. Muchos eran como láminas de metal muy delgado (como el papel de estaño), que se podían doblar y volvían a su forma original sin mostrar arruga alguna. Y no podían romperse, ni con el martillo más pesado.

¿Qué hizo Brazel con los fragmentos que halló?

Brazel recogió algunos pedazos y se los llevó al alguacil del condado de Chávez, George Wilcox, quien a su vez llamó a la base aérea de Roswell para saber si se había producido algún accidente aéreo o si ellos tenían noticia de algo. En la base negaron todo conocimiento al respecto y enviaron al mayor de inteligencia de la Fuerza Aérea, Jesse Marcel, para que junto con Brazel recorriera la zona y viera qué era lo que había ocurrido.

¿Cuándo llego la Fuerza Aérea al lugar del incidente?
Marcel llegó al lugar dos días después del incidente, el 4 de julio, el Día de la Independencia de los Estados Unidos. Allí recogió algunos fragmentos que le llamaron la atención, como algunos con extraños símbolos que no pertenecían ni al ruso ni al japonés y parecían jeroglíficos egipcios. Recordemos que hacía poco había acabado la Segunda Guerra Mundial y los militares norteamericanos estaban muy sensibilizados y preparados para reconocer otros idiomas. Se fijó en que ningún fragmento estaba quemado y que las láminas más delgadas tampoco podían ser quemadas. Los restos más gruesos no podían doblarse ni hundirse. Cargó entonces el material en su Jeep y se dirigió a la base; pero primero pasó por su casa, donde le regaló algunos fragmentos a su hijo y los mostró a su esposa y a los vecinos.

¿Cuál fue la reacción en la base aérea?
Al verlos, el comandante de la base y jefe del 509º Grupo de Bombarderos de la Roswell Army Airfield, el coronel William Blanchard, se emocionó tanto que mando acordonar la zona. Después comisionó a la persona encargada de las relaciones públicas de la base, el oficial Walter Hault, que informara a la prensa del hallazgo. El 8 de Julio de 1947, el

comunicado publicado en el *Roswell Daily Record* decía: «La Fuerza Aérea capturó un platillo volador en un rancho de la región de Roswell».

¿Quiénes fueron los primeros en dar a conocer el caso como de origen extraterrestre?

Fue la propia Fuerza Aérea, a través de sus miembros, la que dio a conocer la noticia a la prensa; y a través de la prensa, al mundo.

La base aérea de Roswell era muy importante, pues allí se había desarrollado el Proyecto Manhattan de la bomba atómica. Además, Jesse Marcel era un alto oficial de inteligencia y estaba familiarizado con idiomas como el japonés o ruso y con todas las armas e inventos norteamericanos. No era una persona delirante ni sugestionable.

En el *San Francisco Chronicle* del 9 de julio de 1947 salió lo siguiente: «Los numerosos rumores relacionados con los platillos volantes se convirtieron ayer en realidad, cuando la oficina de inteligencia del 509 Grupo de Bombarderos de la Octava Fuerza Aérea, campo aéreo de Roswell del ejército, tuvo la fortuna de tomar posesión de un disco gracias a la cooperación de uno de los granjeros locales y de la oficina del alguacil del condado de Chávez».

¿Cuándo se hallaron los demás restos de la nave espacial?

Entre el 4 y el 8 de julio se habría hallado la mayor parte de la nave, que al parecer chocó y luego rebotó para terminar a unos cuatro kilómetros al suroeste del primer impacto, en los llanos de San Agustín, cerca de Corona (Coronado). Cuando llegó la Fuerza Aérea al lugar, luego de rastrear toda la zona, se encontró con un grupo de gente, entre quienes se encontraba el ingeniero civil Grady Landon Barnett, quien con seis estudiantes de arqueología, su profesor el doctor Buskirk y algunos curiosos, estaba delante del aparato siniestrado. Los militares obligaron a todos ellos a mantener discreción con respecto a lo que estaban viendo. Más adelante se les mandó guardar silencio por razones de seguridad nacional. Pero el tiempo no pasa por gusto, y muchas de esas personas involucradas se han atrevido a hablar, aunque no coincidan necesariamente en todos los detalles puesto que ha pasado mucho desde aquel entonces.

¿Hoy en día aún se pueden recoger testimonios?
Entre los testimonios que aún hoy se pueden encontrar está el del menor de los hijos de la familia Anderson, Gerald, quien en aquel entonces tenía sólo cinco años de edad. Los miembros de esta familia habían visto el objeto en forma de disco, semienterrado, cuando habían salido a la búsqueda del supuesto meteorito que había caído en la zona. El objeto era entre plateado y gris plomizo. Estaba parcialmente destruido, tenía unos 35 metros de diámetro y entre los restos yacían los cuerpos de cuatro seres humanoides, tres fuera de la nave y uno dentro.

Landon Barnett también dio años después su testimonio, en el que menciona que los seres que vio fuera de la nave tenían cabezas grandes en forma de pera, cuerpos delgados, extremidades largas y estaturas pequeñas (un metro veinte). Estaban vestidos con unos trajes de una sola pieza, sin botones ni cremalleras.

¿Cuál fue la respuesta del gobierno y del Pentágono frente a todo esto?

El Pentágono, al saber cuanto había ocurrido en Roswell y lo pronto que había circulado la noticia, puso el grito en el cielo y ordenó a través del brigadier general Ramey que los primeros fragmentos hallados por Jesse Marcel y el mismo Brazel fueran llevados a la base aérea de Fort Worth, en Dallas (Texas). Allí se cambiaron las piezas por restos de un globo aerostático y se sacrificó a la persona de Marcel, obligándolo a desmentirse y quedar en ridículo delante de toda la prensa allí reunida, pues tuvo que decir que había sido un error y que se habían apresurado demasiado en dar una opinión. Como si fuese tan fácil confundir una nave extraterrestre con un globo meteorológico o algo parecido. Se ha especulado mucho diciendo que el encubrimiento se debería a que el supuesto globo recuperado era parte del Proyecto Secreto Mogul, pero esto no tiene sentido alguno porque estamos hablando de 1947 y no había globos estratosféricos, sino más bien simples globos que habían demostrado su ineficiencia con otros similares lanzados por los japoneses contra Estados Unidos al final de la Segunda Guerra Mundial.

Con esta situación se iniciaba la política de ocultamiento de información o censura informativa.

¿Qué otros testigos importantes participaron del caso?

Otro testigo fue el médico forense de Roswell y dueño de la funeraria local, Glenn Dennis, a quien se le teléfono desde la base aérea para que les informase de cómo preservar unos cuerpos accidentados que habían permanecido en el desierto, expuestos al calor y a los depredadores, durante varios días. Esto sin decir en ningún momento que fuesen extraterrestres. Hasta le llegaron a pedir cuatro féretros de un metro veinte, que él no disponía. Quedó tan inquieto por esta consulta que se dirigió de inmediato a la base, lugar donde era conocido y requerido en algunas ocasiones, lo cual le permitió entrar en medio del caos reinante allí. Logró ver los camiones llenos de fragmentos metálicos y las ambulancias con las bolsas de goma negra con hielo que él había recomendado. En ese momento se encontró con una amiga enfermera que le habló rápida y violentamente, describiéndole los seres que ella había visto en el quirófano del hospital. Entonces fue desalojado bruscamente por la policía militar, que no sólo lo empujó hasta su auto, sino que lo amenazó exigiéndole por su propia seguridad que guardara silencio.

¿Cómo eran los seres que le describieron a Glenn Dennis?

Sólo una vez más pudo hablar con su amiga enfermera, quien con más calma le pudo narrar lo sucedido y detallar la apariencia de los seres con un dibujo en una servilleta. Tenían sólo cuatro dedos en cada mano, con pequeñas cavidades quizás para succionar en las yemas de los dedos, con los del medio más largos y sin pulgar. Las cabezas eran grandes, al igual que los ojos; la boca, pequeña y como una hendidura. La nariz sólo eran dos orificios. Igualmente las orejas eran pequeñas y los oídos tenían también dos orificios, dos canales y no uno como nosotros. Uno de los cuerpos estaba intacto, mientras que los otros estaban bastante destrozados y ya olían mal.

¿Se les hizo una autopsia a los extraterrestres en Roswell?

Hoy sabemos que, después de practicarles una primera autopsia o necropsia a los cuerpos, estos fueron enviados junto con la nave al hangar 18 de la base aérea de Wright Patterson, en Dayton (Ohio). Y de allí, tiempo después, remitidos a los subterráneos del cuartel general de la CIA en Virginia para ubicarlos finalmente en la famosa Área 51 en Grom Lake, Nevada.

¿Es la autopsia que pasaron por la televisión en 1995 la imagen real del extraterrestre de Roswell?

No, pues no es posible que 350 testigos se equivocaran en la descripción de los ocupantes de la nave. Además, toda la historia de cómo Ray Santilli, director de *videoclips* musicales en Inglaterra, afirma haber accedido a la filmación y sacarla de los Estados Unidos resulta demasiado exagerada, fantasiosa e inconsistente.

El caso Roswell sería un hecho real, lo que no lo sería es la supuesta autopsia televisada.

¿Por qué se estrelló la nave en Roswell? ¿Fue la única accidentada?

Se ha dado a entender equivocadamente que la nave extraterrestre que se estrelló en Roswell se accidentó por una tormenta eléctrica o porque interfirió en su desplazamiento un radar experimental norteamericano. Pero esa no sería la verdad, como tampoco lo es la posibilidad de un mero accidente. La nave de Roswell más bien fue derribada por otra nave extraterrestre.

En 1991 el trasbordador espacial Discovery filmó, durante la órbita de ingreso al planeta, la presencia de un objeto luminoso en ángulo y cómo de pronto irrumpían otros siete objetos y le cerraban el paso al primero, lanzándole una especie de misil o haz de luz que le obligó a hacer un viraje increíble y alejarse.

Hay testimonios y registros de por lo menos treinta y seis naves estrelladas en nuestro mundo en los últimos cincuenta años, como en Nuevo México, Arizona y Utah, en Estados Unidos; en la Zona del Silencio y cerca de D.F., en México; y en Venezuela, Brasil, Chile, Rusia y Sudáfrica, entre otros sitios.

En base a todo esto, podemos afirmar que existirían naves de ciertas civilizaciones que cuidan la Tierra a manera de Vigilantes y Guardianes, quienes habrían establecido una suerte de cuarentena planetaria para que no cualquier civilización pueda actuar arbitrariamente en nuestro mundo. Y llegado el caso, si tienen que actuar de manera firme no sólo disuadiendo, lo hacen.

EL MAJESTIC-12

Durante muchos años viví con un secreto impuesto a todos los especialistas en astronáutica. Ahora ya puedo revelar que cada día en los Estados Unidos nuestros radares captan objetos de forma y composición desconocidas para nosotros. Existen miles de informes de testigos y cantidad de documentos que lo prueban, pero nadie quiere hacerlos públicos.

Declaración del astronauta
Gordon Cooper en la ONU

A fines de los años setenta, un grupo de investigadores y científicos, agrupados bajo el nombre de Ciudadanos con Derecho a Conocer, presionaron al gobierno norteamericano a través de un juicio para que liberara información clasificada, crucial para el develamiento de la realidad del fenómeno ovni y de la posible existencia de visitantes extraterrestres en nuestro planeta. El fallo se produjo en contra del gobierno a mediados de los años ochenta, lo que llevó a la publicación de centenares de documentos clasificados conocidos como «los documentos Majestic». El gobierno, a través de la CIA, reconoció tener más de nueve mil archivos sobre el tema, aunque sólo estaba dispuesto a liberar unos pocos cientos de ellos. Pero los que fueron publicados estaban tachados inmisericordemente, y no se podía ver la fecha, a quién estaban dirigidos, su contenido ni quién lo firmaba. Sólo alguno que otro podía leerse. Estaba claro que se habían comprometido a liberar documentos, pero nunca dijeron en qué estado lo iban a hacer.

Poco antes de que el gobierno perdiera el juicio de liberación de información y se viese en la incómoda obligación de sacar a la luz sus delicados y comprometedores inconvenientes secretos, algunos directores de cine y televisión de los Estados Unidos empezaron a recibir inexplicablemente por correo ordinario material clasificado en microfilm procedente de la CIA. Mucha de esta información es difícil de verificar y podría ser parte de la conocida campaña de intoxicación informativa (que incluye verdades, medias verdades y mentiras, juntas y revueltas). Sospechosamente, entre los documentos facilitados, ahora todos legibles, estaban intercalados los que fueron oficialmente liberados y que desde un inicio podían leerse, quizás para que se confiara en ellos aceptándolo todo. En la información proporcionada se hablaba de la existencia de un grupo secreto del gobierno que tenía a su cargo la recuperación, el análisis y el seguimiento de todos los casos que involucraran ovnis. Precisamente en 1987, estos documentos llegaron a las manos del productor James Shandera, quien dio a conocer lo que a través de otros medios ya se sabía: la existencia del Majestic-12. Los documentos fechados el 18 de noviembre de 1952 estaban marcados como *TOP SECRET* (máximo secreto) y contenían el informe detallado de la operación Majestic-12, preparado para el presidente Dwight D. Eisenhower.

Según todo esto, el 23 de septiembre de 1947 la persona responsable de la Inteligencia Técnica del Aire en la base Wright Patterson, el teniente general Nathan Twining, envió una comunicación al comandante general de la Fuerza Aérea en Washington D.C. En ese documento decía que «los discos voladores eran objetos metálicos reales que tenían un tamaño similar al de los aviones». Esto lo decía en relación a los ovnis hallados en Nuevo México. También precisó que al desplazarse producían un extraño zumbido y que viajaban a velocidades superiores a las de nuestros aviones.

El 24 de septiembre de 1947, a raíz de los informes recibidos sobre el caso Roswell, el presidente de los Estados Unidos, Harry S. Truman, consideró por recomendación de personas muy allegadas a él, entre quienes se encontraban los altos mandos militares, que había necesidad de constituir un grupo que se dedicara a investigar lo mejor posible la realidad del fenómeno ovni, para tratar también de aprovechar su tecnología en beneficio de las fuerzas armadas del país. Pero tendría que ser una comisión ultrasecreta, puesto que nadie aparte del presidente y de los que la conformarían sabría de su existencia para evitar que los beneficios de esta investigación escaparan de las manos del gobierno y cayeran en manos extranjeras. La misma comisión se encargaría de ocultar su existencia, los miembros que la componían, el material e información que manejaban, y también se las ingeniaría para ridiculizar, negar y entorpecer la investigación de cara al público del fenómeno ovni. Esta comisión se llamaría Operación Majestic-12 o Magic-12 (MJ-12), porque estaba integrada por seis altos mandos militares y seis científicos que trabajaban para el gobierno. El encargado de conformar el *staff* fue el doctor Vannevar Bush, quien a la vez se encargaría de la investigación de los mecanismos de operatividad de los ovnis.

Los miembros del Majestic-12 fueron originalmente:
- El almirante Roscoe Hillenkoetter, primer director de la CIA
- El doctor Vannevar Bush, presidente de la Comisión Nacional de Defensa e Investigación y también presidente de la Oficina de Investigación Científica y Desarrollo durante la Segunda Guerra Mundial
- El almirante James Forrestal, secretario de Defensa y anteriormente Ministro de Marina
- El general Nathan F. Twining, comandante de la Air Material Command, Wright Field
- El general Hoyt S. Vanderberg, jefe de Inteligencia Militar para el Departamento de Guerra durante la Segunda Guerra Mundial
- El doctor Detler Bronks (médico), investigador de biofísica, presidente de la Academia de Ciencias y de

la Universidad John Hopkins y, además, miembro de la comisión científica de los laboratorios nacionales de Brookhaven
- El doctor Jerome Hunsaker, director de los departamentos de Aeronáutica e Ingeniería Mecánica del Instituto de Tecnología de Massachusetts
- Sidney W. Souers, secretario ejecutivo del Congreso de Seguridad Nacional, asesor de presidente Truman y luego director de la CIA
- Gordon Gray, subsecretario de Defensa y presidente del Psychological Strategy Board de la CIA
- Donald Menzel, astrónomo y profesor de Astrofísica de la Universidad de Harvard
- El general Robert M. Montague, comandante del área militar que incluye White Sands Proving Ground (base de misiles)
- El doctor Lloyd Berkner, secretario ejecutivo del Comité para la Investigación y el Desarrollo

A todas estas personas se les facilitó la observación de una serie de documentos clasificados con la denominación *FOR EYES ONLY* (sólo para ver) y se les mostraron las evidencias recogidas de Roswell.

En los informes de esta comisión, se define la nave de Roswell como «de reconocimiento», y se afirma que los tripulantes eran humanoides que habrían evolucionado en un proceso distinto al del *Homo sapiens* terrestre. El doctor Detler Bronks propuso entonces el término «entidad biológica extraterrestre» (EBE).

La nave no tenía los componentes típicos de nuestra tecnología y era imposible determinar su sistema de funcionamiento; se propuso que pudiese ser un amplificador del poder psíquico de los ocupantes (al considerar la mayor capacidad craneana), por lo que se pensó podía provenir del exterior de nuestro sistema solar.

Como parte de la función del Majestic-12 era ocultar la información, el doctor Menzel, un ilustre astrónomo de Harvard, se dedicó a refutar y negar la existencia de los ovnis afirmando que no eran otra cosa que fenómenos naturales, errores de observación o mentiras de gente histérica. Llegó a plasmar su posición en varios libros y en innumerables conferencias por todo el mundo.

El primero de los miembros del Majestic-12 que quiso acabar con el misterio y el secreto fue el secretario de defensa James Forrestal, amigo personal del presidente Truman. Forrestal habría propuesto hablar claramente a la población a pesar de las consecuencias, porque consideraba que no se debía mentir al pueblo norteamericano (mantenerlo en la ignorancia equivalía a engañarlo). Pero lo retiraron de su cargo y lo internaron en el hospital de Bethesda, donde dijeron que se suicidó al lanzarse de un piso alto del edificio. Al parecer, fue eliminado para evitar que trascendiera que el gobierno tenía la evidencia de la visita de los platillos volantes de origen extraterrestre.

El Majestic-12 ha estado ocultando la información, amedrentando testigos, destruyendo o haciendo desaparecer evidencias a través de miembros de la CIA, el FBI y el NSA (National Security), a quienes se les daba órdenes específicas desde la presidencia. Estas personas son las que conocemos en la actualidad como los verdaderos «hombres de negro».

Durante décadas esta comisión, proyecto u operación Majestic-12 ha investigado y ocultado la información concerniente a la existencia de los visitantes extraterrestres, y sus miembros han ido cambiando, integrándose personalidades como Henry Kissinger y George Bush (padre) cuando era director de la CIA.

El principal investigador, difusor y verificador de los documentos Majestic, el físico canadiense Stanton Friedman, considera después de un sinfín de análisis que una buena parte de los documentos son auténticos. En este sentido, cabe la posibilidad de que realmente sean del todo verdaderos y que fueran liberados de la forma que se hizo para crear escepticismo y rechazo a propósito; o simplemente se hizo así porque hay algunas personas que realmente están interesadas en que se libere la información porque el tiempo ha llegado.

LOS PROYECTOS SIGN, GRUDGE, TWINKLE Y LIBRO AZUL

Ocultos en el fenómeno de los ovnis, debe haber datos considerados en otros tiempos de importante interés militar. Desde luego, si los ovnis son como se dice -aparatos muy rápidos y maniobrables-, los militares tienen la obligación de descubrir cómo funcionan.

Carl Sagan, *El mundo y sus demonios*

EL PROYECTO SIGN

¿Qué era el Proyecto Sign?

El 30 de diciembre de 1947, a raíz del extraordinario caso Roswell y del incremento de observaciones de ovnis en el territorio de los Estados Unidos, el secretario de defensa James Forrestal encargó a la Fuerza Aérea que organizara una comisión para estudiar los ovnis. Esta investigación se llamó Proyecto Sign (señal o signo), y tendría por finalidad hacer un seguimiento de los avistamientos de objetos voladores no identificados para precisar sus características y extraer el común denominador en las experiencias de observación.

¿Qué ocurrió con el capitán Mantell?

El 7 de enero de 1948, el capitán Thomas Mantell, de 25 años de edad y ya un experimentado piloto de guerra, iba como jefe de escuadrilla piloteando su avión, un caza F-51 Mustang, con otros tres aviones que lo acompañaban en un vuelo de instrucción, cuando le informaron desde la base de Godman Field, en Kentucky y cerca de Fort Knox, que estaba sobrevolando la zona un ovni que debían interceptar. Eran las 13.45 p.m. y el cielo estaba nublado con cirros, pero con algunas zonas despejadas.

Desde hacía varias horas, los pobladores de Madisonville, Owensboro e Irvington habían estado observando un extraño objeto que parecía una bola brillante enorme de unos cien metros de diámetro. El ovni también había sido detectado por la policía militar de Fort Knox y había aparecido en la pantalla de radar de la base Godman, lo cual hizo que el coronel Hix ordenara su persecución desde tierra.

Cuando los pilotos de la escuadrilla pudieron observar el aparato, este parecía una lágrima gigante metálica o un cucurucho de helado. Y jugaba al gato y al ratón con los aviones, acelerando su velocidad y luego deteniéndose para que lo alcanzaran. Al ir escaseando el combustible, Mantell ordenó a los demás pilotos que regresaran a la base, que él continuaría solo, para lo cual pidió autorización. Eran las 3.15 p.m. cuando alcanzó los 6.000 metros de altitud, y 45 minutos después aparecieron los restos de su avión a 140 kilómetros de la base, en la localidad de Franklin, en la frontera con el estado de Tennesse. Estaban extrañamente fragmentados y esparcidos en un área muy grande, pero no se encontró ningún rastro de sangre en la cabina ni rastros del piloto (aunque después dijeron que se lo habían llevado precipitadamente para enterrarlo). Según los testigos en tierra, vieron estallar el avión en el aire.

¿Qué dijo el informe oficial?

En el informe oficial de la Fuerza Aérea se decía que, por no haber tenido máscara de oxígeno, el veterano piloto había sufrido de anoxemia (falta de oxígeno en la sangre), la causa de que perdiera el control de su nave y se estrellara. Y para explicar el ovni se llegó a argumentar que el accidente se había debido a que el piloto estaba persiguiendo por error el planeta Venus o se había estrellado con un Skyhook (globo sonda experimental). Ambas explicaciones no concuerdan con las observaciones en tierra, con la experiencia de Mantell ni con la velocidad necesaria para que un caza Mustang persiguiera un globo sonda.

¿Fue atacado Mantell por extraterrestres?

No, al parecer el avión de Mantell, que se encontraba en maniobras, era el único que iba armado y habría recibido órdenes de hacer descender al objeto, disparando si fuese necesario. Sus disparos habrían impactado en el campo de energía de la nave (un campo de fuerza), produciendo una onda expansiva que terminó por destruir el propio avión.

¿Cómo empezó el Proyecto Sign?

El Proyecto Sign empezó oficialmente el 22 de enero de 1948, sólo una semana después de que la Fuerza Aérea (USAF) se creara oficialmente como institución autónoma. La finalidad, como decíamos, era evaluar los avistamientos, que se estaban produciendo; y, en el caso Mantell, tenían todos los elementos para investigar en profundidad.

El centro de investigaciones del Proyecto Sign se estableció en la base Wright Patterson, donde se concentraba la División de Inteligencia del Comando Aéreo. Allí se reunía toda la información suministrada por las demás bases aéreas, se evaluaba y luego se distribuía a las agencias del gobierno interesadas. En ese entonces se contrató como consultor al doctor Allen Hynek, profesor de astronomía de la Universidad de Ohio, conocido como el doctor «Gas de los pantanos» porque siempre esgrimía esa explicación en cualquier caso de observación de ovnis. Al principio era un escéptico total, pero con los años cambiaría radicalmente de posición.

¿Cuáles son los casos más importantes?

Entre los casos que se estudiaron, estaba el del 24 de julio de 1948, cuando dos pilotos civiles (Clarence Chiles y John Whitted), veteranos de guerra que tripulaban un DC-3 de transporte de la Eastern Airlines de Houston a Boston, observaron a las 2.45 a.m. en una noche de luna llena un objeto rojizo que se acercaba hacia ellos en ruta de colisión a unos 1.000 km/h de velocidad, y que pasó rozándolos. Tenía forma de cigarro, no tenía alas, era silencioso, de unos treinta metros de longitud y se veía en los laterales una doble hilera de ventanas rectangulares iluminadas que recordaban la luz de magnesio. Por la parte posterior, el objeto expulsaba un chorro de llamas anaranjadas que se extendía unos quince metros por detrás del fuselaje.

¿Cuáles fueron las consecuencias del estudio de estos casos?

Estos casos llevaron a los miembros del Proyecto Sign a lanzar la teoría de que no serían de ninguna manera aparatos rusos, sino posible tecnología extraterrestre, lo cual hizo que el jefe del Estado Mayor, el general Hoyt S. Vanderberg, la considerara ridícula. Recordemos que este general era parte del Majestic-12 y debía desacreditar o negar a ultranza toda evidencia extraterrestre.

En el informe final, llamado *Estimate of the situation*, se reconocía que los ovnis no representaban un peligro para la seguridad de los Estados Unidos.

EL PROYECTO GRUDGE

¿En qué consistió el Proyecto Grudge?

El Proyecto Grudge (palabra que significa 'inquina') surgió el 11 de febrero de 1949 como la continuación del Proyecto Sign, pero esta vez se estudiaría en profundidad a los testigos. La mala intención (inquina) estaba en tratar de desacreditar a los testigos de cara al público, al demostrar como diera lugar su incapacidad para interpretar su observación, partiendo de que los ovnis definitivamente no existen.

Uno de los oficiales de la Fuerza Aérea convocados por el ATIC (Air Technical Intelligence Command) para los estudios pertinentes fue el capitán Edward Ruppelt. Su trabajo de investigación contó con la colaboración del doctor Allen Hynek (quien se reintegraba a las investigaciones); aunque ambos se tomaron en serio su trabajo, este no tuvo mayor eco, pues la suerte estaba echada. El proyecto era un «engaña muchachos», una cortina de humo, pues había sido confeccionado para desmentir independientemente de la verdad que pudieran arrojar las investigaciones. Debía negar y ridiculizar, nunca confirmar.

¿Cuánto tiempo duró el proyecto?

El proyecto duró seis meses, y se llegó a la conclusión contradictoria para las intenciones originales que, de los 434 casos estudiados, el 23% desafiaba cualquier explicación coherente y razonable. Pero la explicación que quería dar el gobierno era que las observaciones de estos supuestos ovnis podrían deberse a alteraciones psicológicas por parte de los observadores, porque los platillos volantes no podían o debían existir para los intereses del gobierno. Se recomendaba reducir la investigación oficial, porque la sola existencia de los estudios alentaba la fantasía de la gente.

Las conclusiones forzadas e impuestas del proyecto fueron remitidas al general James Samford, director de Inteligencia de la Fuerza Aérea, y el 27 de diciembre de 1949 se anunció oficialmente la culminación del proyecto y la publicación de su último boletín de prensa, en el que se daba a entender la total ignorancia de la Fuerza Aérea frente a un fenómeno esquivo y a la vez del todo irrelevante.

A fines de septiembre de 1951, el Proyecto Grudge fue reactivado, y se le encargó nuevamente al capitán Ruppelt que retomara su dirección. El oficial aprovechó para solicitar al Pentágono que dispusiera que todas las bases aéreas informaran sobre los avistamientos que ellos tuvieran y que las embajadas de Estados Unidos en el mundo también les mantuvieran al tanto de la actividad ovni que se registrara en otros países. Ruppelt contó nuevamente con el apoyo del profesor Hynek para el proyecto.

EL PROYECTO TWINKLE

¿De qué se trataba el Proyecto Twinkle?

El ATIC siguió investigando, a pesar de la farsa que supusieron las conclusiones del Proyecto Grudge, pero esta vez sobre la multitud de casos de observaciones de esferas luminosas, muchas de ellas de un color verde, que se estuvieron manifestando por gran parte del territorio norteamericano; se las llamó *green fireballs* (bolas de fuego verde). Lo interesante es que fueron captadas en su mayoría por personal cualificado. Estos casos eran una actualización de los *foo-fighters* de la Segunda Guerra Mundial.

El nuevo proyecto se llamó Twinkle (centelleo) y la investigación recayó en el doctor Lincoln La Paz, científico y astrónomo del Institute of Meteorics de Nuevo México, conocido por ser un escéptico más con respecto a los ovnis. Para ello, se instalaron tres estaciones de seguimiento en Vaughn

(Nuevo México) para establecer las rutas, dirección y procedencia de las bolas luminosas. Pero el fenómeno era esquivo para la Fuerza Aérea, pues las observaciones se producían en todos lados menos donde estaban los investigadores, como si los estuviesen evitando a propósito. Por esta razón hubo que trasladar la investigación a la base aérea Holloman, donde se las llegó a captar e incluso se comprobó que algunas estallaban sin que posteriormente se encontrasen sus restos en tierra. Podía ser que fuesen los llamados «rayos en bola», concentraciones de energía esférica que por escasos segundos recorrían el cielo (fácilmente confundibles con naves extraterrestres) y luego explosionaban dejando en el ambiente el olor a ozono quemado. Pero esto podría explicar algunos casos, no todos.

Para 1951 las apariciones se habían intensificado tanto que las observaciones duraban más de lo normal y presentaban muchas veces un comportamiento inteligente. Esto desconcertaba tanto a los investigadores que el propio profesor La Paz declaró que no podían ser un fenómeno natural: correspondían a un enigma que algún día sería resuelto.

EL PROYECTO LIBRO AZUL

¿Cuáles fueron los hechos que antecedieron al Proyecto Libro Azul?

El 25 de agosto de 1951 se iniciaron una serie de avistamientos que hoy son un hito en la investigación ovni, sobre todo por la calidad profesional de los testigos, en su mayoría profesores universitarios. En esa fecha se observó sobre Alburquerque (Nuevo México) un gran objeto volador en forma de bumerán, lleno de luces. También, sobre la localidad de Lubbock, cuatro profesores de la Universidad de Texas observaron una formación de luces en ala delta haciendo evoluciones en el cielo.

El 31 de agosto, un estudiante de la Universidad Politécnica de Texas, Carl Hart, llegó a fotografiar la misma formación de luces, de la que fueron testigos muchísimas otras personas que ya se habían percatado que durante ese mes las observaciones se repetían en horarios regulares.

Las fotos muestran unos veinte objetos luminosos dispuestos en formación de V. Después del análisis respectivo, se dijo que era un fenómeno inexplicable, aunque no faltó quien aseguraba que podía ser el reflejo de la luz en los pechos de las aves migratorias. ¿Y cómo hacían para iluminarse? A este respecto, el doctor Menzel, asesor científico del gobierno, lanzó su propia teoría (por lo demás rebuscada): eran luces que se reflejaban desde tierra por un fenómeno de inversión térmica y refracción.

El incremento de los avistamientos a nivel mundial y sobre los Estados Unidos hizo que, en marzo de 1952, la Fuerza Aérea elevara el Proyecto Grudge a la condición de un organismo independiente, denominado Proyecto Libro Azul (*Blue Book*), aunque siempre mantendría su control sobre él. El personal del proyecto fue instalado en el local donde funcionaba también la División de Tecnología Foránea (Foreign Technology Division) en la base Wright Patterson, en Dayton (Ohio). Allí se investigaban todos los adelantos, inventos o aportes que otros países desarrollaban.

¿Quiénes estaban al frente del Proyecto Libro Azul?

El capitán Ruppelt seguía al frente de la investigación ovni con su asesor científico, el profesor Hynek, viajando a cuanto lugar se señalaba como zona de avistamiento para entrevistar a los testigos, recoger muestras y hacer toda clase de estudios. Esto obviamente multiplicó el trabajo.

¿Qué fue lo que ocurrió en julio de 1952 sobre Washington?

Del 19 al 29 de julio de 1952 se sucedieron una serie de trascendentales avistamientos que fueron contemplados por innumerables testigos sobre una zona muy sensible del territorio norteamericano: ¡su propia capital! Empezando por el día 19, en que aparecieron a las 11.40 p.m. siete blancos u objetos en las pantallas de radar del aeropuerto de Washington D.C. que parecían aviones. Esto fue atestiguado por los nueve controladores aéreos que se encontraban en ese momento en la torre, entre ellos Harry Barnes. Los objetos se desplazaban a una velocidad de entre 160 y 210 km/h, con movimientos distintos a los de un aeroplano, y fueron detectados también en la base aérea Andrews, donde se captó cómo uno de ellos llegaba a virar en ángulo de 90° sin reducir la velocidad, algo imposible para nuestra tecnología. Los objetos también fueron observados desde tierra por personal militar.

Aquella noche fueron varios los pilotos civiles que vieron en el aire algunas de estas luces, como S. Pierman de Capital Airlines y Edward Dermott. A pesar de que se enviaron dos aviones caza a interceptarlos, estos no encontraron los objetos y tuvieron que regresar a su base.

El 26 de julio se repitieron las señales de radar en los aeropuertos y en la base Andrews. Eran las 10.30 p.m. cuando las señales se multiplicaron escandalosamente, al igual que las reiteradas informaciones de los pilotos de las aerolíneas comerciales. Entonces saltaron las alarmas antiaéreas y hubo pánico sobre la capital de los Estados Unidos.

Los objetos no identificados habían empezado a aparecer en formación sobre los más importantes edificios públicos y monumentos de Washington, especialmente en zonas prohibidas como la Casa Blanca y el Capitolio. En ese momento salieron los aviones interceptores, compuestos por formaciones de F-94, pero a pesar de que alcanzaron a ver los ovnis no podían ni siquiera acercárseles, debido a su gran velocidad y maniobrabilidad.

El espectáculo de objetos luminosos terminó al cabo de unas horas, pero el escándalo vino a continuación, cuando el general Samford declaró en conferencia de prensa que no sabían a qué se debía dicho fenómeno, pero estaban seguros de que no constituía una amenaza para el país, y no podían excluir la posibilidad de que fueran extraterrestres o extranjeros.

El 11 de septiembre de 1952, el director adjunto del Departamento de Ingeniería Científica de la CIA, H. Marshall Chadwell, dirigió un documento al director principal que entre cosas decía: «El problema ovni excede el nivel de las responsabilidades individuales del departamento y es de tal importancia que merece la competencia y la acción del Consejo de Seguridad Nacional».

¿En qué consistió la Comisión Robertson?

Durante el mismo mes de septiembre, la CIA extrañamente

recomendó a la Fuerza Aérea que se creara una comisión que se pronunciara oficialmente sobre el tema ovni debido a la gran preocupación nacional al respecto. Esta comisión integró a cinco científicos connotados y fue dirigida por el físico H. P. Robertson (de ahí su nombre). La CIA se reservó la supervisión.

La comisión tuvo a su disposición todo el material del Proyecto Libro Azul y a sus integrantes, quienes informaron de sus resultados. En tan sólo tres días, la comisión actuó más como un jurado que otra cosa, encontrándole la sinrazón a los casos mejor estudiados y que resultaban inexplicables.

Las conclusiones finales fueron:

Primero: No hay señales hostiles tras los ovnis.

Segundo: No hay evidencia de que sean una potencia foránea terrestre o extraterrestre.

Tercero: Se debe educar a la gente para que aprenda a interpretar los fenómenos aéreos y no los confunda, y para que tampoco dé una connotación mística a los ovnis.

Finalmente, la ambigüedad de las conclusiones, la premura de los análisis y la falta de respeto a los estudios anteriores demostraban la necesidad de echarle tierra al tema, distrayendo a la opinión pública con posturas contradictorias.

En 1954 el Proyecto Libro Azul publicó el Informe Especial 14 con la colaboración del Batlle Memorial Institute, donde se hacía un estudio estadístico de más de 3.200 casos de avistamientos del año 47 al 52, con cantidad de casos explicados y otros sin explicación conocida.

De todas maneras, Ruppelt siguió al frente del Libro Azul, hasta que al parecer los miembros del Majestic-12 consideraron que sabía demasiado, pues se había tomado muy en serio su trabajo y había escudriñado y accedido a todos los archivos de los proyectos anteriores con excesiva fidelidad a la verdad. Por esta razón, fue internado a la fuerza en el hospital de Bethesda, el mismo donde dicen que se suicidó Forrestal. Según el acta de defunción, murió de una enfermedad fulminante, no se permitió a sus parientes ver el cuerpo y lo enterraron presurosamente. Había otra víctima más de la política de ocultamiento de información.

Hynek salió del proyecto al ver que los casos que no tenían explicación eran guardados u ocultados sin un estudio a fondo. Estaba seguro de que la única explicación posible era que un buena parte de ellos serían ingenios espaciales procedentes de civilizaciones avanzadas. ¡El escéptico se había convencido!

El Proyecto Libro Azul continuó con el mayor Quintanilla al frente del personal y de las investigaciones, pero después del freno que supuso la Comisión Robertson sólo se dedicaba a recopilar casos de avistamientos y a archivarlos. Cuando interpretaba casos importantes, se cometían errores garrafales que la llevaron a su progresivo descrédito. Como, por ejemplo, haber dicho que ciertos casos el avistamiento de ovnis correspondían a constelaciones que en aquel momento no podían ser visibles en su hemisferio.

En febrero de 1966, el Comité O'Brien consideró el Proyecto Libro Azul poco serio y falto de rigor científico, por lo que se le exigió la formación de un nuevo organismo con el respaldo de una universidad que verdaderamente dedicara su investigación al esclarecimiento del tema ovni, y no a su encubrimiento.

En abril de 1966, el comité se reunió para evaluar la participación hasta ese momento de la Fuerza Aérea, y el mayor

Quintanilla, que había sido requerido después de responder varias preguntas, dio su punto de vista y declaró que los ovnis, como naves extraterrestres, no existían y no valía la pena seguir estudiándolos. Muy diferente fue la posición de Hynek, también presente, que explicó cómo él había ido mudando su escepticismo y que el tema requería un análisis más profundo. Por lo mismo sugería relevar a la Fuerza Aérea de la tarea de la investigación y dejarla definitivamente a los científicos, pero con libertad de acción. Esto produjo el enfrentamiento de Quintanilla y Hynek.

¿En qué consistió la Comisión Condon?
En 1966 los informes sobre ovnis que tenía el Proyecto Libro Azul, reunidos durante veintiún años, ya superaban los 12.000, de los cuales unos 659 eran considerados «inexplicables».

Aquel año se obligó a la Fuerza Aérea a buscar alguna universidad que estuviese dispuesta a investigar en profundidad el tema, autorizándola para sumergirse en los archivos del Libro Azul.

Varias universidades rechazaron la invitación, como las de Harvard, Carolina del Norte y Berkeley, y también el Instituto Tecnológico de Massachusetts. La Fuerza Aérea aprovechó la oportunidad para señalar que el rechazo se debía a la poca importancia y seriedad del tema; pero tampoco dejó que el doctor Hynek, de la Universidad Northwestern, o el doctor MacDonald, de la Universidad de Arizona, se hicieran con la investigación por considerarlos demasiado parciales a favor del tema. Sin embargo, el rechazo de las instituciones universitarias no era realmente por desinterés, sino porque la exigencia entre bambalinas era que la CIA controlara y dirigiera la investigación. La intención era que, independientemente de los resultados, había que convencer a la gente de que no había nada detrás, desalentando el interés por la cuestión.

Por todo ello, la Fuerza Aérea eligió al profesor Edward Condon, director del departamento de Física de la Universidad de Colorado y miembro del Institute for Laboratory Astrophysics, presidente del comité que incluiría a doce científicos. Los requisitos eran que el científico fuera alguien de gran prestigio y renombre, y que comprendiera y respaldara las necesidades militares y gubernamentales, que incluían la hipocresía, el cinismo y la mentira. Condon las reunía todas. Poco tiempo antes había manifestado su incredulidad total y, siendo miembro de la Academia Nacional de Ciencias, había participado en el Proyecto Manhattan.

¿Hasta qué punto la comisión investigó en profundidad?

La comisión nunca investigó nada en el lugar donde ocurrieron los casos, y siempre manifestó burla y desprecio hacia el asunto y los demás investigadores, tratando el tema como un fenómeno psicológico y sociológico.

El Informe Condon contó con la aprobación de la Academia Nacional de Ciencias y se publicó el 31 de octubre de 1968 bajo el título de *Estudio científico sobre los objetos voladores no identificados*, con 1.465 páginas que incluían explicaciones, ilustraciones y fotos diversas. En el informe colaboraron también otros treinta y seis investigadores que aportaron datos.

Las conclusiones finales fueron:

Primero: No hay nada en el tema de los ovnis que haya aportado algo significativo al conocimiento científico.

Segundo: No se justifica continuar con un estudio más exhaustivo de los ovnis.

Tercero: La Fuerza Aérea ha manejado correctamente los informes de avistamientos de ovnis y jamás ha ocultado sus hallazgos.

Cuarto: No se debe confundir la discreción en cuanto a los reportes y las investigaciones, que buscaba un estudio más completo, con el secreto.

Quinto: Por tanto, los ovnis no representan un peligro para la seguridad de los Estados Unidos, y los ovnis no existen.

La lógica nos dice que si no existen no representan un peligro, pero no al revés. ¿Primero no representan peligro y luego no existen? ¿Habrá un error en el orden de estas conclusiones? ¿O es que esconden otro sentido?

Es curioso que, el mismo día que se presentó el Informe Condon, uno de los científicos de la comisión que había sido reemplazado tiempo antes publicara un libro de denuncia. En él, el doctor David Saunders, profesor de Psicología, acusaba al doctor Condon de encubrimiento y de no haber reflejado en el informe el 30% de casos inexplicables estudiados por la comisión, imponiendo sólo sus propios prejuicios.

El Informe Condon supuso el acta de defunción del Proyecto Libro Azul, que fue desmantelado oficialmente el 17 de diciembre de 1969.

Pero, ¿cómo se podía decir que nunca se había ocultado la información ni había habido jamás una política de secreto y encubrimiento, si hasta se habían aprobado dos leyes gubernamentales que hasta hoy siguen vigentes (la AF 200-2 y la JANAP-146), con las cuales se multa con 10.000 dólares y diez años de prisión a quien revele información comprobada sobre ovnis?

Uno de los científicos que más combatió el Informe Condon y la política de encubrimiento fue el doctor James McDonald, quien al poco tiempo murió en circunstancias sospechosas. Aunque usted no lo crea, dicen que se suicidó.

EL ACTA DE LIBERACIÓN DE INFORMACIÓN

Cuanto más se esfuerzan algunos en ocultar la verdad, tanto más interés despiertan en los demás por averiguarla.

El esfuerzo tesonero de organizaciones como Ciudadanos con Derecho a Conocer y Ciudadanos contra el Secreto Ovni (CAUS) ha presionado desde la opinión pública para que el gobierno de los Estados Unidos se enfrente a la incómoda situación de verse enjuiciado para que libere información considerada clasificada sobre el tema de los ovnis.

Gracias al apoyo aportado por congresistas como Pete Dominici, Harrison Smith y John Glenn, la balanza se inclinó hacia la publicación del Acta de Liberación de Información (*Freedom of Information Act* o FOIA), con la que se desclasificaron cantidad de documentos oficiales y se pudo acceder a información que antes era inalcanzable, pero que sólo representa la punta del iceberg.

La mayoría de documentos liberados aparecen tachados, ocultando la fecha, a quién va dirigido, qué contiene y hasta quién lo firma. Lo cual demuestra que, aunque los documentos se desclasifican, siempre siguen manteniendo su secreto como parte de la política de ocultamiento y de la conspiración del silencio por diversos intereses.

Nos encontramos que, por cada documento serio que circula, existen tres o más que aparentemente son auténticos pero que contienen medias verdades y mentiras que contradicen al verdadero o lo confunden, creando tal caos informativo que al final sólo los gobiernos llegan a saber qué es qué. Por ejemplo, cuando a comienzos de los años 80 apareció al lado del conocido investigador Charles Berlitz un desconocido llamado William Moore, que colaboró con aquel en un libro sobre el caso Roswell, contribuyendo inicialmente con informaciones clasificadas reales y desconocidas hasta aquel entonces; esto le abrió las puertas de los colectivos ufológicos, que le tributaron confianza e interés por lo que pudiera seguir aportando. A continuación, junto con otros pseudoinvestigadores, lanzó informaciones tan descabelladas como la existencia de un supuesto pacto extraterrestre entre el gobierno de los Estados Unidos y los «grises», procedentes de un planeta de la estrella Zeta Reticuli. Hoy por hoy esta persona y algunos otros, defensores de sus conceptos, han quedado desacreditados al descubrirse su clara vinculación con los sistemas de inteligencia gubernamentales y al desenmascararles como «intoxicadores informativos».

Ciertamente existen los extraterrestres «grises» y son de diferentes procedencias, por ejemplo de la Osa Mayor. Algunos de ellos están vinculados a los llamados «ángeles caídos» o deportados de la antigüedad y los quieren ayudar a liberarse y fugarse de aquí. Pero no todos vienen con malas intenciones.

Como conclusión podemos decir que no es oro todo lo

que reluce en el tema de la ufología. Debemos sospechar de todo y de todos, confiando más en nuestro propio criterio, en la intuición, el sentido común y la lógica.

LOS AVIONES FANTASMA

Yo creo que los llamados platillos voladores son naves de otros mundos y que están piloteados por seres superinteligentes que están vigilando la Tierra desde hace mucho tiempo.
Hermann Oberth, padre de la astronáutica

Una de las versiones que utilizan los gobiernos para explicar el fenómeno de los ovnis es que estos no son otra cosa que armas secretas en fase experimental. Ciertamente cada día aparecen nuevas armas de alta tecnología, casi desconocidas para el ciudadano común, que han llegado incluso a confundir a los entendidos. Pero todavía hay una gran distancia entre nuestra tecnología y los ovnis.

Durante muchísimos años se negó, por parte de los voceros de las fuerzas armadas de los Estados Unidos, la existencia de un proyecto secreto experimental para la creación y fabricación de los aviones Stealth (triangulares fantasmas). Por ello, sus formas insólitas y sus apariciones esporádicas crearon el ambiente propicio para que, posteriormente, cuando fueran presentados los prototipos a la prensa, se dijera que todos los ovnis vistos en la segunda mitad del siglo XX habían sido armas secretas en proceso de prueba. Especialmente este fue el argumento estrella cuando en 1997 se cumplieron los cincuenta años de la era moderna de los ovnis.

El reiterado escándalo de supuestos investigadores, que trataban de acercarse a la base militar secreta del Área 51, en Groom Lake (Nevada), donde se hacían las pruebas con los aviones triangulares, y las escenas de enfrentamiento con las autoridades (obviamente era una base militar y no se puede entrar en ella sin autorización) contribuían a crear la atmósfera de misterio que conllevaría después el desprestigio y ridiculización.

Cuando llegó el momento de la presentación oficial de los aviones, quedó claro que no eran ovnis y que nunca hubo en aquella base hombrecitos grises que trabajaran codo a codo en un supuesto pacto infame con el gobierno norteamericano, como algunos investigadores o supuestos testigos afirmaron. Tan sólo era un proyecto secreto más por parte de las fuerzas armadas del país más poderoso de la Tierra. Una falsa alarma como muchas otras. Evidentemente todo estaba planificado así para desacreditar el tema y a los verdaderos investigadores.

La mayoría de los aviones experimentales presentan una superficie con planos, que les confieren un aspecto facetado y triangular, característica técnica que los hace indetectables. Por ejemplo, así son el Lockheed F-117, de dimensiones reducidas, y el bombardero B-2, ambos de tecnología Stealth; el pequeño y revolucionario Lo-FLYTE, también conocido como Waverider; y el ya retirado Blackbird SR-71.

En la actualidad existen nuevos proyectos experimentales, como el denominado Proyecto Aurora (también en el Área 51), con aparatos cada vez más grandes y sofisticados que según se dice llegarían a velocidades calculadas en Mach 5, para lo que se necesita al máximo la forma de ala delta. Esto nos recuerda la descripción que hiciera originalmente Kenneth Arnold en 1947, cuando avistó nueve objetos que poseían esta forma sobre el monte Rainier, en Washington, o los del caso Lubock en Texas.

Los aviones Stealth vuelan en línea recta a velocidades de hasta 6.000 km/h gracias a sus propulsores hipersónicos que utilizan hidrógeno o metano líquido. Y, si bien es cierto que se los ha visto en los alrededores de bases militares en los Estados Unidos, Inglaterra y el norte de Europa, y que han sido utilizados en la guerra del golfo Pérsico, la de Kosovo, la de Afganistán y la de Irak, no se los puede confundir con ovnis triangulares estáticos, algunos de los cuales tienen el tamaño de un campo de fútbol o incluso mayor, como el que apareciera en Phoenix (Arizona), de cuatro kilómetros de largo, avistado durante tres días seguidos en 1997. Estos desafían las leyes de la física conocida, no producen ruido, se detienen, aceleran en el aire a partir de un punto cero y realizan movimientos muchas veces zigzagueantes o trazando ángulos rectos. Además, aparecieron cuando ni remotamente se pudiera haber pensado en diseñar algo similar. Recordemos también que, entre 1989 y 1991, muchísima gente avistó en el cielo de Bélgica objetos triangulares; los pilotos de aviones caza de combate de última generación no los describieron como aviones, sino como plataformas imposibles de seguir que se deslizaban en el aire.

Se ha reportado un cierto número de ovnis siniestrados y esto ha permitido la recuperación de la tecnología, que ha generado patentes nuevas que han revolucionado el campo de la aeronáutica militar, sin desmerecer con ello la capacidad inventiva y creativa del ser humano.

Como conclusión, podríamos decir que este tipo de tecnología quizás explique muchos de los casos de avistamientos de ovnis, pero no todos. Y a la vez nos presenta nuevos interrogantes, porque el 22 de enero de 1999 aparecieron sobre la ciudad de Lima (Perú) increíbles y gigantescas plataformas rectangulares totalmente antiaerodinámicas, que fueron observadas diariamente durante más de un mes incluso por los periodistas de los canales de televisión, que subían a los tejados de sus propios edificios. Estos objetos nos hicieron evocar las leyendas árabes, persas e hindúes que hablaban de mágicas alfombras voladoras rectangulares. Recordemos también que en un grabado medieval se atestigua que el 14 de abril de 1561, en la ciudad alemana de Nuremberg, apareció un objeto gigantesco triangular, de varios kilómetros de largo (similar al de Arizona) acompañado de muchos otros objetos en forma de discos, esferas y cilindros. Y no se puede atribuir a los Estados Unidos lo que sucedió en Nuremberg, porque en el siglo XVI este país todavía no existía ni como proyecto de nación. Entonces, frente a la similitud de las formas, cabría la pregunta: ¿Quién se copió de quién?

LA CONSPIRACIÓN DEL SILENCIO

LOS «HOMBRES DE NEGRO»

Son misteriosos hombres vestidos de negro que parecen agentes de inteligencia y espionaje de grandes gobiernos, irrumpen en la vida de testigos de contundentes avistamientos de ovnis, obligándolos a retractarse, amenazándolos y hasta haciéndoles olvidar.

Después de que una nave extraterrestre cayera en Roswell en julio de 1947, el gobierno de los Estados Unidos inició, a través de sus mecanismos de inteligencia y organizaciones encargadas de seguridad y control (NSA, CIA y FBI), toda una política de encubrimiento que consistía en tender una cortina de humo en torno al tema; se utilizaron toda clase de mecanismos de ocultamiento, entre ellos la negación reiterada de la seriedad de los testimonios. También se usó el silencio cómplice y comprometedor, la ridiculización sistemática de las situaciones, de los investigadores y de los testigos así como el ocultamiento de importantes evidencias y su destrucción. Se ha llegado hasta el amedrentamiento por la fuerza y el asesinato de testigos claves o divulgadores de reconocido prestigio.

Ya hemos hablado antes del Proyecto Majestic-12, conformado por altos mandos militares y científicos asesores del gobierno, que se encargaría de estudiar los hallazgos con la intención de utilizarlos en beneficio de las fuerzas armadas de los Estados Unidos, y también de iniciar toda una política de encubrimiento, silenciamiento y distorsión del tema, utilizando todas las vías posibles. Por ello, esta comisión ultrasecreta daba órdenes a través del presidente de turno para que las entidades de seguridad y control actuaran enérgicamente cumpliendo con las instrucciones dadas.

A estos personajes, que podían aparecer en cualquier lugar y siempre con el atavío de moda de los años 50 y 60 (trajes negros o gris oscuro, lentes de sol, camisas blancas y corbatas del color del traje), y que no serían más que agentes del gobierno, se les llamó «hombres de negro» (MIB). La particularidad no era sólo que actuaran como matones de la mafia o como agentes de la Gestapo en la Alemania nazi, sino que en muchos casos pudieran intervenir con un cierto dominio del espacio-tiempo, tanto apareciendo y desapareciendo sin dejar rastro como ingresando en la mente y en los sueños de la gente. Esto demuestra que han recibido un entrenamiento especial para desempeñar sus funciones, que escapa a lo tradicional y más bien entra en el desarrollo psíquico paranormal.

Hay versiones que vinculan a los MIB con el gobierno secreto mundial de los Illuminati, lo que explicaría la suerte de atemporalidad y posible presencia de estos tenebrosos personajes en otras épocas.

No es que uno quiera volverse paranoico con estos temas, pero como bien reza la ley o principio universal: «A toda fuerza se le opone otra contraria de igual intensidad». Si la verdad es fuerte y poderosa, capaz de transformar y despertar conciencias, también existe una fuerza contraria interesada en mantener a la humanidad en el estado de ignorancia e inconsciencia en que vivimos. Por esta razón, los investigadores del tema ovni e incluso los contactados debemos tener mucho cuidado con la acechanza y con el riesgo que supone difundir nuestra verdad, que no sólo expone nuestro prestigio sino además nuestras vidas y las de nuestros familiares.

EL MK-ULTRA

Debido al incremento de las oleadas de avistamientos, que llegaron a su punto culminante y escandaloso con las apariciones de ovnis en Washington en julio de 1952, el gobierno norteamericano, a través de su central de inteligencia, la CIA, confeccionó un proyecto ultrasecreto llamado MK-Ultra, conocido también como guerra psíquica, con mensajes subliminales, sugestión, hipnosis, manipulación de individuos y de masas, guerra psicotrónica... Todo esto habría sido experimentado previamente por psicólogos en los campos de concentración de la Segunda Guerra Mundial, bajo experimentos patrocinados por las SS. Al terminar la guerra, todos estos psicólogos y experimentos fueron asimilados por los aliados, especialmente por Estados Unidos e Inglaterra.

La idea era desarrollar un arma psíquica o mental capaz de llevar a colectivos enteros de personas al suicidio en masa (el caso Jim Jones en la Guayana Francesa; David Koresh en Waco, Texas; Heaven's Gate en California; la Nueva Orden del Templo Solar en Suiza y Canadá; los seguidores de Shoko

Asahara en Japón; la iglesia suicida de Uganda, y otros), y también que fuera capaz de hacer que personas inocentes, sencillas y fácilmente sugestionables asesinaran a gente señalada, sin que después fueran conscientes de ello (los supuestos asesinos de John F. Kennedy, Bob Kennedy, John Lennon..., que no recordaban haber sido los autores de los atentados). Estos terminarían encubriendo con su presencia a los verdaderos culpables. Los experimentos, como vemos, habrían estado a la orden del día sin ningún escrúpulo, como cuando se lanzaban las bombas atómicas del Proyecto Manhattan en el sur de Estados Unidos, con la presencia en la zona de jóvenes soldados que hacían el servicio militar sin ninguna protección para la radiación y sin saber a qué se estaban exponiendo. Se conoce que se llegó incluso a rociar plutonio con fines experimentales sobre campos de cultivo y poblaciones civiles cercanas a las bases para evaluar sus resultados.

El Mk-Ultra pretendería utilizar todas las armas modernas de sugestión y control informativo para que la masa humana llegue a pensar que los extraterrestres no existen o que, si existen, son todos ellos invasores perversos que secuestran gente, la violan y hasta actúan al estilo del «chupacabras». Muchos de los que creen haber sido abducidos, secuestrados y violados por extraterrestres no lo han sido físicamente, sino mentalmente. Y no por extraterrestres, sino por terrestres que juegan con sus mentes apelando a la sugestión a distancia.

Por ello, y como una sugerencia muy recomendable, habría que hacer lo imposible por fortalecer nuestra voluntad y controlar nuestra mente a través de la meditación y de todo tipo de prácticas que nos lleven a un mejor dominio de nosotros mismos.

LA INTOXICACIÓN INFORMATIVA

Cuando la información escapa a todo control y se hace imposible seguir ocultando cuanto ha sido considerado en su momento secreto, hay que cambiar de táctica. Si ya no se puede negar ni ocultar, entonces se procede a mentir y engañar para distraer la atención de lo medular, más aún cuando lo que se filtrase podría producir no el fin del mundo, pero sí «el fin del sistema». Precisamente esto es lo que hacen los gobiernos: utilizan sin ningún escrúpulo la intoxicación informativa.

Ya hemos dicho que hay varias formas de ocultar la información: la primera es negarla; la segunda corresponde al silencio total, sin comentarios; la tercera consiste en burlarse del tema con películas, comentarios y hasta personas que se presten a hacer el ridículo en público (gente delirante que llega a creerse extraterrestre o dice serlo), o bien vincular a los testigos en grandes escándalos que ofendan moralmente o escandalicen a la opinión pública; y la cuarta es hacer que circulen verdades, medias verdades y mentiras, pero revueltas, de tal manera que todo entre en contradicción y genere con ello desconfianza y el descreimiento total.

Por tanto, por cada información verdadera que circula, hay gran cantidad que no lo es. Veamos el caso de Internet, que se pensó originalmente que sería la vía para guiar al ser humano por sendas de información exactas y correctas. Hoy por hoy, más allá de los ejércitos de virus asesinos capaces de destruir no sólo la información de las computadoras, sino también la máquina completa, se suma la cantidad de basura informativa que circula como si fuese verdad, tanto en el tema de los ovnis como en muchos otros.

Estamos viviendo en una época en la que para poder acceder a la verdad debemos saber combinar y utilizar el instinto, la intuición y la inteligencia. En definitiva, para poder discernir la parte de verdad que hay en todo, no sólo debemos utilizar nuestro razonamiento lógico y conocimiento previo, sino también la intuición y el instinto.

EVIDENCIAS DE SU REALIDAD

LOS TESTIGOS

Yo me volví para ver la voz aquella que hablaba conmigo. Y al volverme vi siete candelabros de oro, y en medio de los candelabros alguien parecido a un hijo de hombre, revestido de larga túnica y ceñido con un cinturón de oro a la altura del pecho; su cabeza y cabellos, blancos como la lana blanca, como nieve; sus ojos, como llama de fuego; sus pies, parecidos a bronce bruñido, como en la forja, incandescente.

(Apocalipsis 1, 12-15)

Como hemos visto en los antecedentes históricos del fenómeno ovni, la observación de extrañas luces u objetos en el cielo, descartando toda clase de fenómenos atmosféricos, climáticos, cósmicos o errores de mala interpretación en la observación, es tan antigua como la humanidad. También recordemos que los casos durante la Primera y Segunda Guerra Mundial se cuentan por decenas, y en ellos intervinieron no sólo cantidad de soldados, sino también oficiales de alta graduación. Y aunque anulemos una buena cantidad de estos avistamientos, ante la posibilidad de que hayan sido armas secretas malinterpretadas o simplemente definidas como ovnis, nos queda aún una muy buena cantidad de observaciones sin explicación lógica alguna.

Las observaciones del fenómeno ovni se han venido incrementando, así como la calidad y capacidad de capturar las imágenes gracias al video personal. Pero son los testigos calificados quienes con su capacidad, prestigio y trayectoria personal avalan la seriedad de los casos. Podríamos citar innumerables historias, pero para muestra basta un botón.

En junio de 1947, como ya vimos antes, un serio y experimentado piloto civil y hombre de negocios muy conocido, Kenneth Arnold, avistó nueve objetos voladores sobre el monte Rainier en el estado de Washington. Sus observaciones fueron refrendadas por multitud de testigos, entre quienes se contaban policías y bomberos de por lo menos cuatro estados del país. Arnold podía perder toda credibilidad y afectar su imagen pública diciéndolo a la prensa. Sin embargo, lo hizo.

En julio de aquel mismo año, el mayor de Inteligencia Jesse Marcel, el comandante William Blanchard y el teniente de Relaciones Públicas Walter Haulth, todos ellos de la base aérea de Roswell (Nuevo México), se vieron involucrados en el rescate de un ovni que ellos mismos calificaron y definieron ante la prensa como una nave espacial extraterrestre. Posteriormente se añadirían más de trescientos cincuenta testigos, entre ellos el forense de la localidad de Roswell, el doctor Glenn Dennis.

En enero de 1948, el capitán Thomas Mantell, en su avión acompañado de una escuadrilla de cazas, los radares de la base Godman y el personal de tierra fueron testigos al mediodía de la aparición y persecución de un ovni.

En julio de 1950, Daniel Fry experto en proyectiles intercontinentales de la base aérea de White Sands (Nuevo México), tuvo un encuentro cercano del tercer y cuarto tipo con un ovni, llegando a entablar contacto directo con los tripulantes.

En agosto de 1951, cuatro profesores de la Universidad Técnica de Texas (entre ellos W.L. Ducker, director del Departamento de Ingeniería Técnica del Petróleo, y A.G. Bert, profesor de Ingeniería Química) observaron sobre la ciudad de Lubbock una formación de luces brillantes en semicírculo volando a gran velocidad. Esto se repitió durante tres semanas (unas quince o treinta luces).

En julio de 1952, escuadrillas ovnis estuvieron paseándose durante tres días sobre los edificios públicos de la capital norteamericana; aparecieron en las pantallas de radar de los aeropuertos, fueron observados y perseguidos por los aviones jet caza ante la vista de todo el mundo. Finalmente el general John Samford se presentó ante cientos de periodistas y declaró que los ecos del radar podían haber sido un fenómeno de inversión térmica.

En mayo de 1952, fotógrafos de la importante revista brasileña *O Cruzeiro* retrataron un espectacular ovni en la zona de Barra de Tijuca, cerca de Río de Janeiro. Según la Fuerza Aérea brasileña el objeto es real y evidente.

En enero de 1958, desde el buque escuela *Almirante Saldaña*, del Instituto Hidrográfico de la Marina brasileña, el fotógrafo Almiro Barauna, especialista en tomas submarinas, pudo fotografiar lo que todo el personal del barco estaba contemplando: un disco volador que sobrevolaba la isla Trinidad.

En julio de 1959, el sacerdote australiano William B. Gill y treinta y ocho estudiantes observaron en la misión de Boinai, en Papúa (Nueva Guinea), un objeto circular con una cúpula en la parte superior que descendió a una altura de unos cien metros y dentro del cual se veían cuatro tripulantes.

En agosto de 1961, el mayor German Titov, a bordo de la cápsula Vostok 2, avistó varias extrañas luces y logró fotografiar seis de ellas.

En mayo de 1962, el astronauta norteamericano Malcom Scott Carpenter, en la nave Aurora 7 del Proyecto Mercury, logró ver y fotografiar durante la órbita un objeto alargado que soltaba otros más pequeños.

También en mayo de 1962, el mayor de la Fuerza Aérea Joseph Walker pudo filmar desde el avión experimental X-15 varios ovnis que lo acompañaban durante uno de sus vuelos.

En 1963, el astronauta Gordon Cooper, desde la nave espacial Faith 7, captó a bordo extrañas interferencias, con recepciones de idiomas desconocidos. El mensaje no pudo ser traducido, por lo menos oficialmente. Y durante la órbita 15 logró divisar una extraña luz verde (como un disco) con cola rojiza que volaba en sentido contrario.

En junio de 1963, mientras orbitaban la Tierra las naves rusas Vostok 5 y 6, los astronautas Valeri Bikovski y Valentina Tereshkova (la primera mujer astronauta) comunicaron al centro de control que estaban observando un ovni que les estaba adelantando en la órbita.

En abril de 1964, el agente de policía Lonnie Zamora, que se hallaba patrullando en la localidad de Socorro (Nuevo México), escuchó un estruendo que lo llevó a desviarse de la carretera y llegó al lugar donde un objeto había aterrizado. Era brillante y estaba perpendicular sobre el suelo, y vio salir de su interior a dos personas de baja estatura con trajes como los de los mecánicos, pero blancos. Cuando el objeto se marchó dejó sendas huellas y una humareda que pudo contemplar el sargento Chávez, el superior de Zamora.

En septiembre de 1964, en la base Vandenburg (California), el teniente de la Fuerza Aérea Robert Jacobs contempló y filmó junto con su personal cómo un ovni destruía el cono atómico de fogueo de un misil estadounidense.

El año 1965 fue pródigo en observaciones ovnis durante vuelos espaciales, y así lo atestiguan los astronautas Ed White, James McDivitt, James Lowell y Frank Borman.

En agosto de 1965, Rex Heflin, un inspector de carreteras que circulaba cerca de la autopista de Santa Ana (California), logró fotografiar un objeto con forma de sombrero que a plena luz del día se balanceaba sobre la autovía.

En 1965 Colman von Keviczky, ex técnico fotográfico del Servicio de Información de la ONU, presentó una serie de iniciativas al Secretario General para crear una comisión de investigación del fenómeno ovni. Estas fueron rechazadas. El físico atmosférico James McDonald (que apareció muerto tiempo después y se afirmó que se había suicidado) también insistió al Secretario General sobre la necesidad de investigar abiertamente el tema.

En mayo de 1968, el padre dominico Antonio Felices logró observar desde el patio de un colegio en Valladolid (España) a plena luz del día, con su telescopio y a simple vista, junto con otros clérigos, la aparición de un objeto triangular que calcularon media mil metros y tenía en la base una panza. El ovni fue percibido también por los astrónomos del observatorio local, que corroboraron su dimensión.

En julio de 1969, los astronautas del Apolo XI, Neil Armstrong, Edwin Aldrin, y Michael Collins, fueron testigos de la presencia de ovnis en la órbita lunar y en el suelo del satélite. Recientemente han circulado los supuestos audio de aquellos minutos interrumpidos durante la transmisión de la caminata lunar, cuando Neil Armstrong afirma estar viendo unos seres que lo estarían observando. Esta aparente liberación de información trajo a continuación por Internet la denuncia, acompañada de imágenes, de que jamás se habría llegado a la Luna y que más bien todo lo del Apolo XI y los vuelos siguientes habría sido parte de un montaje para desviar fondos y mantener al pueblo engañado. Ciertamente se llegó a Luna, a pesar de estas desinformaciones. Lo que se dice tiene la muy mala intención de que, si hay dudas sobre los alunizajes, también se dude de las observaciones o posibles contactos ovni de los astronautas.

En septiembre de 1973, el gobernador de Georgia y futuro presidente de los Estados Unidos, Jimmy Carter, reportó haber visto junto con otras doce personas del Club de Leones de Leary un objeto luminoso del porte de la luna cuando la vemos en el horizonte. El objeto llegó a acercarse a una distancia de unos cien metros y luego desapareció.

En el mes de febrero de 1974, veinte personas se reunieron en el desierto de Chilca para asistir a un avistamiento anunciado previa cita, en donde según los mensajes recibidos psicográficamente haría su aparición una nave extraterrestre. El avistamiento se dio tal cual y todos los asistentes quedaron fuertemente impactados por el hecho. A los pocos días, un grupo de miembros de la Fuerza Aérea del Perú, liderados por el investigador Carlos Paz García, asistieron a una reunión similar anunciada a través de nuevos mensajes canalizados por los mismos jóvenes. Entonces se observó en el cielo un objeto cilíndrico de unos 150 metros de largo.

En el mes de junio de 1974, siete personas atestiguaron y participaron de la experiencia del Xendra al sur de Lima, esto es, la apertura de una puerta dimensional que los teletransportó fuera de nuestro mundo hacia otra realidad. Al volver de la experiencia, se dieron cuenta de que habían pasado sólo quince minutos aunque la vivencia dentro de la luz era de haber estado varios días. En el mes de agosto, veinticinco personas reunidas en el desierto de Chilca observaron el descenso de una nave extraterrestre, pero sólo cuatro de ellas se acercaron hasta ella y contactaron con el tripulante, un ser humanoide de dos metros y medio de altura.

En septiembre de 1974, el periodista navarro Juan José Benítez, de la agencia EFE de noticias (España), fue al desierto de Chilca en compañía de un grupo de jóvenes peruanos que afirmaban venir manteniendo contacto con extraterrestres. Allí pudo comprobar la aparición en el cielo de dos ovnis haciendo evoluciones en el aire, tal como los supuestos mensajes decían. Se abría en aquel momento un nuevo y espectacular capítulo en la investigación ovni, sobre todo en el aspecto del contactismo, ya que la evidencia había sido una prueba concertada. Con esto no sólo se demostraba que el contacto era real y se podía comprobar, sino que también se podía prever, cumpliéndose ante la presencia de testigos imparciales y objetivos.

En 1975 Juan José Benítez volvió a asistir a una convocatoria del grupo de contacto Misión Rama, pero esta vez en una playa al norte de Lima y en la compañía de otro periodista de la agencia EFE, Fernando Mújica. Ambos atestiguaron la aparición de varios objetos en el cielo haciendo evoluciones.

En 1977 el primer ministro de la isla caribeña de Grenada, Eric Gairy (asesinado durante la invasión norteamericana a la isla), promovió la creación de un organismo de la ONU para la investigación de los ovnis. Estas propuestas y otras similares siempre fueron bloqueadas por el gobierno de los Estados Unidos, que presionaba muy fuerte dentro de la institución.

En abril de 1977, un cabo de ejército chileno, Armando Valdés, junto con un grupo de soldados, vio descender una luz intensa en unos cerros de la zona de Putre, en Arica (Chile). El cabo Valdés pidió que lo cubrieran y llegó a penetrar en el interior de la luz, de la cual salió quince minutos más tarde con la barba crecida y el reloj adelantado cinco días.

En el mes de agosto de 1977, son invitados al desierto del sur de Lima periodistas de medios locales para presenciar un avistamiento programado de un ovni. Los asistentes se conmocionaron con la observación, que se cumplió según lo señalado. Pero inexplicablemente decidieron guardar silencio ante el temor de desprestigiarse y perder sus puestos de trabajo.

En diciembre de 1978, el periodista Quentin Fogarty, reportero de la televisión australiana, junto con otros pasajeros del avión en que se hallaba, fue testigo de la aparición de un ovni que logró ser filmado.

A mediados del 1985, en el Perú se hizo una nueva invitación a periodistas nacionales, los cuales acudieron al desierto y verificaron la aparición de más de un objeto no identificado en el cielo haciendo evoluciones. Salieron pequeños y discretos artículos de prensa mencionando este evento.

Durante el mes de agosto de 1988, se realizó un encuentro mundial de contacto al que son invitados diferentes grupos de muchos países en el desierto peruano. Asistieron más de cuatrocientas personas. De entre todas ellas, ocho de diferentes nacionalidades tuvieron un contacto físico con un ser que se les manifestó durante un espectáculo de naves y caneplas sobre el campamento.

En marzo de 1989, cuarenta periodistas de ocho países fueron convocados por el grupo de contacto extraterrestre Misión Rama en el desierto de Chilca, en el Perú, para ser testigos de un encuentro programado previa cita. A las 9 p.m. del día 26, un objeto en forma de banana hizo su aparición a una altura de 80 metros y fue contemplado durante varios minutos, filmado y fotografiado por varios periodistas.

En agosto de 1995, se reunieron en la playa Las Brujas, al sur de Lima, alrededor de doscientas personas, entre las que se incluyeron periodistas de diversos medios de comunicación nacionales e internacionales. Todos fueron testigos de un avistamiento múltiple de cinco objetos durante varias horas. La policía de las poblaciones locales se presentó en el lugar al haberse ido la luz de los diferentes pueblos ante el paso de los objetos, los cuales terminaron sobre la playa donde estaba reunida la gente. La periodista de la agencia France Presse que asistió al evento definió lo ocurrido con el siguiente titular: «Confirman contacto con ovnis en Chilca».

En febrero de 1996, durante un encuentro de meditación abierto al público en la playa de Chilca convocado por la Misión Rama, el periodista uruguayo A. Marchant, del programa de radio *Musicalísimo* de Montevideo, tuvo de madrugada un encuentro del tercer tipo con un ser de más de dos metros de altura.

En 1996 Nick Pope, ex portavoz del Ministerio de Defensa británico, condujo una investigación sobre la posible realidad del fenómeno ovni y llegó a la conclusión de que es de origen extraterrestre.

En agosto de 1997, en la playa el Paraíso, en el kilómetro 139 de la carretera Panamericana Norte (Perú), varios periodistas fueron convocados por el grupo de contacto Misión Rama para un nuevo encuentro con extraterrestres que no se limitó a meros avistamientos, sino a experiencias mucho más directas, conocidas como «pasos interdimensionales», que fueron vividas por los reporteros.

A todos estos casos, seleccionados entre los innumerables que hay, habría que añadir todas las observaciones y seguimientos que han hecho pilotos civiles y militares, radaristas, científicos en observatorios astronómicos, aeropuertos, bases militares, etcétera, que suelen ser comentados con discreción por el temor al descrédito o a la censura, o que son ignorados por la prensa parametrada al servicio de los intereses de los grupos de poder.

Como conclusión, podemos afirmar que el fenómeno ovni cuenta con tal volumen de observaciones por parte de testigos calificados que se descarta toda posibilidad de fraude, engaño, mala intención, error o confusión. A pesar de que los gobiernos de las grandes potencias, por intereses creados, no lo quieran admitir, constituye en sí el problema número uno de la ciencia moderna. Además, por una cuestión de sentido común, no podemos pensar que haya detrás de todo esto una conspiración del público, dispuesto a mentir a toda costa para poner, porque sí, en peligro el orden establecido o la civilización. Se trata, más bien, de una apertura inteligente y entusiasta de la gente hacia esa otra realidad que supone el encuentro con otras civilizaciones. Nadie es dueño de la verdad, y ya la ciencia ha demostrado a lo largo de la historia su provincianismo, sus limitaciones e ignorancia sobre muchos temas, y a veces un peligroso dogmatismo.

DESCARTANDO POSIBILIDADES

Existen más fenómenos en el cielo y en la Tierra, Horacio, de los que puedas imaginar en tu filosofía.
William Shakespeare (siglo XVII)

El fenómeno de los objetos voladores no identificados es muy vasto. En diciembre de 1993, la agencia de noticias EFE publicó que, durante todo el año de 1993, se habían detectado alrededor de 6.000 ovnis desde observatorios astronómicos entre Taiwán y China (estrecho de Formosa). Esto es, descartando todas las posibilidades de basura espacial, meteoritos, inversión térmica, rayos en bola, centellas, nubes caprichosas, armas secretas, misiles..., todavía quedaban miles de casos sin explicación alguna, todos ellos detectados por los científicos sobre una pequeña porción de la Tierra. ¿Cómo será entonces en el resto del planeta?

Y es que hay tantas posibilidades de confusión que es importante informarse en profundidad para poder descartar lo que es de lo que no. El conocimiento nos dará la verdadera entrada a esa realidad que parecía para algunos inalcanzable. Por tanto, las explicaciones que se aportan a continuación han surgido de las investigaciones realizadas por científicos, muchas veces con una clara intención de negar las cosas *a priori* sin una investigación exhaustiva, por lo que aconsejo tomarlas con precaución.

FENÓMENOS NATURALES

Son muchos aún los fenómenos naturales que se desconocen, y por ello debemos estar atentos antes de señalarlos con ligereza como naves extraterrestres. Así, entre los fenómenos naturales que se pueden citar como posibles explicaciones razonables del fenómeno ovni, están:

Nubes lenticulares: Son aquellas nubes que se generan oblicuamente en dirección de donde viene el viento, a altitudes que comprenden los 2.000 y 7.000 metros. Por lo general aparecen en bancos, formando óvalos, lentejas o hasta discos, lo cual podría llevarnos, en un momento de escasa visibilidad, a confundirlos con un avistamiento ovni. Además podrían aparecer solitarias, como lentejas nubosas pero bien definidas, a las que también se las llama cúmulos lenticulares.

Las nubes lenticulares suelen presentarse con una densidad mayor a la de otras nubes, con una coloración algo más oscura y hasta con una refracción de luz diferente. Al atardecer suelen adquirir un tono rojizo que llama la atención.

Inversión térmica: Este fenómeno aparece cuando masas de aire a distinta temperatura entran en contacto a muy baja altura. Dicho fenómeno genera entonces espejismos o ilusiones ópticas que nos pueden llevar fácilmente a confusión. Por ejemplo, si las luces de un automóvil se proyectan hacia delante y arriba en una cuesta y el cielo tiene neblina, para el observador en el otro lado del cerro aparecen en el cielo dos óvalos luminosos de naturaleza desconocida. Si el mismo auto avanza de noche, con nubes altas reflejadas en el cielo, la luz que atraviesa la masa de aire caliente y húmeda, denominada «capa de inversión», hacia capas más frías y la diferencia de densidad suelen desviar el haz y reflejarlo en otra parte a la que de forma directa sería imposible llegar.

En cuanto a los espejismos, se producen por condiciones climáticas que movilizan capas de aire frío y caliente, creando el efecto espejo, de tal manera que objetos, estructuras o fuentes de luz no visibles en el horizonte por su lejanía se proyectan en el cielo como una imagen cercana pero invertida.

Can solar: Es un fenómeno extraño en el que la luz del sol reflejada sobre cristales de la atmósfera produce el efecto de la aparición en el cielo de discos brillantes, que se mueven y luego desaparecen a cierta velocidad o se diluyen en el firmamento.

Luces climáticas: Consisten en la formación en el horizonte sobre los bancos de nubes, o entre ellos, de manchas luminosas en movimiento, lo cual suele coincidir con el crepúsculo. Estas manchas podrían tener su origen en la radiación extraplanetaria.

Resplandores de los Andes: Son aquellos resplandores o fogonazos que se suelen observar sobre las montañas, provocados por la diferencia de potencial eléctrico entre las cadenas de montañas y la atmósfera.

Cañones de Barisal, bombas de sonido y rayos en bola o rayos globulares: Se denominan así las extrañas explosiones que pueden tener origen en ruidos subterráneos por el movimiento de placas tectónicas, que liberan energía que a veces llega a manifestarse en esferas luminosas. También pueden ser el efecto de la explosión de los llamados rayos en bola, que como una centella aparecen y desaparecen violentamente, a veces recorriendo parte del cielo y estallando luego con una fuerte detonación, y dejan en el aire el olor a ozono quemado. Estos rayos globulares pueden brotar solitarios, en grupo o unidos entre sí. También se les llama esferas de plasma, producto de gases ionizados debido a temperaturas muy altas causadas por fuerza electromagnética o de campos eléctricos de alta frecuencia.

Fuegos fatuos: Este fenómeno suele asociarse con materia en descomposición y está relacionado con la presencia de pantanos. Suelen observarse como una luz fría con un comportamiento desordenado. La combustión de las sustancias putrefactas o descompuestas con el suelo puede provocar también la aparición de globos de luz, muy sensibles a las variaciones de aire para sus movimientos.

El doctor Allen Hynek, en los primeros años de la investigación ovni, era un escéptico recalcitrante y consideraba que todos los casos de observaciones, independientemente de donde se produjesen, se debían a emanaciones de gases de los pantanos, hubiese o no pantanos en la zona de estudio.

Fuegos de San Telmo: Consisten en descargas eléctricas que aparecen antes o después de grandes temporales, afectando las copas de los árboles, los mástiles de las embarcaciones, las aristas de las casas, dándoles una coloración azulada fosforescente.

Meteoritos o aerolitos: El espacio no es orden y limpieza como uno quisiera imaginar, sino que, por el contrario, es un lugar donde el vacío no existe y en donde hay gran cantidad de polvo cósmico y fragmentos, restos de planetas y estrellas fallecidas. Estos fragmentos cruzan el espacio como escombros que ponen en peligro la navegación espacial y planetas habitados como el nuestro. Recordando la historia del iceberg del Titanic, pensemos que los cometas son eso: grandes icebergs espaciales. Si nos detenemos a pensar en la cantidad de impactos que exhiben la Luna y el planeta Marte (y algunos en nuestro propio mundo), veremos lo dramático, difícil y peligroso que es la vida en el cosmos. Pero aun así bella y perfecta.

En nuestro planeta se registran cada segundo entre 10.000 y 100.000 impactos. Los fragmentos van a una velocidad de entre 10 y 70 kilómetros por segundo y se convierten en cuerpos luminosos entre los 90 y 120 kilómetros de altura.

Los meteoritos, también llamados estrellas fugaces, pueden ser tan pequeños como granos de arena o tan grandes como una casa o un edificio. Cuando entran en la atmósfera a gran velocidad, arden total o parcialmente y generan una hermosa estela multicolor, dependiendo siempre de la composición química del fragmento. Por ejemplo, un fragmento rocoso del peso de un gramo podría ser suficiente para generar durante unos segundos un resplandor en el cielo comparable al de una estrella de primera magnitud.

Hay veces que los meteoritos son de dimensiones apocalípticas y pueden ser confundidos con naves extraterrestres en problemas. Esta explicación se le ha dado al fenómeno acaecido en 1908 en la Tunguska (Siberia), donde extrañamente el meteorito no dejó ningún cráter, ya que explotó a poca altura sobre el suelo, como en el caso de las explosiones nucleares.

Los bólidos: Son el recurso más simple para los científicos cuando no tienen forma de explicar la aparición de un ovni que desafía las leyes de la física conocidas por nosotros, cuyo comportamiento es inteligente, dura más de la cuenta y constituye una evidencia contundente y comprometedora. Si no saben lo que son, los científicos cierran toda especulación sentenciando enfáticamente que no son otra cosa que «extraños bólidos». Después estos mismos científicos niegan la existencia de observaciones que hayan pasado todas las investigaciones y hayan resistido toda explicación racional.

FENÓMENOS ARTIFICIALES O DE ORIGEN HUMANO

Basura espacial: A comienzos de la década de los noventa había oficialmente en el cielo casi seis mil objetos de origen terrestre de gran tamaño orbitando, con el riesgo de reingresar violentamente en la atmósfera y el consiguiente peligro para la seguridad ciudadana. Su reingreso se debe a la pérdida de altura cuando se ralentiza su velocidad a causa de la fricción con los tenues gases de la estratosfera. Esto los lleva a entrar en contacto con capas de aire más densas, volviéndolos incandescentes. El objeto deja una estela a su paso y, dependiendo del grado de fricción, podría desintegrarse completamente antes de llegar a tierra. La basura espacial puede ser un hermoso y extraño espectáculo de colores, que puede ir acompañado de fragmentación y explosiones.

Globos sonda, aerostáticos, meteorológicos y globos broma: Suele ser muy fácil confundir un globo con un ovni si uno no toma en cuenta una serie de factores, como la dirección del viento, la luminosidad y su comportamiento. Un globo sonda es un globo hecho de polietileno e inflado con helio, provisto de una radiosonda que en la medida que se va elevando en la atmósfera trasmite señales que aportan valiosos datos meteorológicos. Puede llegar a una altitud de unos 45.000 metros, hinchándose cada vez más debido a la menor presión atmosférica; al final estalla, pero se salvan los aparatos de medición, que se desprenden y descienden en un pequeño paracaídas.

Un globo meteorológico puede durar desde pocas horas a varios días en el aire, dependiendo de las condiciones climatológicas, y puede alcanzar un tamaño de cien metros en el momento de su mayor expansión (los Skyhook).

Hay veces que la confusión se da con globos caseros de broma, confeccionados artesanalmente para las fiestas, construidos con un material que no se quema, además de plástico y madera balsa, y que suelen elevarse gracias a las velas que en su interior van calentando el aire. Hay veces que se cree que el objeto está desprendiendo otros más pequeños, cuando sólo son los fragmentos o las velas y la cera de su interior los que caen.

Se llegó a decir, por parte de las fuerzas armadas norteamericanas, que el ovni que se estrelló en Roswell en 1947 no había sido otra cosa que un globo del Proyecto Mogul lanzado aquel mismo día para medir en la atmósfera el impacto de las pruebas nucleares rusas. Explicación de lo más descabellada, pues no tomaba en cuenta los aportes de los testigos que reportaron una explosión, la cantidad de metal regado por la zona y la existencia de cuerpos y de un gran objeto metálico en forma de disco.

Aviones, dirigibles y hasta helicópteros: Ya hemos visto cómo muchos errores de observación pueden producirse cuando uno no toma en cuenta algunos factores importantes como el ruido, que suele aplacarse cuando se sobrevuela una ciudad grande; el movimiento, tomando puntos de referencia para no confundirnos con estrellas; las rutas comerciales usualmente transitadas en determinados horarios; y la posición del observador con relación al objeto observado, que nos puede llevar a creer que el objeto está estacionado y no se mueve, cuando en realidad viene derecho hacia nosotros.

Más adelante hablaremos de los aviones triangulares fantasma y de los helicópteros que no producen ruido alguno y que podrían ser confundidos con ovnis o naves extraterrestres a partir de la Segunda Guerra Mundial. Pero, ¿cómo se explican las observaciones anteriores? ¿Acaso sólo a partir de la ignorancia de la gente respecto a lo que eran los dirigibles, globos o aviones biplanos?

Aunque se trate de negar y explicar, son demasiados los casos y muchos los testigos especializados que han observado objetos antiaerodinámicos que desafían las leyes de la física conocidas por nosotros y que no podrían haberse confundido tan fácilmente.

TECNOLOGÍA AVANZADA

Yo creo que estos vehículos extraterrestres [los ovnis] con sus tripulantes están visitando nuestro planeta y proceden de otros planetas.

Mayor Gordon Cooper

Como ya hemos dicho, los ovnis son los objetos voladores no identificados, bautizados así desde finales de la década de los años cuarenta por el capitán Edward Ruppelt del Proyecto Libro Azul; aunque en la actualidad, después de las contundentes evidencias, hay quienes los denominan «ved» (vehículos extraterrestres dirigidos).

Obviamente, para la ciencia, el fenómeno ovni es una incógnita difícil de explicar y comprender por las limitaciones actuales de nuestra tecnología. Gran parte de nuestro conocimiento se basa en la observación desde el punto en que nos encontramos en el espacio, salvo las escasas excepciones de las sondas enviadas fuera del Sistema Solar. Otra de las limitaciones es el evidente encubrimiento de información por parte de las fuerzas armadas de los gobiernos de las grandes naciones. Todo esto hace que sea difícil armar un rompecabezas de miles de piezas, o hacerse de una idea de la imagen proyectada cuando sólo se tienen en la mano diez o quince piezas.

FORMA

En la actualidad, alrededor de sesenta civilizaciones diferentes estarían llegando a la Tierra. Conforme a las estadísticas, podemos definir las formas usualmente observadas de ovnis en todo el mundo. Estas son: disco, bola, bumerán, cono, banano, haltera (dos esferas unidas por un tubo), rombo, rosca, lágrima, óvalo, linterna, campana, cazuela, torpedo, cilindro, fusiforme, tubular, abovedada y balón, dependiendo del uso y de la procedencia.

Entre las formas más usuales está la alargada, tipo cilindro, cigarro, dirigible o torpedo, que corresponde a las «naves madre» o «naves nodriza», que transportan un gran número de los objetos más pequeños o discos. Llegan a medir desde cien metros hasta kilómetros de largo. Estas serían las verdaderas naves interplanetarias, mientras que los discos o platillos serían objetos de corto alcance que miden entre ocho y cincuenta metros de diámetro, con capacidad de uno a quince tripulantes. Los discos se movilizan por la atmósfera flotando sobre las bandas magnéticas terrestres como un barco sobre las corrientes marinas o sobre un río, siguiendo las líneas de fuerza del planeta como si fuesen autopistas. Algunos de los discos revelan en su parte superior una cúpula o domo.

Las naves tienen autonomía de movimiento tanto en el aire como debajo del agua, y de ahí el término el término «osni» (objeto submarino no identificado). Grandes naves nodrizas aterrizan en los fondos oceánicos, y desde allí, a manera de bases submarinas, sueltan las naves de corto alcance para hacer sus investigaciones.

MOVIMIENTO

Las maniobras de estos objetos, como dijimos, suelen desafiar las leyes de la física: la posición de la nave puede variar significativamente en cuestión de segundos; después de un violento impulso, puede moverse de forma rectilínea o zigzageante, tanto ascendente como descendente. Estos movimientos suelen venir acompañados de variaciones en el color y en la iluminación del objeto. Es interesante ver cómo estos objetos aprovechan el ingreso a la Tierra de basura espacial o de meteoritos para entrar sin ser detectados o identificados, camuflándose con ellos.

Entre las formas de movimiento más conocidas están:

Rectilínea: Siguiendo una línea definida.

Ángulo recto: Característica que identifica una alta tecnología, imposible de reproducir en la actualidad. El objeto viene horizontalmente y de pronto describe un ángulo recto sin dificultad alguna.

Zigzagueante: Realizando una línea quebrada o subiendo y bajando trazando ángulos.

Espiral: Girando haciendo círculos hacia arriba o hacia abajo como un remolino.

Oscilante: Movimiento pendular, hacia un lado y luego al otro, como un balanceo.

Hoja seca: Dejándose caer, como si flotara en el cielo.

Orbitante: Describiendo una órbita alrededor de un punto.

Contorneante: Siguiendo la geografía del terreno, por ejemplo al sobrevolar el contorno de las montañas.

Ascendente: En una trepada vertical.

Descendente: En caída libre, picada vertical o descenso controlado.

Avance súbito: Aparentemente estacionario y luego un movimiento lateral o ascendente violento.

VELOCIDAD

Los ovnis desarrollan velocidades increíbles a partir de un punto cero o simplemente aceleran mientras realizan toda clase de maniobras. Esta velocidad y capacidad de desplazamiento permiten que un mismo objeto sea visto en el sur de Chile, en el norte del Perú, en Centroamérica y luego sobre México en cuestión de minutos.

Pero son las naves madre las que alcanzarían velocidades cercanas o hasta superiores a la velocidad de la luz; podrían ingresar por pliegues cósmicos, una suerte de túneles interdimensionales que les permiten acortar distancias y viajar por el tiempo y el espacio de este universo tan vasto.

COLOR

Generalmente, durante el día estos objetos se suelen ver de un color gris plateado o dorado, reflejando la luz solar y mostrando su fuselaje metálico. Algunos parecen mimetizarse con el paisaje como si fueran un gran espejo; otros más bien utilizan la técnica del camuflaje con nubes. De tarde o de noche se los suele ver alumbrados con luces rojas, verdes, azules, blancas, amarillas y azules, a veces siguiendo su contorno circular, rectilíneo u ovalado. Durante los avistamientos suelen hacer variaciones de color que al parecer siguen algún patrón de comunicación.

En algunas ocasiones se observa una sola luz que envuelve el objeto e impide definir su forma; en otras, son un grupo de luces que llegan a separarse, tornándose independientes y volviéndose a juntar más tarde, como si fueran una suerte de piezas que se eslabonan para armar un objeto mayor.

Además, hay naves que proyectan hacia el suelo sendos haces de luz que se mantienen por largo rato.

SONIDO

Muchos de los ovnis observados no emiten ningún tipo de sonido, mientras que otros pasan del murmullo de una suave brisa hasta el estruendo de una especie de sirena de bomberos. En los campos del sur de Inglaterra se han logrado grabar ovnis mientras hacían extrañas figuras en el paisaje (Oliver's Castle, 1996), emitiendo para ello unos efectos sonoros, algo parecido a vibraciones de alta frecuencia o zumbidos que han llegado a ser registrados por la propia BBC de Londres al ingresar los periodistas dentro de algunos agroglifos.

ESTRUCTURA

En mucho de los casos, los testigos han asegurado que el objeto parecía ser de una sola pieza, sin remaches o uniones, y que hasta se transformaba variando su forma. Una hipótesis es que su estructura sería de magnesio al 100%, de manera que sólo intervendría la cohesión molecular del propio elemento.

Poseen energía electromagnética reversible y no utilizan combustible físico, sino la energía y el magnetismo que está en los planetas, que se encuentra entre los mundos, en sus órbitas y en el espacio mismo. Crean su propio campo gravitacional alrededor de la nave, como si fuera un planeta en pequeño.

Las naves utilizan la energía presente en el universo. No necesitan estaciones de servicio, simplemente se deslizan sobre el combustible, sobre toda esa gran cantidad de energía que emiten las estrellas y que suele aglomerarse formando autopistas de energía que cruzan el universo entero.

Hay naves con tren de aterrizaje, a manera de patas tipo módulo de descenso vertical, mientras que otras se posan directamente en tierra.

PROPULSIÓN

Las naves, dependiendo de su ubicación y función, poseen dos tipos de propulsión:

1. Cuando la nave actúa dentro de la órbita planetaria, utiliza los campos magnéticos terrestres y regula el rechazo del planeta, que actúa como un gigantesco magneto. Tiene una fuente de partículas iónicas electrodinamizadas que le confiere la fuerza antigravitatoria dentro de un campo polarizante.

2. Cuando la nave se traslada en el espacio, fuera de las órbitas, aprovecha la fuerza de gravedad de las estrellas y la energía existente en el espacio, formada por las corrientes o líneas de fuerza a manera de carreteras galácticas. Como en el universo existen atajos, que son los «agujeros de gusano», estos son bien aprovechados para acortar distancias y poder viajar por el tiempo y el espacio.

AFECTANDO EL PAISAJE

Los ovnis pueden llegar a afectar el paisaje de muchas maneras. Una de ellas se produce cuando la nave por diversos motivos sale o entra en un túnel interdimensional: produce un gran estampido, aunque a veces es un sonido sordo y otras no hay ruido aparente. Si esto ocurre al nivel del suelo, todo lo que rodea al lugar, incluso animales y personas, se ve involucrado en la distorsión de espacio-tiempo. Síntomas de esto pueden ser la sensación o el hecho real de «tiempo perdido», la modificación súbita del entorno, las variaciones transitorias del paisaje, etcétera.

Otras veces la nave, al descender, deja en el suelo un círculo quemado o simplemente marcas que incluyen las de las patas de aterrizaje. No hay que confundir las señales dejadas por una nave posada, que por su índice superior de radiación hace crecer de forma desmesurada ciertos hongos, con las figuras de los círculos de los campos de cosecha elaborados a distancia como ideogramas.

INVISIBILIDAD

Las naves extraterrestres tienen la particularidad de poder ubicarse sobre nuestras ciudades, y no sólo sin ser detectadas por nuestros radares, sino también tornándose invisibles cuando quieren. El 5 de marzo de 2004, un avión C26 Merlín de la Fuerza Aérea mexicana que transportaba a ocho altos mandos militares y que estaba rastreando la zona buscando posibles avionetas de narcotraficantes y contrabandistas en Campeche, al sur del país, fue testigo a las 5 p.m. de la presencia de un objeto que se calculó medía lo que un edificio de quince pisos. A continuación, aparecieron hasta once objetos, la mayoría más pequeños que el primero, en grupos de tres, que se movieron durante media hora alrededor del avión. Fueron captados por el FLIR, el sistema de cámara infrarroja que capta todo objeto en movimiento o estático que emite calor, y también aparecieron en la pantalla del radar. Pero lo insólito es que, aunque llegaron a estar muy cerca, nunca fueron observados a simple vista por los militares. ¡Eran invisibles!

Según los responsables del servicio de meteorología de México, aquel día las condiciones de visibilidad eran ideales y no había ninguna posibilidad de que se diera algún fenómeno atmosférico que se pudiera confundir fácilmente.

Otro caso interesante es el del satélite geoestacionario GOES-8, que en 1999 logró fotografiar desde la órbita planetaria sobre la Patagonia chilena la presencia de un objeto ovalado de 450 kilómetros de diámetro que desde tierra era indetectable. Esta información permitió que se supiera que el satélite Meteosat había captado un objeto similar sobre los Estados Unidos seis años antes, en 1993.

LOS ASTRONAUTAS Y LOS OVNIS

A mí me han preguntado y contesto públicamente que yo creo firmemente en la existencia de los ovnis; son algo diferente, algo que proviene de otra civilización.
Comandante Eugene Cernan, Apolo XVII

Siendo la observación de los ovnis un fenómeno reciente, ¿quién mejor que los astronautas para dar fe de él? Ellos tienen la oportunidad de salir de la atmósfera terrestre y contemplar el vasto infinito con todos sus misterios. En este sentido podemos asegurar que no ha habido misión espacial norteamericana o rusa que no haya tenido algún tipo de encuentro o de observación de extraños objetos, orbitando alrededor de la Tierra o camino a la Luna.

Las experiencias de las observaciones se iniciaron con el astronauta John Glenn el 20 de febrero de 1962. En su trayectoria alrededor del planeta, vio varios cuerpos luminosos cuando salía del cono de sombra entre Australia y el océano Índico. La observación fue perfecta, pues la cápsula espacial Friendship 7 del Proyecto Mercury estaba dotada de un regulador de posición que le permitía al astronauta ubicarse en ángulo de visión.

El segundo encuentro fue el 24 de mayo de 1962, cuando el astronauta norteamericano Scott Carpenter desde la nave Aurora 7, del Proyecto Mercury, tomó varias fotografías de un objeto no identificado, del cual salían otros objetos más pequeños.

El 16 de mayo de 1963 tuvo lugar la tercera observación. El testigo fue el mayor Gordon Cooper, que era seguido desde Tierra por una multitud de estaciones de rastreo dispersas por todo el planeta. A las 8 p.m., hora local de Australia, Cooper alertó que estaba siendo acompañado por un objeto que emitía una luz verde y que tenía una especie de cola roja; lo extraño era que circunvolaba la Tierra en el sentido contrario de la rotación terrestre. Desde las estaciones el ovni fue rastreado y esto fue reportado por la cadena de noticias NBC, que estuvo informando del vuelo. Después del vuelo, los científicos del ATIC especularon que el ovni podría haber sido el asteroide Markowitz-Johnson por el sentido «contrarrevolucionario» que llevaba.

Los astronautas militares estaban sujetos a la permanente censura de la NASA o del gobierno, por lo que ellos no podían hacer mayores comentarios de sus encuentros. Y los informes definitivos seguían un curso confidencial al ATIC.

A continuación, con el Proyecto Géminis, la agencia espacial norteamericana pretendió un salto en la carrera espacial acoplando en el espacio una cápsula biplaza tripulada con un cohete Atlas Agena B. El 8 de abril de 1964, el vuelo del Géminis I era seguido atentamente desde tierra por los radares, cuando irrumpieron en la pantalla cuatro ovnis que se acercaban a velocidades inimaginables para ese tiempo (40 mil kilómetros por hora según los expertos).

Los cuatro ovnis disminuyeron su velocidad al aproximarse y se ubicaron dos encima del Géminis, uno debajo y otro detrás, acompañándolo durante toda la órbita. Esto duró una hora y quince minutos aproximadamente. Luego, tal como habían aparecido, desaparecieron.

En junio de 1965, los astronautas Ed White (primer estadounidense que caminó en el espacio) y James McDivitt, del Géminis IV, fotografiaron y filmaron sobre Hawai un objeto metálico misterioso. Tenía una especie de largos brazos que salían de su estructura. Según la NASA, pudo haber sido el satélite Pegaso.

El 4 de diciembre de 1965, los astronautas James Lowell y Frank Borman a bordo de otra cápsula Géminis, la número VII, también vieron un ovni durante la segunda órbita del vuelo que habría de durar, como récord, catorce días. El objeto, formado por dos luces, los acompañó, pero la NASA trató de cerrar el caso afirmando que era una parte de su propio cohete.

El 15 de diciembre, los astronautas Walter Schirra y Tom Stafford, del Géminis VI, se reunieron en el espacio con la Géminis VII y pudieron fotografiar los ovnis que rodeaban la nave de sus compañeros.

El 18 de junio de 1966, el astronauta John W. Young, del Géminis X, informó de la observación, durante la maniobra de descenso al planeta, de dos objetos brillantes y rojos que lo acompañaban.

El 12 de septiembre de 1966, la cápsula Géminis XI también fue testigo de la aparición de ovnis. En la órbita 18, los astronautas Gordon y Conrad vieron un objeto brillante que se mantenía a distancia y parecía observarlos.

Durante el vuelo del Géminis XII en noviembre de 1966, los astronautas James Lowell y Edwin Aldrin (el segundo en pisar la Luna) dijeron haber visto cuatro ovnis muy cerca de su órbita.

El 22 de diciembre de 1968, durante el vuelo del Apolo VIII, los astronautas Frank Borman, James Lowell y William Anders fueron testigos de algo sorprendente: la aparición de un objeto incandescente que irrumpió de improviso. Tenía la forma de un disco y se ubicó paralelo a la nave terrestre. Luego envolvió a los astronautas un terrible sonido y las luces del objeto se hicieron intensas, deslumbrantes, hasta que se marchó.

Cuando ya estaban a punto de entrar en la órbita de la Luna, apareció otro ovni circular más grande, también incandescente, que producía el mismo insoportable zumbido. Esto vino acompañado de ondas de calor y extraños resplandores, que sacaron la nave Apolo fuera de su ruta. Luego el objeto desapareció. Felizmente, los astronautas pudieron volver al curso original. Según muchos radioaficionados, que habrían captado parte de las trasmisiones del astronauta Lowell, habrían observado luces y extrañas estructuras en la Luna.

En el histórico vuelo del Apolo XI, a bordo de un cohete Saturno V, al salir de la órbita terrestre los astronautas pudieron observar sobre nuestro planeta un extraño objeto luminoso gigantesco y amorfo (¿una nave nodriza?). Luego, al llegar a la Luna, el astronauta Michael Collins reportó dos objetos que acompañaron el alunizaje del módulo Eagle (LEM) y los pudo filmar. Una vez en el suelo lunar, los otros astronautas Neil Armstrong y Edwin Aldrin habrían sido testigos de la aparición de extrañas luces inteligentes (caneplas) que procedían de unos cráteres cercanos al lugar del descenso.

La transmisión en televisión de la llegada a la Luna el 21 de julio de 1969 llegaba a los receptores en todo el mundo con un conveniente retraso que permitía cualquier maniobra de censura tanto en las imágenes como en los audios. Y así habría ocurrido.

Existen una serie de documentos no oficiales que relatan el supuesto diálogo que habrían tenido los astronautas con el control en Tierra. Muchas de estas versiones, recogidas por el investigador alemán Otto Binder y por la revista *Il Giornale dei Misteri*, se basan en captaciones hechas por radioaficionados que interceptaron la trasmisión o por científicos de diversas naciones que hacían el seguimiento en antenas rastreadoras habilitadas por la NASA a nivel mundial. Una de esas versiones del diálogo relata lo siguiente:

NASA: ¿Qué pasa ahí?... Control llamando a Apolo XI.

APOLO: Estos «bebés» son muy grandes, señor. ¡Enormes! ¡Dios mío! No podrían creerlo... ¡Les digo que hay otra nave espacial aquí, colocada al otro lado del cráter! ¡Están en la Luna, observándonos!

NASA: ¿Qué les sucede a ustedes? ¿Qué demonios sucede?

APOLO: Están en la superficie...

NASA: ¿Qué funciona mal?... Control llamando a Apolo.

APOLO: Roger, Roger [Entendido, entendido]... Estamos bien, pero hemos descubierto la presencia de visitantes. Sí, han estado aquí durante cierto tiempo a juzgar por sus instalaciones.

NASA: Misión Control al habla: Confirme último mensaje...

APOLO: Les estoy diciendo que aquí hay otras naves espaciales. Están una al lado de la otra, en fila, en el lado más alejado del cráter.

NASA: ¡Repita, repita!

APOLO: Examinemos la órbita... Queremos volver a casa... en 625 y un quinto. El reloj automático está puesto. Las manos me tiemblan tanto que no puedo.

NASA: ¿Pueden filmar?

APOLO: ¡Demonios! Las condenadas cámaras están funcionando mal aquí arriba.

NASA: Ustedes, muchachos, ¿consiguieron algo?

APOLO: No tenemos más película. Tenemos tres tomas de los ovnis o lo que fuera; pueden haber velado la película.

NASA: Misión Control... Aquí Misión Control. ¿Están ustedes por partir? ¿Qué significa el alboroto? ¿Es por los ovnis? Expliquen...

APOLO: Siguen posados aquí en la Luna, observándonos.
NASA: ¡Obtengan fotos! Todas las fotos posibles de los ovnis. ¿Siguen ustedes filmando?
APOLO: Sí, los espejos están todos en su lugar... Pero esos seres pueden venir mañana y llevárselos... Cualquiera que sea su forma, eso eran naves espaciales... No hay duda alguna.

El 15 de noviembre de 1969, durante el Apolo XII, los astronautas Richard Gordon, Charles Conrad y Alan Bean comunicaron a Houston que estaban siendo acompañados primero por un objeto y luego por dos muy brillantes. Al aterrizar en la Luna en el módulo Intrepid, captaron extrañas transmisiones de sonidos y lenguas incomprensibles. El 24 de noviembre, al sobrevolar la India de regreso a la Tierra, observaron un objeto claro que proyectaba un haz de color rojo

Durante el vuelo del Apolo XIII ocurrieron unos extraños acontecimientos que pusieron en peligro la misión.

Con el Apolo XIV se escucharon extrañas voces que se filtraban en las trasmisiones y procedían del espacio exterior; según se cree, no pertenecían a ningún idioma terrestre. Durante esta misión se habrían filmado naves posadas sobre la Luna, tal como lo atestigua el piloto y periodista español José Antonio Silva. Este, en el importante programa *En familia* (1989), de Televisión Española, recordó haber estado en el observatorio y radiotelescopio de Fresnedillas (España) justo en el momento de los acontecimientos, siendo testigo tanto del suceso como del interés por parte de los militares norteamericanos de ocultarlo.

Los astronautas rusos también han sido testigos de semejantes acompañamientos, entre ellos German Titov, quien en agosto de 1961 fue seguido en su vuelo orbital en la nave Vostok II por un objeto cilíndrico.

Recordemos que, en los primeros años de la carrera espacial soviética, a los astronautas se los enviaba a prepararse en el Himalaya para desarrollar facultades psíquicas que no sólo permitieran la comunicación con tierra en el caso de estropearse los sistemas de radio, sino también una eventual comunicación telepática con seres de otros mundos.

El 12 de agosto de 1962, el astronauta Pavel Popovic, en la nave Vostok IV, vio una serie de partículas luminosas que se le acercaban en formación.

Para mediados de junio de 1963, se realizó un vuelo orbital de acoplamiento de dos naves Vostok, la V y la VI. La primera estaba comanda por Valery Bykovsky y la otra por la astronauta Valentina Tereshkova. Ambos fueron testigos del acercamiento de un tercer objeto de forma ovoide de origen desconocido.

Los astronautas Yuri Romanenko y Georgi Grechko desde la nave Salyut VI filmaron varios ovnis que les salieron al encuentro.

El 6 en abril de 1979, el astronauta Victor Afanasyev, en la nave Soyuz, fue testigo con sus compañeros de la aparición de un objeto de unos cuarenta metros de largo que tenía algo parecido a alas pequeñas. Se les acercó durante la órbita a muy poca distancia, pero la filmación que lograron fue censurada.

El 5 de mayo de 1985, el comandante Kovalenko de la nave Soyuz VI observó sobre Sudáfrica la aparición de un objeto cilíndrico que luego se transformó en dos esferas luminosas.

El 25 de marzo de 1989, la sonda soviética Fobos II logró tomar unas sorprendentes fotografías sobre la superficie de Marte donde aparece una sombra elipsoide de unos 27 kilómetros de largo. También captó la presencia de un gigantesco objeto cilíndrico entre las lunas del planeta rojo.

En 1991, durante el proceso de acoplamiento del transbordador Atlantis con la estación espacial, son observados durante largo rato varios objetos luminosos alrededor de la estación.

El 15 de septiembre de 1991, los astronautas del transbordador Discovery captan con sus cámaras la presencia de un objeto luminoso en ángulo de entrada al planeta, y observan cómo este es interceptado por otros siete objetos que le cierran el paso y le lanzan algo semejante a un misil, que precipitó su retirada trazando un increíble ángulo de salida.

El 3 de septiembre de 1993, el satélite Meteosat logró fotografiar sobre América del Norte la presencia de un objeto ovalado de cientos de kilómetros de diámetro.

En noviembre de 1996, los astronautas del transbordador Columbia son testigos de un evento extraordinario: el ingreso en el planeta de gigantescos objetos discoidales uno detrás de otro, que pudieron ser filmados.

El 8 de noviembre de 1999, el satélite geoestacionario GOES-8 logra fotografiar sobrevolando la Patagonia chilena un descomunal objeto discoidal de 450 kilómetros de diámetro.

En el año 2004, la sonda Spirit llega a fotografiar desde la superficie del planeta Marte la presencia en el cielo marciano de un gran objeto cilíndrico, y luego otro objeto esférico y oscuro a poca altura sobre las colinas cercanas.

Como conclusión podríamos decir que los astronautas no sólo habrían sido testigos de la presencia de estos objetos, a los que ellos mismos califican de tecnología avanzada extraterrestre, sino que también habrían actuado como agentes diplomáticos de las grandes potencias, recibiendo el mensaje que supone el encuentro con culturas más avanzadas y dialogando con estos seres. Podríamos aventurar que las consecuencias de este continuo diálogo han sido los grandes cambios que se han venido gestando en nuestro mundo desde mediados de los años 80 y que apuntan a la necesidad de una distensión que aleje el peligro de la aniquilación de la especie humana en la Tierra.

LOS AGROGLIFOS

Ante las constantes visitas de navieros extraterrestres, la ciencia negará, luego dudará y por fin dirá: ¡Verdad es! Y nuestra sapiencia ha quedado atrás. ¡Siglos nos contemplan y vigilan!

Benjamín Solari Parravicini, *Profecías* (1959)

A finales de los años 70 aparecieron en Australia los primeros *crop circles* o círculos de los campos de cosecha. Eran huellas circulares sobre las espigas de trigo, en las que el patrón común era que las plantas aparecían reclinadas, no aplastadas, en espiral hacia el centro de la figura. Los tallos doblados estaban intactos y con una mayor vitalidad que las plantas fuera de las figuras.

A comienzos de los 80 estos círculos empezaron a aparecer sobre los fértiles campos del sur de Inglaterra, en la zona de Wiltshire, Hampshire y Salsbury, entre otros lugares, y siempre muy cerca de los monumentos megalíticos más famosos como Stonehenge, Avebury y Sillbury Hill. También surgieron muy cerca de figuras prehistóricas que se encuentran diseminadas en el paisaje, en donde se observan gigantescos diseños de personas y caballos cubiertos de piedra blanca caliza, en un ángulo de inclinación que les permite ser visibles desde el cielo, como en el caso de algunas de las famosas figuras y líneas de Nazca. Estos círculos ya eran conocidos en la Edad Media cuando aparecían en épocas de cosecha y se les llamaba «círculos de las hadas», porque surgían inexplicablemente de un momento a otro acompañados de un extraño zumbido en el ambiente. En aquel entonces se advertía a la gente del peligro que suponía para alguien adentrarse en esos círculos mágicos, ya que el que lo hiciera podría desaparecer y quedar prisionero en el mundo de los gnomos, las hadas y los elfos.

Si bien al comienzo eran círculos de unos tres a ocho metros de diámetro, poco a poco dieron paso a figuras cada vez más grandes, complejas, bellas y enigmáticas, que aparecían de un día para otro o súbitamente con una simetría perfecta.

Se ha lanzado un sinfín de explicaciones sobre su origen y razón de ser, como aquella de que podrían ser fenómenos naturales producto del geomagnetismo terrestre o fenómenos climatológicos (tornados o remolinos de viento). Esto explicaría algunos círculos, ¿pero qué pasa cuando son figuras complejas como círculos dentro de círculos, triángulos, cuadrados o formas más elaboradas? Y no hay posibilidad de confundirlas con un fraude perpetrado por bromistas, ya que en los casos reales la vegetación aparece afectada por una extraña radiación o magnetismo, y los granos sufren alteraciones inexplicables, como, por ejemplo, mutaciones en sus cristales.

Las figuras siempre aparecen en campos de cereales como trigo, cebada y avena. Pero el fenómeno evoluciona: con el paso del tiempo se han registrado modificaciones en los diseños, que pasaron de simples círculos a círculos dentro de círculos, a círculos conectados con ejes, cruces celtas, espirales galácticas, hasta complejísimos y elaborados pictogramas tridimensionales.

Decíamos que muchos asemejan órbitas planetarias y se han relacionado con la órbita de cometas como el Hale-Bopp o las órbitas de las lunas de Júpiter, lo cual podría estarnos advirtiendo de peligros o señalándonos su procedencia.

Uno de los más importantes investigadores de los diseños y quien descubriera su condición de mensaje trascendente fue el ingeniero británico Colin Andrews. Pero también los han investigado en profundidad Omar Fowler, Pat Delgado, Michael Hesemann y la infatigable Lucy Pringle.

Las figuras se han ido multiplicando no sólo por toda Europa, sino también por Asia y ahora también en América. Empezaron con tres al mes, y hoy llegan a producirse casi una decena mensualmente, con tamaños que alcanzan hasta los 240 metros de diámetro. En algunos casos se ha logrado observar y hasta filmar el momento mismo en que aparecen extrañas esferas luminosas o metálicas (caneplas o *foo-figthers*), revoloteando por la zona, revisando las figuras o imprimiéndolas en el paisaje con energía magnética en fracciones de segundo; todo esto acompañado de un fuerte ruido en el ambiente.

Como decíamos, muchos han sido los intentos de explicación de los círculos, diciendo que son producto de remolinos de viento, consecuencia de fuerzas magnéticas terrestres o, como decía el científico Terence Meaden, «torbellinos plasmáticos». Pero ninguna de estas explicaciones convencía a nadie, pues las figuras cada vez eran más complejas y elaboradas.

Cuando el Parlamento británico dispuso que se entregara una partida significativa de dinero para la investigación seria de los agroglifos, ante la eventualidad de que se tratase de un lenguaje simbólico y geométrico procedente de probables inteligencias extraterrestres, aparecieron de improviso dos ancianos jubilados ingleses, Doug Bower y Dave Chorley, de Southampton, diciendo que llevaban quince años haciendo ellos las figuras. Corría el año 1991 y, según sus declaraciones, habían venido construyendo este gigantesco rompecabezas porque querían burlarse de las informaciones sobre ovnis.

Pero, ¿cómo podía ser que estos dos ancianos jubilados visitaran todo el sur de Inglaterra, ingresaran en los campos de cultivo de otros agricultores, de noche y a oscuras, e hicieran no sólo círculos, sino figuras complejísimas y gigantescas de una belleza extraordinaria, a riesgo de que los hallaran y que los agricultores no compartieran su sentido del humor? Evidentemente, esta explicación huele a intoxicación informativa, ya que, al pedir a ambos ancianos que hicieran un diseño frente a las cámaras de la BBC, lo máximo que pudieron hacer después de interminables horas de trabajo aplastando y rompiendo espigas fue un círculo mal hecho y nada más. Y eso que era de día.

Nuevamente nos encontramos con la política de encubrimiento, pues mucha gente escuchó la increíble confesión de estos ancianos y, sin mayor investigación, dieron por cerrado el caso. ¿Qué explicación había entonces para las mismas figuras que aparecían simultáneamente en Francia, Turquía, Afganistán, Japón, Australia, Estados Unidos y México? Y que siguieran apareciendo en Inglaterra, cada vez más bellas estéticamente y con diseños imposibles.

He tenido la oportunidad de estar varias veces en el sur de Inglaterra y contemplar los agroglifos, y realmente son como gigantescos mandalas, esto es, activadores de la conciencia humana, una especie de patrones que activan información grabada en el subconsciente o en el inconsciente. Aunque uno no sepa claramente qué significan todas las figuras, se siente con inexplicable intensidad que representan mucho y que tiene que ver con el momento actual de la humanidad y con los cambios planetarios. Detalle interesante también es que, cuando uno llega a los lugares donde están apareciendo, siente corrientes de energía extraordinarias que no serían otras que las líneas de fuerza del planeta, lo cual demuestra que no es casual que aparezcan en uno u otro sitio.

En 1996, en la localidad de Oliver's Castle, un grupo de investigadores que se dedicaban permanentemente a escudriñar el paisaje lograron filmar grupos de extrañas esferas luminosas que revoloteaban sobre los campos de trigo haciendo movimientos circulares y espirales; en fracciones de segundo apareció impresa una figura similar a un átomo de gran tamaño. Estas esferas habían aparecido de improviso, como si procedieran de otra dimensión, mientras en el ambiente se escuchaba un ruido metálico, probablemente la nave que estaba en el lugar pero que era invisible al ojo humano.

En el año 2000, entre los diseños que se fueron manifestando apareció una figura colosal a escasos 150 metros del radiotelescopio de Chilbolton. Esta gigantesca antena forma parte del Proyecto Ozma-SETI de búsqueda de vida extraterrestre y se encuentra ubicada en la localidad de Hampshire. Allí, en las narices mismas de los científicos y militares, surgió un diseño compuesto de círculos concéntricos y otros laterales que los cortaban tangencialmente; estaría simbolizando la teoría de la física cuántica de los «agujeros de gusano», una suerte de canales interdimensionales por los que teóricamente se viajaría a través del tiempo y del espacio plegando el universo. No cabía duda: no se trataba de un fraude, puesto que su sola confección habría demandado el esfuerzo de muchas personas durante varios días, lo cual no hubiese podido ser ocultado debido a la proximidad de las instalaciones científicas.

Al año siguiente, en los primeros días del mes de agosto, apareció en la colina de Milk Hill el diseño más grande hasta entonces y que congregaba la mayor cantidad de círculos. Una figura de 240 metros de diámetro y 409 círculos perfectos en una espiral galáctica que parece la imagen de una nebulosa espiral en la armonía de las esferas. Posteriormente, el 17 de agosto surgieron nuevamente en las inmediaciones del radiotelescopio de Chilbolton dos figuras inéditas: la primera representaba un rostro gigantesco y tridimensional; la otra, una figura codificada rectangular. El rostro sólo era visible desde el cielo y a gran altura y daba la impresión de un inmenso holograma; pero lo más curioso era su semejanza con «el rostro de Sidonia», un supuesto semblante esculpido en una montaña, descubierto por la sonda Viking en 1976 en la zona marciana de Sidonia.

La otra figura era la respuesta a un mensaje enviado desde la Tierra el 16 de noviembre de 1974. Ese año, Frank Drake del Proyecto Ozma, utilizando el gran radiotelescopio de Arecibo en Puerto Rico, envió una señal en ondas de radio en código binario hacia la M13, la Gran Nebulosa de Hércules, a tan sólo 24.000 años luz de distancia. Y, sabiendo que las ondas de radio viajan a la velocidad de la luz, casi 300.000 km/s, un mensaje de este tipo se demoraría 24.000 años en ir e igual tiempo en volver, si es que alguien se apurase en contestar, por lo que la respuesta llegaría a nuestro mundo dentro de 48.000 años ¿Y quién estaría para entonces?

Si realmente hubiese voluntad de contactar con civilizaciones extraterrestres, cuyo único mérito hubiese sido empezar antes que nosotros, ¿por qué no buscar otras formas más eficientes de conectarnos? Las distancias son tan enormes en el espacio que querer contactar con señales de radio es como tratar de comunicarse hoy por hoy, en la época del celular e Internet, con señales de humo o con una carta con estampilla sin certificar. Obviamente, no tendría sentido. Tiene que haber otra forma de establecer esa comunicación, y de hecho la hay porque vivimos en un universo sin límites, una manera que nos permita enviar un mensaje y que este llegue antes de haber sido enviado. Pero, ¿es esto posible? ¡Claro que sí! Sólo que entraríamos en el delicado y aún incomprensible universo de la cuarta dimensión, el terreno de la parapsicología o de la percepción extrasensorial.

Tomemos un caso. Una madre se despierta angustiada porque soñó que su hijo, que vive hace un tiempo en otra ciudad a más de mil kilómetros de distancia, moría ahogado arrastrado por las aguas de un río. Al joven no le había pasado nada aún, pero veinte horas después el muchacho sufría el accidente y, gracias a que la madre en la distancia logró avisar desesperadamente, fue rescatado sano y salvo. Ella tuvo una premonición, recibió el mensaje antes de que este se hubiese generado.

El mensaje enviado por Frank Drake fue expresado como decíamos en código binario, esto es, ceros y unos, e incluía el lenguaje universal de las matemáticas conocido en la Tierra, del uno al veinte; además, se habían añadido los elementos básicos para la vida aquí, como son el oxigeno, el hidrógeno, el carbono, el nitrógeno, etcétera. También las fórmulas de los azúcares, el código genético del ser humano, la estatura promedio (1,76 metros), nuestra forma antropomorfa, la cantidad de seres humanos que éramos en 1974 (unos 4.700 millones de individuos), así como nuestra ubicación en el Sistema Solar en relación al Sol (el tercer planeta del sistema) y la fuente de emisión del mensaje, el radiotelescopio de Arecibo con su plato de 305 metros de diámetro y sus casi diez mil megahercios de potencia.

La respuesta llegó a la Tierra, pero no después de 48.000 años, sino sólo 27 años después, y no a través de una onda de radio, sino a través de una impronta en los campos de cereales, donde se puede ver claramente que ellos manejan las matemáticas como nosotros y tienen las mismas fórmulas químicas; pero en lo que respecta al código genético, en ellos se presenta mutado, esto es, con variaciones en comparación al humano terrestre. Su estatura aparecía de un metro veinte; era el típico ser pequeño y cabezón que relacionamos con los zeta reticulianos de la Osa Mayor. Pero no porque todos los extraterrestres sean así, sino porque quizás querían darnos a entender que eran extraterrestres y esa es la idea que nos solemos hacer de ellos.

En cuanto a su lugar en su sistema solar, que curiosamente estaba formado por nueve planetas en torno a su estrella, se ubicaban en el tercero, cuarto y hasta en las lunas de su quinto planeta. Demasiada coincidencia a menos que no nos estuvieran contestando desde su sistema, sino desde el nuestro y tuvieran bases aquí.

Al año siguiente, el 8 de agosto de 2002, apareció otra figura tridimensional de tipo holográfico en la localidad de Winchester. Era una gigantesca imagen de un ser de aspecto entre reptiloide y gris encerrado en un rectángulo, con las tres estrellas del Cinturón de Orión debajo del mentón y a un lado, y un inmenso disco en escritura digital cuya primera lectura fue: «El peligro no es los que vienen de afuera sino los que ya están dentro». Esta primera interpretación después ha querido ser variada por ciertos investigadores y ha terminado en un mensaje incoherente, por lo que me quedo con la lectura inicial.

La imagen nos sugiere un ser atrapado en otra dimensión procedente de Orión, o sea uno de los «ángeles caídos» que se encuentran en nuestro mundo conspirando permanentemente contra el ser humano.

En el mes de agosto de 2004, en la localidad de Sillbury Hill, apareció un gigantesco patrón circular, un agroglifo con evidentes símbolos aztecas. En el centro se apreciaban las dos alas del águila y alrededor unas grecas que representan a Quetzalcoatl. Estas mismas grecas las encontramos en la base de la estatua del dios azteca Xochipilli, dios de las flores y hermano de Xochiltquetzal (esposa de Centéotl, dios del maíz), que se la vincula con la leyenda de la mujer dormida o el despertar y renacimiento de México o de la humanidad. Es interesante ver cómo los dioses antiguos siempre estuvieron vinculados con la enseñanza del cultivo de los cereales, tanto entre los egipcios, los mayas, los aztecas y los incas.

En los agroglifos, como se puede ver, van apareciendo confirmaciones a todos los mensajes que se han venido recibiendo de otras maneras, y estos son señales de que nos vamos encaminando hacia un despertar colectivo. Vamos por buen camino, ya que mucho de lo que está ocurriendo estaba previsto para bien de todos.

CONTACTO EXTRATERRESTRE

En ningún momento los astronautas han estado solos en el espacio, siempre ha habido una constante vigilancia por los ovnis.
Scott Carpenter, astronauta del Proyecto Mercury

Para entender el fenómeno ovni, todo investigador tendría que arriesgarse a conocerlo en profundidad de la única manera que le permita alcanzar su real dimensión: siendo testigo y partícipe del mismo. El asunto es que los ufólogos u ovniólogos no quieren cruzar la línea que separa al investigador del investigado, pues piensan que esto les quitaría seriedad u objetividad. Pero esto no es así, se tiene que vivir para entenderlo y reconocerlo.

La comunicación es el medio por el cual se establece un puente de contacto con otras realidades, un puente de comunicación y de ayuda a la humanidad, gracias al cual podemos aprender mucho de ellos y ellos enseñarnos y aprender a su vez de nosotros, porque nadie se las sabe todas.

El contacto en la actualidad ha cambiado. Ya no es el mismo que en la época de los patriarcas bíblicos o de los sacerdotes egipcios y mayas. Hoy la humanidad se encuentra en plena adolescencia tecnológica e inmersa en el proceso de definición y madurez, y debemos aprender a mejorar nuestra comunicación con el planeta, con la vida y con nosotros mismos.

Estamos en la era de Acuario, caracterizada por la excesiva luz; es decir, si antes había oscurantismo y desinformación, hoy por el contrario hay demasiada información, y gran parte de ella de dudosa procedencia y contenido (que a la vez es otra forma de oscuridad), por lo que fácilmente se confunden las verdades con las medias verdades y hasta con las mentiras.

Por tanto, el contacto extraterrestre viene a cubrir ese vacío que deja la inseguridad frente a los conocimientos que se vierten y que la mayoría de las veces no pueden ser cuestionados, pues, como se suele alegar, proceden de la más pura tradición iniciática. La ventaja con la información extraterrestre en el contacto es que es de primera mano y puede verificarse, cuestionarse y sentirse.

La negación del análisis y la subordinación a los esquemas impide que dichas fuentes de «verdades» (esotéricas, religiosas o tradicionales) puedan ser tomadas como algo seguro por todo sincero buscador en el camino; pero, sin desecharlas totalmente, procuraremos llegar a aquellas de las que emana el manantial fresco y natural. Esto exige nuestra participación consciente y protagónica en el develado de la verdad profunda, confrontándola con lo ya existente.

El contacto, como decíamos, existe como la posibilidad de establecer un puente de comunicación con seres de otros mundos o dimensiones. La mente humana no tiene más límite que su ignorancia. Por ello, una vez trascendidos los límites aparentes, todo es posible y accesible.

El contacto puede establecerse de diferentes formas:

Contacto extraterrestre: Es aquel que se llega a entablar con visitantes del espacio exterior, llamados comúnmente «extraterrestres» o «alienígenas» por ser foráneos, «humanoides» por tener una forma similar a la nuestra (los que la tienen, porque hay variedad de seres y formas) o «Hermanos Mayores» entre los grupos de contacto, por reconocer en ellos un mayor nivel de conciencia y avance espiritual.

Este contacto puede ser físico, mental o astral.

El contacto **físico** se produce cuando uno llega a observar el objeto, que puede ser la nave o algún otro aparato que se desprende de ella (como las caneplas o *foo-fighters*), o a los tripulantes.

El contacto **mental** ocurre cuando es telepático, con una transmisión de pensamiento a distancia; algunas veces puede manifestarse con imágenes mentales, intuiciones o sensaciones intensas.

El contacto **astral** es la experiencia en sueños, durante una proyección extracorpórea. Estos seres han trasmitido a los contactados que no van a descuidar ni siquiera los sueños para prepararles para experiencias mayores. Además, hay muchos sueños que son verdaderas vivencias en otra dimensión.

Contacto intraterrestre: Es el que se produce con seres de origen terrestre o extraterrestre que viven o tienen bases subterráneas en diversos puntos del planeta. En la actualidad sabemos que existirían remanentes de civilizaciones desaparecidas (como los lemurianos, los atlantes, los mayas e incluso los incas) viviendo en una vasta red de túneles que abarca la selva amazónica, los Andes, Centroamérica, parte de Europa y Asia. También están los maestros intraterrenos de la Hermandad Blanca de los Retiros Interiores, quienes habrían sido dejados a cargo de la custodia de ciertos archivos de la historia planetaria por un grupo de extraterrestres, que originalmente descendieron en el desierto del Gobi (Mongolia) y constituyeron la ciudad de Shamballa, la capital del intramundo de Agartha. Este contacto también podría ser físico, mental o astral.

Contacto interdimensional: Este contacto llega a darse cuando la comunicación es con seres que no aparecen bajo una forma física, sino en otra dimensión. Existen seres que no tienen corporeidad física, porque nunca la tuvieron ni la necesitaron o porque ya la trascendieron. En el primer caso serían seres ultraterrestres del universo mental y en el segundo serían maestros ascendidos. En este contacto también funciona la experiencia espiritual, mental, astral y en algunos casos física, aunque más bien lo que se logra apreciar corpóreamente puede ser una proyección mental.

TIPOS DE CONTACTOS

A los contactos también se les denominan «encuentros» y son de cinco tipos distintos:

Encuentros del primer tipo: Se producen cuando uno llega a observar algo extraño en el cielo que no sabe qué es y que suele desafiar las leyes de la física conocida.

Encuentros del segundo tipo: Por ejemplo, cuando alguien va por la carretera o está en su casa y siente la necesidad compulsiva de acercarse a la ventana o a la puerta y mirar en una dirección determinada, y ve un objeto extraño haciendo evoluciones en el cielo con un comportamiento inteligente. Aquí ya podemos considerar que ha habido una suerte de contacto, porque si no cómo explicar esa suerte de ansiedad o inquietud que llevó al testigo a observar.

Encuentros del tercer tipo: Ocurren cuando alguien siente la inquietud de mirar en una u otra dirección y, además, se siente impulsado a ir a un lugar específico, donde llega a observar un extraño objeto que desciende y también a sus tripulantes. Se puede dar el caso que uno vea la nave, pero no perciba a los tripulantes sino que más bien vea una especie de esfera luminosa (canepla) en el campo o entrando en su habitación. También se considera un encuentro cercano del tercer tipo la aparición súbita de un ser pero proyectado, como si fuese sólo una imagen u holograma. Este tipo de proyecciones o acercamientos pretenden aportarle a la persona alguna clase de mensaje de alcance general.

Encuentros del cuarto tipo: Se producen cuando no sólo la nave desciende, sino que los tripulantes invitan al testigo a subir a ella; en algunos pocos casos reales llevan a la fuerza a la persona (abducción) para algún tipo de estudio. Recordemos que son muchas y muy variadas las civilizaciones que visitan nuestro mundo, y no todas vienen con buenos propósitos. Pero también podría darse el caso que una abducción sea una suerte de sondeo y evaluación del ser humano (bienintencionado) a través de técnicas de muestreo, y que lo traumático de la experiencia haga que las personas después no recuerden nada conscientemente.

Encuentros del quinto tipo: Son aquellos que se producen cuando el testigo o contactado es invitado a subir a la nave y además acompaña a los visitantes fuera de la Tierra. Este viaje puede realizarse en una nave o en un Xendra o puerta interdimensional.

CANALES DE CONTACTO

El contacto con los Hermanos Mayores se suele canalizar a través de la telepatía, con la corroboración física posterior. Pero el contacto puede darse de varias formas, aceptadas como parte de la dinámica del proceso de interacción con los Guías. Estas son:

Psicográfica: También llamada escritura automática, supone la redacción simultánea a la recepción. Alguien recibe el mensaje mentalmente y, si está relajado, puede llegar a sentir la necesidad compulsiva de transcribir lo que va llegando vertiginosamente a su mente. La mente decodifica el mensaje que llega en forma de ideas, pero uno las capta como si le estuvieran hablando al oído.

Telepática: Viene a ser la forma directa de comunicación, sin que la persona receptora sienta la necesidad de escribir de manera simultánea el contenido del mensaje. Sería bueno redactar lo captado de inmediato y no dejarlo a la memoria, que suele ser imprecisa.

Física: En los encuentros con las naves, las caneplas o los tripulantes, uno suele recibir mentalmente los mensajes. Aunque sabemos que estos seres pueden hablar, tienen su propio idioma y les resulta fácil aprender los nuestros. La ventaja de la telepatía es que no sólo se transmiten ideas, sino también emociones. Uno siente lo que le están comunicando.

Astral: Es decir, en sueños. Es considerada una forma de contacto válida y real, siempre que sepamos diferenciar los sueños reales de los puramente imaginativos. En los viajes astrales estos seres se suelen comunicar con nosotros mentalmente.

REQUISITOS DEL ANTENA

Son, pues, los Hermanos Mayores los que se comunican con nosotros y no nosotros con ellos; es decir, ellos son los que hacen el mayor esfuerzo al bajar a una frecuencia en la que los podemos captar. Nosotros tan sólo necesitamos sensibilizarnos, predisponiéndonos a través de la preparación integral que ha sido sugerida desde el primer instante (la percepción extrasensorial).

Para sintonizarse con los Guías no hay entonces mayor secreto; y si bien cualquier persona podría recibir el contacto (si es que no lo ha tenido ya como inspiración o en sueños), no cualquiera podría mantenerlo, porque esto requiere una mayor preparación y un trabajo interior continuo y constante. Pero existen algunos requisitos que se tienen que tomar en cuenta por todo aquel que intente una recepción, y estos son:

1. La persona que intente recibir el mensaje tendrá que ser alguien equilibrado y saludable, tanto física como mentalmente y también espiritualmente. Se evitará que personas

nerviosas, temperamentales o depresivas reciban mensajes en el interior de los grupos.

2. El futuro antena deberá ser alguien objetivo y analítico, y sobre todo disciplinado, porque la disciplina fortalece la voluntad y la voluntad reduce los márgenes de manipulación, error o mentalismo.

3. La persona que trate de recibir el mensaje tendrá que desarrollar la humildad en la autocrítica más sincera, en relación a sus aptitudes, actos y la calidad de sus posibles mensajes; además, deberá estar abierto a la crítica de los demás, planteándose siempre la posibilidad del error.

4. El antena deberá recordar permanentemente que la recepción de mensajes no constituye ningún rango jerárquico dentro de la misión de contacto, pero sí una ayuda al grupo, como un servicio al plan.

5. El antena que se prepara para canalizar un mensaje tendrá que trabajar exigentemente con sus egos a través de la autobservacion, evitando que los llamados metalismos (afloramientos del subconsciente) puedan plagar sus recepciones. Deberá ser, pues, disciplinado, sincero y veraz.

6. El futuro receptor procurará desarrollar el discernimiento, para saber escoger él mismo el mejor lugar y momento para la captación de una comunicación cuando sienta la urgencia de la misma o exista el interés de intentarla.

7. La persona que intente recibir mensajes tendrá que asumir un comportamiento consecuente, esto es, se dejará guiar por la verdad y contundencia del mensaje, haciéndolo suyo y siendo ejemplo del mismo.

8. El antena deberá incluir cualidades como son: honestidad, justicia, integridad, responsabilidad, espiritualidad y ser positivo.

9. El futuro antena tendrá que contar con el apoyo y la confianza de los miembros de su grupo. Si no es así, se abstendrá de intentar las recepciones.

REQUISITOS DEL MENSAJE

Hemos hablado de los requisitos en todo antena que, a fin de cuentas, requiere no sólo tener confianza en su recepción, sino también inspirar confianza en los demás. Y ahora nos toca mencionar los requisitos que hacen consistente un mensaje, los mismos que, al familiarizarnos con ellos, nos permitirán hacer los análisis respectivos.

Entonces, las pautas que se deben tener en cuenta en el análisis y el estudio de los mensajes, tras haber verificado el requisito del buen antena receptor, son:

1. Que todo verdadero mensaje debe ser coherente y lógico. Al ser los Guías extraterrestres seres evolucionados, pueden explicar con conceptos claros, precisos, sencillos y de forma sucinta y resumida grandes verdades, por lo que las comunicaciones no tienen que ser necesariamente muy largas, complicadas, ni demasiado seguidas.

2. Los verdaderos mensajes son positivos y ofrecen alternativas. Los mensajes no son catastrofistas ni pesimistas. Precisamente, al ser estos seres conocedores de las Leyes Universales, saben que uno puede crear con la mente y con la palabra lo que cree y jamás van a darle un carácter fatalista a las cosas, cuando el futuro siempre es variable.

3.- El mensaje tiene que ser necesariamente universalista, esto es, de carácter y proyección grupal, y no personalista, de tal manera que, léase donde se lea, la persona o grupo que tenga acceso al mismo lo podrá sentir como si estuviera dirigido a él. Para ser considerado válido el mensaje tendrá que tener un carácter universal; de esta manera, será útil para todo aquel que lo lea.

4. Los mensajes no crean ni alientan distinciones, sino que procuran un orden que sea conveniente para el trabajo en la misión. Tampoco podrán encontrarse en el contenido de las comunicaciones adulaciones o menosprecios a nadie, pues los mensajes mantienen un total respeto y un alto nivel ético, comprensión, tolerancia y amor.

5. Las comunicaciones son atemporales; esto quiere decir que una parte de ellas, o toda en general, no se agota en una sola lectura, sino que cada vez que se lee aporta mayores conocimientos, gracias también a una más amplia conciencia de nuestra parte. Es imprescindible que los mensajes, al ser incluidos en los archivos, hayan sido trabajados previamente no sólo en su análisis, sino también en el extractado

por temas de aquellas partes consideradas atemporales, que deben ser manejadas con mayor continuidad.

6. Los mensajes tienen siempre un contenido edificante, aplicable a la vida cotidiana, lo cual hace de la comunicación una fuente inagotable de optimismo, esperanza y consejos prácticos, y a la vez de pautas trascendentes que engloban la vida espiritual y mental del ser.

7. Toda comunicación es corroborable, es decir, que puede ser confirmada mediante manifestaciones tangibles y concretas de la cercanía de los Guías. Aunque esto es así, lo que procuramos a través de las confirmaciones es verificar que el contacto existe, mas no si la comunicación está bien recibida, pues esto se corroborará con el análisis posterior por parte de los llamados a efectuarlo. Un avistamiento, por ejemplo, prueba que hubo contacto pero no que el mensaje esté bien recibido, lo cual se comprobará, como dijimos, a partir del análisis.
Somos conscientes de que los Guías, aún con la mejor intención, no podrían ni estarían dispuestos a fomentar la dependencia y la falta de seguridad en nosotros. Por esta razón manifiestan su presencia cuando deben hacerlo, pero no todo el tiempo.

8. Las comunicaciones, cuando son reales, siempre aportan algo nuevo, no son sólo un resumen de mensajes anteriores. Pero también se complementan entre sí, como la continuación de todo lo anterior, sin ser ajenas al contexto del proceso. Por eso no podrían contradecir

todo lo que ha sido dado y verificado antes, sino que necesariamente ayudan a explicarlo mejor al añadir elementos adicionales.

Lo que sí pueden contener las comunicaciones nuevas son informaciones que proporcionen una mayor comprensión o que hagan cambiar nuestra forma de entender lo que antes nos vinieron dando y que por la existencia de prejuicios no podíamos abarcarlo como se debía.

En toda comunicación está presente siempre el mentalismo; pero gracias a la experiencia y al cuidado que se tenga se reducen sus márgenes, aunque no lo anulan o descartan completamente. Hay mentalismos inocentes e intrascendentes, como saludos demasiados zalameros y floridos o despedidas con la atribución del contacto cierto Guía más importante, buscando con ello elevar la categoría del mensaje de forma no consciente.

Recordemos también que la comunicación es algo muy importante y serio, con lo que no debemos jugar, ya que la línea divisoria entre la iluminación y la locura, entre la realidad y la ilusión, muchas veces es muy sutil. Tenemos, por tanto, primero el compromiso con nosotros mismos de ser veraces y no engañarnos, y luego el compromiso con los demás de no confundir a nadie.

La comunicación, una vez recibida, ya sea en grupo o a solas (si llega a darse el mensaje en circunstancias en que nadie pueda corroborar su recepción), deberá ser analizada por quien la recibió, corrigiéndola si fuera necesario o pasándola a limpio, de tal manera que la redacción final exprese exactamente lo que los Guías quisieron transmitir y su lectura sea ágil, fácil y entendible. Las comunicaciones, por tanto, deberán ser comprensibles sin tener que contar con la presencia del receptor para que las explique, lo cual facilitará su lectura en cualquier lugar del mundo. Y, si para que la comunicación exprese el sentido original de la idea transmitida, se tuviese que desarrollar alguna de las ideas expuestas añadiendo frases y varias líneas, esto será permitido; y si hubiese alguna frase que no la entiende ni interpreta quien la recibió, podrá omitirla en la redacción final, pues si tal concepto es importante los Guías lo darán nuevamente a través de otra recepción y otro antena.

Por ello, las comunicaciones, antes de empezar a circular libremente entre los grupos, deben haber sido analizadas a conciencia por el antena receptor y luego entregadas al grupo de análisis de comunicaciones, quienes de acuerdo a la trayectoria del receptor calificarán si el mensaje debe ser estudiado o no. Si el mensaje resiste los múltiples análisis, se redactará una vez más, pero ahora haciéndose de circulación oficial, con el aval del grupo, compartiéndose así la responsabilidad de lo escrito entre el que lo recibió y los que la analizaron.

Finalmente, quisiéramos recordar que, en lo relativo a la comunicación, de nada sirve que uno este seguro de sí mismo si no inspira la misma confianza en los demás; y, al revés, tampoco serviría que los demás creyesen en los mensajes que se reciben si uno mismo no los cree. La confianza se sustenta en la coherencia y consecuencia de la persona en relación con el mensaje y en la preparación constante que esta mantenga, que se garantizará con el respaldo de los Hermanos Mayores para que no caiga en el error.

LOS CONTACTADOS

Así como la curiosidad humana nos lleva a buscar mirar siempre más allá, ¿cuántos antes que nosotros, desde otros mundos, lo vienen haciendo y nos han encontrado?

Contactarse significa comunicarse, estrechar lazos, establecer un puente entre los seres y las dimensiones, aprender a ser un canal de una información, de un conocimiento superior que orientará las vidas de quienes se dejen guiar por esa revelación.

¿Qué es un contacto extraterrestre?

Un contacto extraterrestre es la experiencia de entablar algún tipo de comunicación con seres de otros mundos evidentemente más avanzados que nosotros, que no sólo han desarrollado la tecnología para superar las increíbles distancias del espacio, sino también la capacidad para trascender las barreras psíquicas. Este contacto puede ser de primer, segundo, tercer, cuarto o quinto tipo, dependiendo de la intensidad, cercanía y grado de interacción con el testigo.

¿Quién puede llegar a ser un contactado?

Como dijimos, los contactados son aquellas personas que han llegado a establecer una comunicación con visitantes de otros mundos ya sea física, mental o astralmente, esto es, en sueños; y como existen los testimonios de millones de personas de toda condición social, formación profesional, sexo y raza en todos los rincones del planeta al respecto, podemos decir que cualquier persona podría llegar a establecer ese contacto. Sabemos que el contacto ha sido mayormente inducido por los extraterrestres, puesto que depende más de esos seres que de nosotros el que llegue a producirse. Son ellos, los «visitantes», quienes seleccionan a aquellos con los desean contactar, aunque esto no quiere decir que uno mismo no se pueda predisponer y facilitar las cosas.

¿Qué es lo que buscan estos seres en las personas a las que contactan?

Estos seres buscan gente sencilla, sensibilizada, valiente y abierta de mente, que significa amplio criterio, a la vez que tenga vocación de servicio y esté dispuesta a canalizar y compartir un mensaje de reflexión para la humanidad. Pero no solamente se dirigen a gente común, también lo han hecho con militares, científicos y astronautas.

Los contactos extraterrestres son tan antiguos como la humanidad, ya que en el pasado había personas seleccionadas para ello. Ejemplo de estos contactados son los patriarcas bíblicos (guardando las distancias y sin querer hacer mayores comparaciones con los actuales contactados), quienes vieron en los tripulantes de las naves espaciales a los ángeles mensajeros de Dios o erradamente a Dios mismo. También tenemos a los Ensi o Patesi de los sumerios, que eran las personas que no sólo conectaban con los An (dioses), sino que además actuaban como sus representantes.

¿Todos los extraterrestres que nos visitan procuran comunicarse con la humanidad?

No todos los que llegan buscan el contacto. A una parte de los visitantes de otros mundos siempre les ha interesado comunicarse con nosotros, ya que a través del contacto con la humanidad realizan una labor de investigación, aprendizaje y confrontación con sus propios procesos. En repetidas ocasiones, su labor ha ido más allá de la mera observación, interviniendo directamente (a veces hasta tomando partido durante guerras terrícolas), y se han manifestado con una ayuda efectiva y contundente previendo catástrofes naturales o ayudando mientras se les ha permitido actuar por parte de jerarquías superiores. Con ello, estos seres crecen espiritualmente experimentando ciertas emociones ajenas a su realidad actual, orientada más hacia el desarrollo mental; además, en el intercambio, nosotros significamos para ellos toda una aventura antropológica, etnológica y sociológica.

Estos seres suelen escoger para sus contactos a aquellas personas con las que establecerán una comunicación fluida a diferentes niveles; por eso no pueden ser cualquier persona, sino gente sensibilizada, con una vocación especial de entrega a una causa planetaria y dispuesta a comprometerse con un mensaje de crecimiento y mejora, viviéndolo y compartiéndolo con los demás, incluso con el riesgo de exponer en ello su propia imagen o hasta la vida.

¿Por qué, si a los extraterrestres supuestamente les interesa convencernos de su existencia, no se presentan de una forma más directa, contundente y masiva?

Ciertamente ha habido en el pasado manifestaciones públicas directas y contundentes de los ovnis que han sido registradas por la prensa y convenientemente olvidadas, como son los muy publicitados casos de la oleada ovni durante varios días sobre la ciudad de Washington en julio de 1952 o el descenso hasta hablan nuestros idiomas. A propósito de ellos, es famoso el caso de Voronez (Rusia) en 1989, con la aparición en un parque público de seres de tres metros de altura.

Cuando se hace referencia a gigantes, también debemos mencionar los que provienen de un planeta de la estrella Próxima Centauri llamado APU, de apariencia blanca, pelo corto platinado de hasta dos metros cincuenta de estatura. Estos también suelen ser comunicativos y amigables tanto mental como físicamente.

Los zoomorfos: Son aquellos que poseen una apariencia animal pero un comportamiento inteligente. Se han observado seres muy diversos con estas características.

Los androides: Suelen ser el tipo de visitante que evita el contacto directo y sólo se dedica a hacer reparaciones o a escoger muestras para llevarse, manteniéndose siempre cerca de la astronave. Su apariencia puede variar mucho, pero usualmente, como en el caso de los bajitos, son cabezones y ojones, aunque más feos que los primeros, y pueden aumentar su tamaño o reducirlo. Estos evitan declaradamente el contacto humano.

Los seres de luz: Ya hemos hablado de las caneplas y los sincronizadores magnéticos, que son esas esferas de luz que miden desde pocos centímetros hasta más de un metro y medio; pero habría algunas de esas esferas inteligentes que vienen en naves plasmáticas, tripuladas por seres muy avanzados e incorpóreos procedentes de otras dimensiones. Llegan a establecer contactos mentales y físicos con gente específica a la que ellos seleccionan de diversas maneras.

Las imágenes proyectadas: Algunos de los extraterrestres que se observan en los contactos ni siquiera están presentes, con cuatro dedos en cada mano. El color de la piel puede ser blanco, gris o verdoso. Suelen estar vestidos con trajes enterizos brillantes o escamados metálicos y a veces llevan capucha. Hay variedades que son más luminosos y parecen flotar, y han sido tomados como modelo de algunas películas muy populares.

A estos pequeñitos se les suele llamar marcianos o zeta reticulianos, y resultan huidizos o esquivos; participan de la recolección de muestras y no tienen interés por el contacto directo con grupos, aunque se los suele relacionar con casos de abducciones, secuestros y exámenes a personas y animales.

Los de estatura intermedia: Miden de un metro veinte a un metro setenta de estatura y se parecen tanto a los terrestres que podrían estar infiltrados entre nosotros. Los hay de raza negra, blanca, oriental y cobriza. En los contactos aparecen con trajes enterizos y hasta con una especie de linterna en la mano. De esta altura suelen venir unos de aspecto reptiloide y que nos llevan a pensar que si hace millones de años no se hubiese extinguido la mayor parte de los dinosaurios estos habrían evolucionado reduciéndose de tamaño y antropomorfizándose. Evidentemente, en otros mundos la naturaleza fue benéfica con ellos.

Los altos: Miden entre un metro setenta y tres metros de estatura y se ven con tanta frecuencia como los pequeñitos. Suelen venir de Orión y poseen un aspecto oriental; los pleyadianos y los de Centauro, en cambio, son blancos nórdicos; y los de Sirio en Can Mayor, cobrizos y negros. Los que tienen esta altura y apariencia humana suelen ser los más proclives a entrar en contacto con los terrícolas, y tan sólo vemos una proyección mental u holográfica para facilitar las condiciones del contacto. Estas proyecciones pueden llegar a registrarse incluso en nuestra propia habitación. Suelen aparecerse a gente que podría haber tenido alguna vinculación con los extraterrestres en vidas anteriores, y la idea es hacerle recordar cosas.

¿Hay contactados más importantes que otros?

No, cada uno es tan importante como el otro, pero no más que otro. Casi podríamos decir que todas las experiencias se complementan para el bien de la interpretación total del fenómeno. Cada contactado y grupo de contacto ha aportado algo importante a través de su propia experiencia, que siempre es única, con elementos nuevos, aunque haya otros muchos que se repiten con otros contactados.

¿Un contactado puede perder su contacto después de haber tenido intensas experiencias?

Tener contacto depende más de ellos que de nosotros, pero mantenerlo es exclusivamente nuestra responsabilidad y mérito. Independientemente de que hayamos tenido hermosas y trascendentales experiencias, si no hay un trabajo interno y constante el contacto se puede perder. Después es difícil recuperarlo, pero no imposible.

¿Si un contacto falla es que se equivocaron los que lo eligieron como canal?

No, porque para eso existe el libre albedrío de cada uno. Los seres del espacio pueden ver buena madera en alguien, pero depende de que cada quien lo que esté dispuesto a hacer y hasta dónde quiere llegar.

¿Hay lugares especiales o idóneos para establecer los contactos?

No depende del lugar, sino de la preparación de las personas, que el contacto llegue a producirse, pero ciertamente siempre hay lugares que son más proclives a facilitar el contacto, ya sea por su soledad, por condiciones energéticas o magnéticas o por los minerales que imperan en la zona.

¿Por qué Chilca, Marcahuasi, Nazca y Cuzco, en el Perú, son lugares especiales para los contactos?

La cordillera de los Andes está moviendo energías muy poderosas de nuestro mundo en esta época de activación de los vórtices planetarios. Por esta razón, no es extraño que toda América, desde Alaska hasta la Antártida, sea lugar de paso y de manifestaciones de las naves, que usan las corrientes de energía telúrica como corredores o autopistas.

¿Hay países donde estos seres se aparecen más?

Las oleadas de avistamientos de ovnis se han multiplicado a nivel planetario, pero especialmente esto se puede ver en México a partir de 1991, donde la oleada viene durando hasta hoy intensificándose día a día.

¿Qué son las oleadas de ovnis?

Son las apariciones continuas y constantes de cantidad de objetos en zonas específicas de nuestro mundo durante determinados períodos de tiempo.

¿Quiénes fueron los primeros contactados de la era moderna de los ovnis?

Han sido muchas las personas contactadas a lo largo de la historia, y me atrevería a decir que nunca ha dejado de haber contactados; pero podemos hacer énfasis en los casos más conocidos.

Daniel Fry

En la noche del 4 de julio de 1950, Daniel Fry, experto en proyectiles intercontinentales de la base aérea de White Sands (Nuevo México), se dirigía en su auto hacia la localidad cercana de Las Cruces. De pronto observó la presencia de un objeto luminoso que aterrizó en el desierto, él se apartó de la carretera y su curiosidad científica lo llevó a acercarse; entonces pudo contemplar la estructura metálica del aparato. Repentinamente escuchó una voz que decía: «No toque el casco de la nave, todavía está caliente».

Preguntó si se debía a que el aparato era radioactivo; le contestaron que no y le advirtieron que tenía un campo que la protegía. Y luego la misma voz lo invitó a ingresar en la nave. Entró y se encontró en un salón de mandos, donde se sentó y tuvo contacto con un ser llamado Alan, quien compartió con él mucha información y hasta lo invitó a hacer un viaje relámpago por los Estados Unidos, conectando ciudades a velocidades impresionantes.

Al salir le llamó la atención la presencia de una puerta o escotilla que tenía el símbolo de una serpiente enroscada en un árbol, que le hizo recordar la escena de la serpiente del Paraíso.

El contacto se repitió otras veces y este ser le trasmitió conceptos como energía, gravedad, tiempo y espacio. Pero también le comunicó ideas trascendentes sobre la necesidad de un crecimiento espiritual que reoriente la ciencia terrestre hacia el progreso pacífico de los pueblos.

George Adamski

Adamski fue profesor de Filosofía y Ciencias en Polonia hasta 1939 y de allí emigró a Estados Unidos. En 1946 trabajaba como gerente de un restaurante al pie de Monte Palomar. En sus ratos libres se dedicaba, como aficionado a la astronomía, a utilizar dos telescopios para escrutar los cielos de California.

Logró captar sus primeras fotografías de ovnis a partir del verano de 1951, coincidiendo con una gran oleada en la región. Pero fue en 1952 cuando tuvo su primer contacto. El 20 de noviembre salió hacia el desierto de California en compañía de varias amistades. Se dirigieron por la carretera hacia Desert Center, avanzando por un terreno pedregoso y árido. Una vez que se detuvieron y sacaron los prismáticos divisaron la presencia de un objeto alargado en el cielo. De ese objeto salió otro más pequeño, de unos doce metros, que descendió verticalmente. Del interior salió un ser de forma humana, bello, joven, lampiño, de cabello largo y rubio, con ojos verdes y de un metro setenta y cinco de estatura. Llevaba un traje brillante marrón, con un cinturón de unos veinte centímetros dorado, y botines flexibles acoplados al traje.

Este ser se comunicó primero con señas y luego mentalmente. Adamski interpretó que venía de Venus y que estaban preocupados por el peligro que supone nuestra ciencia mal orientada.

Después de que el contacto terminó y el ser se fue en su nave, los testigos evaluaron la increíble experiencia. Estaban en el lugar con Adamski Alice Wells, Lucy McGinnis, Albert Bailey, el doctor George Williamson y las esposas de los dos últimos.

La madrugada del 8 al 9 de diciembre se dirigió solo nuevamente al desierto, siguiendo indicaciones recibidas telepáticamente. De pronto vio en el cielo una luz que se desplazaba de este a oeste y se detuvo a gran altura en la vertical sobre él y descendió en picado; se le acercó y abrió una puerta por donde salió el mismo ser, llamado Orthon, quien lo invitó a subir a la nave. Dentro le pidió que tomara asiento y dialogó con él.

Durante este contacto, el extraterrestre le dijo que el Gran Consejo aprobaba una demostración y prueba contundente del contacto, la cual ocurriría el día 25 de diciembre a las 12 horas en la base Edwards, en California, donde aparecerían varias naves. Adamski debía hacer llegar a tres personalidades la invitación, que fue acompañada de ciertas evidencias que eliminaron cualquier duda.

El día de la cita llegaron a Edwards en coches oficiales un importante cargo de una agencia de noticias, un alto eclesiástico de la Iglesia Metodista y un pariente cercano del presidente Truman. A la hora señalada surgió en el cielo un punto luminoso que empezó a agrandarse en el horizonte. Detrás venían otros cuatro puntos, a gran altura y en dirección este-oeste. Luego empezaron a descender vertiginosamente creciendo de tamaño. Las naves eran de unos doce metros de diámetro y sobrecogieron a los testigos, pues se podía observar con claridad en ellas su estructura metálica y hasta ventanillas. Al cabo de un rato apareció un avión caza y los ovnis se marcharon.

Los contactos de Adamski continuaron y aportaron interesantes fotografías y filmaciones que no se han podido demostrar como falsas. Pero, en opinión de los escépticos, son demasiado buenas para ser verdad.

Según los extraterrestres que conectaron con Adamski, su presencia tiene que ver con la necesidad de hacer reaccionar a los gobiernos del mundo para que cambien de actitud y no sigan exponiendo nuestro planeta a la autodestrucción.

Adamski fue recibido por el Papa Juan XXIII en audiencia especial y le comunicó el mensaje de los extraterrestres. El 23 de abril de 1965 murió y fue sepultado por el gobierno de los Estados Unidos en el cementerio de Arlington (Virginia), donde se entierra a los héroes nacionales.

Eugenio Siracusa
Eugenio Siracusa, empleado de correos de Catania (Sicilia) nacido en 1919 de una familia modesta, había cumplido treinta y tres años y se encontraba esperando la llegada de un bus a las 6 a.m. El lugar estaba envuelto en una espesa neblina que hacía difícil la observación. Entonces, entre la niebla, logró divisar un círculo luminoso de color blanco mercurio, que en la medida que se iba acercando se iba tornando más intenso. Dentro de la luz empezó a distinguir la presencia de un objeto en forma de trompo. El objeto se detuvo sobre el lugar, siempre en el aire, y de repente lanzó un haz de luz que bañó a Eugenio de los pies a la cabeza. Luego este mismo rayo se fue haciendo cada vez más sutil

hasta que desapareció; el objeto dio un giro y se marchó raudamente.

Después de esta experiencia comenzaron a producirse cambios muy importantes en su vida. Comenzó alejarse para lograr la introspección, frecuentando lugares solitarios. Su conversación era tan elevada que la familia se perdía sin poderlo seguir en sus planteamientos.

A pesar de que continuaba trabajando, sentía cómo una voz le comunicaba mentalmente muchísimas cosas, dándole explicaciones cada vez más complejas sobre todas las ciencias terrestres.

Un día sintió la necesidad de subir al volcán Etna, lo cual hizo de noche en su Fiat 600. Al aproximarse al monte Manfré (1.370 metros), detuvo el auto y continuó a pie. Había una fuerza poderosa que lo dirigía hacia la cima del cráter. Al llegar a la mitad de la ladera, observó delante de él la silueta de dos individuos con trajes plateados que brillaban con la luz de la Luna. Eran altos y rubios, llevaban unas muñequeras y tobilleras brillantes, un cinturón luminoso y una especie de medallón o placa en el pecho. Eugenio sintió mucho miedo. Entonces uno de los seres le lanzó un rayo de luz verde que lo tranquilizó instantáneamente. El otro se dirigió a él en italiano diciéndole: «La Paz sea contigo. Te estábamos esperando, guarda en tu mente todo lo que te vamos a decir». Esa voz parecía metálica, como si saliese de una máquina. Después le dieron un mensaje, elevaron sus manos en un gesto de saludo y se fueron hacia su nave. El mensaje contenía una invitación al desarme nuclear y a la paz mundial. Hacía énfasis en la necesidad de unir a los seres humanos en torno a objetivos y valores comunes, respetando y tolerando las diferencias.

Eugenio tuvo muchos contactos con un ser de la quinta dimensión llamado Adoniesis, y con otros como Woodok y Link, que lo llevaron en una de sus naves a la que llamó la «Luna negra». Allí le hablaron del origen de la humanidad y de los experimentos genéticos, como la hibridación, que ha habido a lo largo de la historia.

A lo largo de varias décadas este gran contacto italiano compartió a través de la institución que creó, la Fraternidad Cósmica, muchos mensajes trascendentales y enseñanzas para la humanidad, que en la actualidad sigue difundiendo su discípulo Giorgio Bongiovanni.

Es importante recordar que los contactados somos personas normales que hemos vivido experiencias extraordinarias, que no nos hacen mejor que el resto pero nos comprometen a ser consecuentes con el mensaje que trasmitimos. Por eso no podemos olvidar que, como humanos imperfectos, muchas veces cometemos errores, pero que estos no deben invalidar los aportes positivos.

María del Socorro Pérez, «Marla»

En 1968 una madre de familia mexicana con nueve hijos llegó a establecer una experiencia muy interesante. Afirmó haber tenido la oportunidad de entrar en contacto con unos seres muy evolucionados. Como consecuencia de esto se lanzó a la tarea de difundir sus enseñanzas y conocimientos, los cuales han sido analizados por científicos de diversas ramas del saber y han quedado maravillados de su profundidad y trascendencia.

Entre las cosas que relata, Marla nos habla de la época en la que trabajaba de oficinista y se le presentó un hombre que le dijo que venía del Tíbet y que su misión era comunicarse con ella. Este personaje le contó que estaba en contacto con lamas tibetanos que tenían, a su vez, contacto con extraterrestres. Le explicó que la humanidad estaba a punto de iniciar un nuevo ciclo. Para ello habían sido seleccionadas 15.000 personas en el mundo para prepararla para el cambio.

Más adelante se le apareció en el estacionamiento de un supermercado un ser que dijo llamarse Amriz y que le contó que la estaba aguardando; a partir de ese momento le fue trasmitiendo un sinfín de datos e informaciones.

Marla dio a conocer, a través de muchísimos médicos que colaboraban con ella, la «medicina electrónica», que sería una revolucionaria terapia para todas las enfermedades que aquejan al ser humano. Y en distintos congresos y foros ha sustentado con una brillantez inaudita su conocimiento delante de especialistas de todas las ramas de la medicina.

El mensaje útil y práctico de esta gran contactada mexicana es restablecer la salud física, mental y espiritual de la humanidad y del propio planeta, aprovechando de la manera más responsable las enseñanzas de los maestros del espacio.

Enrique Castillo Rincón

Enrique Castillo Rincón, ingeniero de telecomunicaciones costarricense, que trabajaba en el Instituto Costarricense de Electricidad (ICE), se encontraba en el año de 1963 con otros dos compañeros sobre el volcán de Irazú, a unos 60 kilómetros de la capital, San José, cuando tuvo la oportunidad de observar varios objetos haciendo evoluciones en el cielo.

A raíz de esta experiencia quedó muy motivado y se puso a estudiar el fenómeno, hasta que en agosto de 1973 comenzó a tener una serie de comunicaciones telepáticas con supuestos seres extraterrestres que lo citaron el 3 de noviembre de ese año, a las 8 p.m., en un lugar al norte de Bogotá (Colombia) llamado La Calera, cerca de una laguna, para hacerle partícipe de una comprobación física. Sobre las 8.30 p.m. escuchó un fuerte sonido, como una explosión, y la zona se iluminó. Entonces dos enormes naves emergieron chorreando agua de la laguna, se elevaron y pasaron por encima de su cabeza. Él se quedó espantado y sintió cómo un intenso calor lo abrazaba.

Los dos objetos observados parecían platos soperos, con un diámetro de unos 45 a 50 metros. En la medida que avanzaban, apagaron sus luces y uno de ellos se estacionó en un arroyo y lanzó unos rayos de luz naranja lateralmente. De esos haces bajaron dos seres que vestían trajes espaciales con escafandra. Se le acercaron y le dijeron: «Hermano, ya estamos aquí, no tengas miedo, somos tus amigos».

Estos individuos medían un metro ochenta de estatura. Dialogaron con él y luego se retiraron en dirección hacia su aparato. La nave se elevó, se colocó sobre Enrique y emitió un rayo de luz; él sintió como agujas en el cuerpo y fue ascendido hacia dentro, donde lo sometieron a una especie de fumigación, y luego lo llevaron a otra parte del aparato.

En el interior se encontró con una persona que se presentó como Ciryl Weiss. Esto sorprendió a Enrique, porque recordaba a un ciudadano suizo que había conocido en Caracas en 1969 con ese nombre. Entonces le reveló que su verdadero nombre era Krishnamerk; luego conoció a otros seres (Cromacan, Krenza y Krulula), que decían venir de lo que nosotros conocemos como las Pléyades. Estuvo en el interior de la nave durante ocho horas y media. Ese mismo mes repitió la experiencia, aunque esta vez el contacto se produjo en los Llanos Orientales de Colombia y duró veintiséis horas.

Un año después volvió tener contacto, pero en Venezuela. En la zona conocida como el Junquito, cerca de Caracas, fue elevado hacia una nave y de allí llevado al Alto Perú (Bolivia), donde se encontró con otras veintitrés personas de diferentes partes del mundo que habían sido transportadas de la misma forma que él. Allí recibió importantes mensajes sobre el objetivo y el plan de intervención de los extraterrestres en la Tierra, que apunta al despertar de la conciencia sobre la necesidad de un cambio y una expansión de las mentes hacia otras realidades.

Misión Rama
Esta es la historia que me involucra a mí directamente, Sixto Paz Wells, hijo de un conocido investigador del fenómeno ovni en el Perú, José Carlos Paz García Corrochano, fundador del Instituto Peruano de Relaciones Interplanetarias (IPRI), entidad perteneciente a la Federación Mundial de Aeronaútica.

En 1973 tenía diecisiete años y acompañé a mi padre a una conferencia que dio sobre el fenómeno ovni en una agrupación yoga, lo cual me vinculó a ese ambiente y me envolvió rápidamente en el tema de la meditación.

Al año siguiente, el 22 de enero de 1974, asistí a una disertación sobre la telepatía organizada por mi padre e impartida por un médico del Hospital de Policía de Lima, el doctor Víctor Yáñez Aguirre, miembro de la Sociedad Teosófica y alto grado de la masonería. Al enterarme de la posibilidad de comunicación con seres del espacio, quise intentar un contacto. En la noche, tras regresar de la conferencia, intentamos recibir un mensaje telepático de origen extraterrestre con mi madre y mi hermana Rose Marie en la sala de la casa. Estaba muy entusiasmado por las conclusiones del doctor, que planteaba que, de existir seres de otros mundos en el universo cuyo único mérito hubiese sido haber empezado antes que nosotros, podrían no sólo estarnos visitando con sus naves espaciales, sino que de pronto también estarían intentando comunicarse mental y astralmente.

Aquella noche, después de innumerables respiraciones lentas y profundas, acompañadas de una relajación y concentración total, sentí la necesidad compulsiva de abrir los ojos y escribir lo que captaba en mi mente. Estaba consciente, lejos de todo trance y entonces canalicé una psicografía.

En el supuesto mensaje, un ser llamado Oxalc, que decía provenir de Ganímedes, una de las lunas de Júpiter donde no hay vida natural sino artificial controlada por la tecnología extraterrestre, afirmaba estar dispuesto a establecer una comunicación. No creí de inmediato que esto fuese real, a pesar de que después cotejé las sensaciones captadas también por mi madre y mi hermana, quienes habían vivido un proceso similar.

Al día siguiente repetimos el experimento con la participación de unas veinte personas, conocidos y amigos del barrio. Se recibió un segundo comunicado en donde se invitaba al improvisado grupo a comprobar la realidad del contacto, mediante un avistamiento anunciado que ocurriría el 7 de febrero de ese año a las 9 p.m. y a 60 kilómetros al sur de Lima, en un lugar llamado Chilca, en pleno desierto de la costa peruana.

Asistieron a la salida las mismas personas, y todas ellas pudieron ser testigos, a la hora indicada, de la aparición de un objeto luminoso que siguió una trayectoria contorneante sobre las cimas de los cerros, hasta que se detuvo durante unos segundos y luego hizo un giro y se acercó descendiendo. Pudimos contemplar un objeto metálico de forma lenticular, lleno de luces, con media docena de ventanitas, que llegó a colocarse a unos 80 metros por encima de todos nosotros. Entonces nos sentimos abrumados por el temor, pero a la vez captamos en nuestras mentes, como si nos hablaran al oído, unas voces que nos decían: «No bajamos en este momento porque no saben controlar sus emociones. Habrá una preparación, un tiempo y un lugar».

Esta primera confirmación la compartimos con mi padre, que no nos creyó de inmediato, pero aceptó acompañarnos junto con amigos suyos de la Fuerza Aérea a uno de estos encuentros. En aquella ocasión fuimos testigos de la aparición en el cielo del desierto de Chilca de una nave de unos 150 metros de largo, de forma cilíndrica, que estaba ligeramente inclinada de un lado y que luego se enderezó, girando y moviéndose lentamente como un dirigible. Mi padre quedó fuertemente impresionado.

Al mes ya éramos ocho personas, entre chicos y chicas, los que canalizábamos los mensajes de tipo psicográfico Además de Oxalc, se manifestaban otros seres como: Kulba, Sampiac, Anitac, Meth, Erjabel, Oscim, Antarel..., tanto extraterrestres varones como mujeres. Y, cada vez que salíamos al campo cuando nos invitaban para los avistamientos, teníamos observaciones de uno o más objetos de día y de noche. A veces era uno solo que se dividía en varios o que soltaba un racimo de pequeñas esferas (caneplas), que revoloteaban alrededor nuestro.

Llegó el mes de junio y el grupo había crecido mucho. Éramos cincuenta o sesenta personas y solíamos salir todos juntos. Entonces en los mensajes se nos dijo que fuéramos en grupos de no más de siete, grupos de afinidad y de sintonía para prepararnos para el contacto físico. Al grupo no le gustó que nos dividieran en colectivos pequeños, pero debíamos aceptarlo porque ellos eran los «Guías». Así, me tocó integrar el primer grupo de siete y nos fuimos al desierto. Dejamos la movilidad en la que habíamos llegado en una población cercana llamada Papa León XIII y de allí nos fuimos caminando por el desierto hacia La Mina, una cantera abandonada en la que ya habíamos tenido observaciones. Partimos todos juntos en bloque y yo venía conversando con uno de los compañeros; pero de pronto me di cuenta de que estaba andando solo y que ya me encontraba en La Mina, unos dos kilómetros por delante de los demás. Como no podía explicarme este extraño caso de teletransportación, me di la vuelta y procuré regresar por donde nosotros habitualmente veníamos, para buscar a los demás y que me explicaran lo que había ocurrido. Cuando volvía, vi cerca, del lado derecho, detrás de una colina, un extraño resplandor. Pensé que eran mis compañeros con sus linternas, lo cual me tranquilizó y me hizo avanzar más rápido y seguro. Sin embargo, cuando pasé del otro lado, me encontré con una medialuna dorada sobre el suelo que pulsaba, como si latiera. Entonces me di cuenta de que era una nave que había descendido y que yo me encontraba solo; no lo pensé dos veces: me di la vuelta y me puse a correr. Pero mientras me alejaba sentía la desagradable sensación de que me observaban, así que me detuve y volví la mirada. Del interior del domo luminoso salía la silueta de una persona con el brazo levantado, y en mi mente capté con toda claridad que me decían: «¡Ven!».

Me quedé petrificado de miedo y les dije que no me podrían a obligar a hacerlo. Hasta por tres veces sentí que me insistían en que me acercara, y las tres veces dije que no. Entonces vi cómo ese ser se daba la vuelta, se introducía en la luz y desaparecía en ella. Temí perder la experiencia, reaccioné caminando como pude y me dirigí hacia el domo; cuando estuve muy cerca de él, algo me hizo levantar la vista al cielo y observé un objeto ovalado con luces blancas en la panza a unos 500 metros de altura. Me pareció entonces que había allí dos naves, una en el cielo y otra en tierra, así que extendí la mano y el brazo, avancé hacia la luz e ingresé en ella. Percibí de inmediato que no era sólido. Sentí inmediatamente sensaciones de nauseas, vómitos y mareos, como si todo el cuerpo se me quemara. La luz era tan intensa que me obligaba a cerrar los ojos, pero cuando ya pude ver me percaté de la presencia de una persona delante de mí. Era de un metro ochenta de estatura, rostro ancho, pómulos prominentes, ojos oblicuos, pelo lacio que le llegaba a los hombros. Parecía un mongol u oriental corpulento, y vestía un traje, como un buzo de color claro, con botas. Hacía gestos con las manos y en ningún momento movió los labios para conversar, sin embargo le captaba en mi mente como si me estuviese hablando al oído. Me decía era que él era Oxalc, el mismo ser que se había comunicado conmigo desde el principio, y que lo que yo había atravesado era un Xendra, un portal dimensional a través del cual lo acompañaría a Morlen, esto es, Ganímedes, la luna mayor de Júpiter, y que el tiempo que yo viviría allí no se correspondería con el tiempo de aquí.

A los pocos pasos a través de la luz salimos a un lugar distinto al desierto de Chilca. Al fondo de un valle entre las montañas se veía una ciudad compuesta por gigantescos domos o cúpulas de cristal, donde todo era redondeado y no había ángulos. Según Oxalc, los ángulos concentran más fácilmente la tensión y la agresividad de las personas y cortan el flujo de las energías, por lo que son poco saludables. En el cielo se podía observar la presencia de Júpiter (el planeta más grande del Sistema Solar) unas quince o dieciocho veces mayor en el horizonte de lo que se ve el Sol desde la Tierra. En cuestión de segundos me encontraba a seiscientos millones de kilómetros de nuestro planeta.

Oxalc me dijo que ellos no son naturales de allí, sino que vienen de planetas distantes de nuestro sistema solar y que han llegado hace miles de años de los nuestros a su actual ubicación en las lunas de Júpiter, donde han adaptado la vida de forma artificial creando un microclima y una microatmósfera sobre sus ciudades, que se extienden mayormente en el subsuelo. Ellos se han establecido allí formando colonias mineras.

Me habló de un gobierno en nuestra galaxia conformado por un consejo de veinticuatro ancianos (el Consejo de la Confederación de los Mundos), debajo del cual existen jerarquías intermedias, compuestas por ingenieros genéticos o Sembradores de Vida, Guardianes y Vigilantes y, finalmente, Instructores. Este consejo recomienda, aprueba o deniega la intervención en determinados lugares de la galaxia.

Me mostró también en una pantalla que parecía de gas, suspendida en el aire, de un color verde con fogonazos de color naranja, una serie de imágenes de lo que según ellos podría llegar a ser el futuro planetario, con las advertencias respectivas para que nos comprometamos a revertir el futuro.

Pude ver en aquella ciudad hombres, mujeres y niños circulando por sus calles; pude contemplar cómo vivían, sus deportes, sus artes, su organización, sus universidades, sus grandes depósitos de alimentos a manera de invernaderos, ya que son vegetarianos. En fin, considero haber estado varios días con ellos, quizás cuatro o cinco; pero cuando volví a través del Xendra habían pasado escasos quince minutos, aún era de noche y mis compañeros, que ya habían llegado al lugar, me vieron asomar de la luz impresionados.

A las dos semanas, los siete volvimos al desierto y entramos todos juntos a un nuevo Xendra; y luego, en las siguientes semanas, fueron muchos los compañeros y compañeras que vivieron la misma experiencia, solos o en grupo, en esa zona del desierto.

Cinco meses después del primer avistamiento, la nave descendió en el mismo lugar. Tenía forma de disco, con patas de aterrizaje tipo módulo de comando de despegue vertical. Su estructura era metálica, no se veían remaches en la superficie y parecía ligeramente traslúcida, ya que se distinguían sombras en su interior. Junto con tres compañeros pudimos acercarnos hasta el tripulante, que bajó del aparato ante nuestros propios ojos. Era un ser muy alto (dos metros y medio), tenía aspecto humanoide, pelo corto platinado y lucía un traje plateado con una especie de pectoral negro en el pecho. La comunicación con él fue telepática y, a través de ella, nos informó de la voluntad de llevar a cabo con nosotros una experiencia permanente de contacto que se llamaría Misión Rama, con el objetivo despertar la conciencia de la humanidad y mostrarle que estamos en un tiempo definitivo y definitorio, que el mundo no se va a acabar sino a transformar, pero a partir de nuestra propia transformación individual. Sólo a través de la fuerza del amor se podrán revertir las cosas, entendiendo el amor como respeto, comprensión, perdón y tolerancia con la naturaleza, entre nosotros y cada uno consigo mismo. Este ser nos dijo que en nuestra próxima salida nos fuéramos a un lugar en las montañas que se llama Marcahuasi, una meseta de los Andes occidentales que se encuentra a más de cuatro mil metros sobre el nivel del mar, donde continuarían las experiencias. Allí volvieron a aparecer estos seres y nos dijeron, en una comunicación que yo recibí, que ellos abrirían los medios de difusión para que el mensaje llegara a todos aquellos que habían sido preparados desde antes. Nosotros no sabíamos a que se referían con aquello de «preparados desde antes». Además, ¿quién le haría caso a un grupo de jóvenes como nosotros? ¿Quién nos tomaría en serio?

Cuando regresamos a Lima después de algunos días en las montañas, nos encontramos en la casa de mis padres con el periodista español Juan José Benítez, autor en la actualidad de libros tan conocidos como la serie *Caballo de Troya*, *La rebelión de Lucifer* o *Documentos oficiales*. Este periodista, en aquel entonces desconocido, era un corresponsal más de prensa de la agencia EFE de noticias de España, y había sido enviado al Perú para cubrir la insólita noticia del contacto que afirmaba mantener un grupo de adolescentes peruanos. La agencia se había enterado a través de su corresponsal en

Lima, Enrique Valls. Resulta que, de una manera sincrónica, ni bien nosotros partimos para las montañas, mi padre se encontró en las calles de Lima con Valls. Este le preguntó sobre alguna noticia de actualidad sobre el tema, y mi padre le confió las experiencias que veníamos viviendo desde hacía ya unos meses. A partir de ese encuentro, nuestra actividad repercutió en España y en todos los países de habla hispana donde se retransmitió. Inmediatamente la agencia consultó la seriedad de la fuente y enviaron a Benítez al Perú.

La vida de este periodista cambió radicalmente al comprobar por sí mismo nuestras experiencias, cuando asistió con el grupo al desierto de Chilca el 7 de septiembre de 1974 y vio aparecer dos ovnis tal como se le había anunciado con antelación a través del mensaje psicográfico recibido por mi hermano Charlie. Para Benítez habían sido dos ovnis (objetos voladores no identificados) haciendo evoluciones en el cielo sobre el lugar, pero para nosotros eran veds (vehículos extraterrestres dirigidos).

Tal fue la impresión que de regreso a España no sólo dio a conocer su testimonio a través de toda la prensa y de la televisión españolas, sino que también publicó su primer libro (*Ovnis, S.O.S. a la humanidad*), que relata todo lo que sucedió. Al año siguiente, Benítez regresó al Perú en compañía de otro periodista de la agencia EFE, Manuel Mújica, y ambos asistieron con el grupo a un nuevo encuentro programado, pero esta vez en una playa al norte de Lima, donde se produjo un nuevo avistamiento anunciado para la prensa, de lo cual surgió otro libro: *Cien mil kilómetros tras los ovnis*.

Tuvieron que pasar doce años para que yo pudiera subir físicamente al interior de una nave, en abril de 1986. Fue mi esposa Marina quien recibió un importante mensaje en el que estos seres me convocaban al desierto, confirmándome una serie de presentimientos al respecto. Estaba acompañado por otras personas en Chilca cuando, de pronto, apareció en el cielo un objeto luminoso que proyectó un haz de luz que cayó de forma oblicua sobre mí. Por más que estiraba los pies no lograba tocar el suelo y quedaba suspendido en el aire. Y no pasó ni un minuto cuando se fue cerrando debajo de mí una especie de escotilla de unos tres metros de diámetro. Al bajar la intensidad de la luz y tras ser depositado sobre esta especie de tapa gigante con tres círculos concéntricos, me di cuenta de que la luz procedía de un cristal piramidal suspendido en el techo. Me encontré de pronto en un salón circular abovedado, con luces rojas alrededor. El piso era como un espejo, y no se vía nada más ni a nadie.

De pronto, delante se abrió una puerta ovalada y luminosa y me acerqué a ella; era una especie de rampa por la que se ascendía de forma lateral. Al llegar a la puerta no me atreví a mirar de inmediato, me había puesto de espaldas a la pared. Cuando me decidí, pude contemplar dentro un salón hexagonal con largos escritorios blancos y pantallas a derecha e izquierda. Frente a mí, y en el centro de la habitación, vi dos cilindros de un metro veinte de altura cada uno, oscuros de la mitad hacia abajo y transparentes de la mitad hacia arriba, y romos. Dentro se veían cantidad de pequeños cilindros con fragmentos de metal en su interior. El techo era de un color naranja con pirámides invertidas de ancha base, y el suelo era acolchado y amarillo mostaza. Recordaba que ellos evitan los ángulos; sin embargo, esa habitación estaba llena de ellos.

Me dirigí hacia el lado izquierdo y me ubiqué delante de los escritorios, que estaban llenos de círculos brillantes. En la pared aparecían las pantallas en varios niveles y eran ligeramente cóncavas en vez de ser convexas; y al pie de cada una de ellas habían multitud de símbolos. Como no veía imagen alguna en las pantallas toqué uno de estos discos o botones brillantes en los escritorios, esperando una respuesta, pero nada pasó. Sólo tuve la sensación inmediata de haber tocado hielo seco; es más, mi dedo se quedó pegado sin poder retirarlo en esa sensación entre frío y quemazón, y comencé a sentir calambres en el brazo y dolor. En aquel momento pensé qué pasaría si aquellos seres entraban en la habitación y me encontraban con la mano pegada en sus controles. Bastó que me preocupara más por ellos que por mi dedo para que de pudiera retirar la mano; entonces, asustado, me fui hacia el centro de la habitación y reclamé por qué no se dejaban ver si me habían invitado. Inmediatamente se abrió al lado una compuerta con una luz intensa, y delante de esta luz aparecieron las siluetas de cuatro seres, uno alto y robusto y los otros tres más pequeños y delgados pero con cabezas prominentes. Lo único que atiné a hacer fue retirarme hacia atrás y levantar mi mano en señal de saludo. Ellos se mantuvieron inmóviles hasta que de pronto el más alto (de un metro ochenta de estatura) comenzó a avanzar hacia mí; tenía un traje brillante con un gorro que le cubría todo el cuerpo a excepción del rostro y las manos. Se detuvo a poca distancia y empezó a hablarme en perfecto castellano, vocalizando detenidamente, y me pidió que no tuviera miedo. A continuación, los otros tres seres más pequeños y cabezones se movilizaron por la habitación; tenían trajes brillantes semejantes al del otro ser, pero sus cabezas eran bastante grandes, sus rostros blancos como la leche y los ojos oscuros y grandes ocupaban la tercera parte del rostro; la nariz era sólo dos orificios y la boca pequeña con el labio superior cubriendo el inferior, de tal manera que parecía que no tuvieran boca. Uno de estos seres pasó muy cerca de mí y percibí que no tenía vida como la nuestra, sino que era una especie de androide o robot. Traía entre sus manos un objeto rectangular y metálico que inicialmente me hizo pensar en una caja, pero después me di cuenta de que más bien era una suerte de libro de placas de metal con unos anillos en un extremo. Y los símbolos que allí había eran los mismos que aparecían debajo de las pantallas.

El ser de apariencia más normal, de aspecto como la gente de Ganímedes, me hizo ver que ese libro era parte de la historia de nuestro mundo, que nosotros éramos la consecuencia de la siembra de vida extraterrestre, porque en la Tierra se habían dado experimentos genéticos, hibridación y mestizaje, y había habido naufragios estelares y hasta deportación de alienígenas; por lo tanto, si no tomábamos en cuenta el factor extraterreno, nuestra historia no tenía pies ni cabeza. En aquella ocasión estuve dentro de la nave por espacio de una hora.

Al año siguiente, en 1987, fui invitado nuevamente y la nave apareció a plena luz del día, lo cual fue atestiguado por las otras trece personas que me acompañaban. Esta experiencia ocurrió a fines de enero y permanecí por tres horas y media. Recuerdo haber acompañado a estos seres al interior de una base submarina frente a las costas de Lima, donde pude dialogar con quienes tienen a su cargo la conexión con nuestro grupo.

Luego la experiencia se repitió el 30 de marzo del mismo año, pero en esa ocasión ellos me dieron un traje como el que llevaban; por dentro parecía tejido vegetal y por fuera metálico. Estos seres me hicieron sentarme en un sillón dentro del salón hexagonal de la nave, donde quedé succionado, y contemplé cómo iba mutando la forma del objeto por dentro y los ángulos se diluían. Vi también cómo todas las pantallas se unían y arrojaban la imagen del ingresó en una nave mayor cilíndrica que recorrió la increíble distancia de la Tierra a Ganímedes en aproximadamente tres horas de las nuestras. Al principio sentí un impacto en las partes descubiertas del cuerpo (el rostro y las manos), pero después toda sensación desagradable desapareció. Aparentemente había quedado alineado con las líneas de fuerza que cruzan esta parte de la galaxia. Fui llevado a Morlen, donde permanecí hasta el día 31.

En aquella luna me condujeron a una ciudad en el fondo de un cañón, a la llaman Confraternidad. Aquí están ubicadas cerca de doce mil personas que han sido rescatadas de lugares como el triángulo de las Bermudas y el triángulo del Dragón en el Pacífico y de guerras, conflictos y grandes desastres, y que están siendo preparadas para ser devueltas a nuestro mundo. Para esa gente el tiempo no ha transcurrido como para nosotros y, según me dijeron, a partir de agosto del 1987 iban a empezar a ser reinsertados pero de manera encubierta, para ayudar al cambio planetario y facilitar que la humanidad acceda a la información que le permita liberarse de la acechanza de las fuerzas tenebrosas que conspiran contra ella. En esa ocasión pude dialogar con ellos y con sus instructores. Finalmente, llegado el momento, me hicieron volver también en una nave.

Los contactos han continuado con experiencias extraordinarias como son el contacto con el real tiempo del universo, nuevos viajes en Xendras, recepciones de los cristales piramidales de Cesio (objetos proyectados desde las naves que se reciben en un estado plasmático y se materializan en las palmas de las manos como pequeñas pirámides de base cuadrada o triangular) y otros encuentros físicos que han involucrado a compañeros y compañeras de los grupos en todo el mundo.

A lo largo del proceso de contacto se ha convocado en siete oportunidades a la prensa internacional para que atestigüe de la autenticidad, realidad y vigencia de las experiencias, así como del mensaje recibido y trasmitido, que fundamentalmente procura sembrar esperanza en la humanidad con relación a un futuro positivo para el planeta, ya que las profecías son advertencias para ser modificadas, sujetas como decíamos al esfuerzo de nuestra propia transformación personal y colectiva.

La quinta vez que se invitó a la prensa, en marzo de 1989, asistieron al desierto con nosotros cuarenta periodistas de ocho países y ochenta representantes de nuestros grupos de todo el mundo. Entre los convocados estaban Leticia Callava de Canal 51 Telemundo de Miami, Beatriz Parga del *Miami Herald*, Hugo Chávez de Color Visión de la República Dominicana, José Gray de Canal 23 Univisión de Miami, Edilberto Alvarado del diario *Expreso* de Lima y Rolando Veras de Canal 2 de Buenos Aires (Argentina), entre otros. Ellos pudieron ver, filmar y fotografiar la nave extraterrestre.

La última ocasión en que se convocó a la prensa, la séptima, fue en agosto de 1997 en la playa Paraíso, en el kilómetro 139 de la carretera Panamericana Norte. Entonces, periodistas como Rosario Abrahams del diario *Expreso* de Lima, Cecilia Novoa del diario *Hoy* de Quito, Alicia Escribano O'Connor de *La Nación* de Buenos Aires y Eulalia Madriguera de Televisión de Connecticut en los Estados Unidos, entre otros, no sólo tuvieron avistamientos, sino también experiencias muy directas que antes sólo estaban reservadas a los contactados, como fueron la recepción de los cristales de Cesio y el paso Xendra.

A continuación relataré parte de una de las últimas experiencias que me ha tocado vivir, que ocurrió el 10 de octubre de 2003.

Un viento suave envolvía el campamento en las montañas de Constanza, en el centro de la República Dominicana. Hacía pocos minutos que habíamos terminado una práctica de meditación y el grupo había dejado sus sillas para dirigirse hacia las tiendas de campaña y así tener mayor abrigo antes que oscureciera. Eran las 5 p.m. y, a diferencia del día anterior, el clima frío se había ido tornando inexplicablemente templado y agradable.

Nos encontrábamos reunidas treinta y siete personas en el campamento establecido al pie de unas colinas amarillentas, cubiertas de verdes bosques de pinos y altos pajonales. Estábamos a más de 2.200 metros sobre el nivel del mar, con una temperatura que oscilaba entre 5 y 15 grados. Hacía un día y medio que habíamos iniciado un encuentro mundial de contacto en la República Dominicana, el primero que se hacía de este tipo en la hermosa y cálida isla caribeña. Habíamos subido a aquellas montañas a pesar de que se había advertido de que una terrible tormenta se abatiría sobre la zona precisamente en esos días.

Durante la mañana una insistente lluvia y la neblina se habían turnado en hacerse presentes, pero a partir de las cuatro y media de la tarde (tal como lo señalaban los mensajes recibidos) el clima cambió radicalmente, el cielo se despejó, dejándonos recibir contra todo pronóstico las caricias de un luminoso sol que al atardecer bañó la zona de colores pastel.

Habíamos estado trabajando todas las prácticas conocidas de respiración, relajación, concentración y meditación, cadenas de sanación, de irradiación..., manteniendo un ayuno de purificación y sensibilización desde el día anterior. Se había terminado una dinámica y nos estábamos organizando, y entonces divisamos desde el campamento a unos 300 metros una espesa niebla que avanzaba con sospechosa velocidad a ras del suelo. Al llegar a la parte más amplia del valle, la niebla ligeramente se elevó, como si chocara con un muro invisible, y se concentró, adquiriendo la forma exacta de una medialuna gris plata, cambió instantáneamente su coloración y se tornó más brillante. En ese momento interrumpí mi diálogo con uno de los compañeros y dije que había que acercarse para investigar. Como nadie más se pronunció, me dirigí rápidamente hacia esa formación con la intención de verificar la realidad y contundencia de la posible experiencia que se estaba preparando allí, para luego hacerla extensiva a todo el grupo.

Fui caminando ligero a pesar del barro del camino y, cuando me iba acercando, todo ese domo luminoso se recogió y se dirigió hacia mí envolviéndome en una suerte de torbellino. En aquel momento vi a un hombre muy alto vestido con un traje oscuro que se encaminó hacia mí, lo cual también fue observado por la gente en el campamento.

Aunque todo sucedió muy rápido, pude contemplar delante de mí y entre los árboles una esfera dorada a manera de canepla y, sobre el bosque, al lado derecho, la presencia de una nave con la forma de un disco plateado y algo luminoso. En ese momento fui alzado ligeramente por encima del suelo, llevado con violencia de forma oblicua hacia la nave, ingresando en su interior vertiginosamente. Al parecer el ser muy alto había subido conmigo y de ahí el efecto de la luz, desbalanceado, diferente a cualquier otra experiencia anterior.

Una vez dentro, me encontré en una habitación circular abovedada, ligeramente oscura, pero no muy grande; por un lado tenía la sensación de estrechez y por otra veía que la decoración del lugar era la de un cielo estrellado con constelaciones. De pronto, ubiqué a cuatro personas delante de mí. Tres de ellas eran muy similares entre sí, tanto en apariencia como por sus vestiduras; el cuarto era diferente, un gigante de más de dos metros, parado en el extremo derecho, que permanecía incómodamente encorvado. Estaba vestido de oscuro, con una especie de pectoral plateado en el pecho, con el pelo plateado no muy largo. Los otros tres eran de mi estatura, tenían ropas pegadas al cuerpo de color azul, sus rostros eran triangulares de un color suavemente anaranjado, con los ojos muy claros y ligeramente felinos. Las orejas no eran muy grandes, pero sí bastante largas, de tal manera que sus lóbulos descendían sobre sus hombros. Su pelo era abundante y muy grueso.

Reconocí entonces en ellos a Sampiac, Anitac y Titinac de Venus; y el cuarto, que no sé por qué me demoré en reconocer, era Antarel, del planeta Apu de Centauro.

Sampiac tomó la iniciativa del diálogo, que se estableció de forma telepática. Esto es lo que recuerdo que me dijeron:

—Lo que estás viviendo es consecuencia del trabajo que han venido realizando los grupos en el encuentro del monte Shasta y del esfuerzo que se ha venido llevando a cabo en la República Dominicana a lo largo de los años. Esto puede ocurrir aquí, en California o en Chilca, porque ahora son lo mismo.

»Todos los lugares están siendo activados y conectados entre sí por portales dimensionales, que se abren cada vez que entran en sintonía con la vibración del planeta y se conciencian con relación al real tiempo y al tiempo alternativo.

»Vemos madurez en algunos y eso nos place; y cada vez son más, aunque no todos, los que comprenden la urgencia e importancia del momento. Si fueran conscientes de la gravedad de los acontecimientos no podrían siquiera conciliar el sueño por las noches.

—Ciertamente —dijo Anitac, con una voz suave pero segura que percibía en mi cerebro—, está llegando el momento en que la humanidad ha de descubrir la clave que significó en su momento aquel continente olvidado que ustedes conocen como Lemuria. Hace 80.000 años de los de ustedes comenzó la aventura lemuriana, y hubo un momento muy especial en que la raza negra, originaria del planeta y la especialmente adaptada a sus requerimientos, evolucionó rápidamente y estuvo en las mejores condiciones de restaurar y lograr la sincronización de los tiempos. Pero no faltaron entre las civilizaciones extraterrestres involucradas como sembradores quienes consideraron que, como la humanidad había llegado a esa condición sin una supervisión expresa de la confederación, como diríamos, por su cuenta y con la dependencia y uso de plantas alucinógenas (chamanismo), no se podía permitir que se lograra el salto, porque las consecuencias eran imprevisibles y podían ser nefastas...

—Realmente hubo temor e inseguridad, un síntoma maravilloso del grado al que se estaba llegando y que demuestra que se está cumpliendo el Plan Cósmico —dijo Titinac.

—Nuestras civilizaciones se basan en el control casi absoluto de las situaciones. Cuando escapan del dominio mental, basado en nuestra capacidad de tomar previsiones, nos sentimos perdidos —comentó Sampiac.

—El último período de Lemuria, conocido como Mu, hace unos 12.000 años, marca el momento en que la destrucción final de la Atlántida termina de perjudicar el proceso evolutivo de esa otra parte del planeta, llevándose lo que quedaba. Por tanto, llega el momento en que se les revelen informaciones complementarias a las que han accedido producto del esfuerzo de su peregrinaje en esta encarnación. Llega el momento de saber y de entender más y mejor. Así pues, estamos en condiciones de poder confiarles que una de las primeras encarnaciones del Maestro Jesús se dio en la Lemuria.

»Como bien saben, una vez que se produce la síntesis de las energías de la naturaleza, a partir del alma colectiva del planeta, surge un espíritu individualizado acompañado de la primera parte de su nombre cósmico, que representa esa explosión de luz y de sonido que acompañó su condensación. A partir de ese momento empieza un proceso de múltiples encarnaciones hasta que en alguna de ellas se toma conciencia del camino espiritual; entonces se produce una especie de segundo nacimiento, que viene acompañado de la segunda parte del nombre: la terminación cósmica.

»La encarnación, en la que el ser real del Maestro Jesús tomó conciencia del camino espiritual y empezó su exitoso avance hacia la maestría, ocurrió durante la Lemuria, y entonces él era de raza negra –esto al parecer lo comentó Anitac, ya que esbozó una delicada sonrisa y sentí su energía.

–Aquellos que estén conscientes y despiertos tendrán cada vez más relevancia y destacarán en su sociedad de tal manera que la gente estará pendiente de sus planteamientos; esto se apurará con el develamiento de información cada vez más comprometedora. Habrá una sensación de zozobra y confusión en la humanidad, por lo que la gente irá donde digan aquellos que tengan la claridad para orientarlos y la paz para consolarlos –dijo Titinac.

–¡Este encuentro marca un hito!... Lo que esta ocurriendo aquí debe ser explicado a la prensa para que actué y funcione como una campana que pueda despertar conciencias. No se preocupen porque sabrán qué decir y todo provocará consecuencias importantes.

»La gente tiene que saber que estas cosas pasan en su tierra, en su isla, no en un lugar alejado; y que precisamente acontecen cuando hay movimientos sísmicos y sociales muy fuertes.

»Al acercarse los tiempos del cambio, la vibración ascendente traerá toda clase de movimientos físicos y psíquicos, y de ahí el incremento de la actividad sísmica en la isla y en las placas de todo el planeta. Pero ya lo hemos previsto y queremos ayudar y evitar terribles catástrofes. Ustedes tienen que hacer su parte conservando su paz y armonía a pesar de todo.

»La sincronización estará precedida de cambios climáticos, fenómenos insólitos y mucho caos, anarquía y violencia, sembrada, como bien saben, a propósito para justificar la eliminación en masa de pueblos y razas mediante la siembra coordinada de virus –sentenció Sampiac.

–Ahora sus cadenas y trabajos serán más útiles que antes para crear un balance –añadió Titinac.

–Recuerden que ocurrirá lo que ustedes permitan que ocurra. Nosotros sabemos lo que puede pasar por deducción estadística, por cálculo de probabilidades y por una observación sistemática. Además hemos estudiado en profundidad las profecías recibidas y elaboradas por los propios seres humanos de la Tierra –dijo Anitac.

–Pero, ¿esas profecías no fueron reveladas por ustedes? –pregunté bastante intrigado.

–¡No! Realmente vienen del profundo amor de Dios, con el que más fácilmente pueden conectarse ustedes que nosotros –refirió Sampiac.

–¿Ni siquiera ustedes, que son mujeres, tienen más desarrollada la intuición y sensibilidad en su civilización? –volví a preguntar.

–Hace mucho que tendemos a pensar y reflexionar todas las cosas, llegando a ser más mentales que los propios varones –dijo un poco apenada Titinac.

–En los próximos meses y años antes del gran cambio, tendrán acceso a lo más importante del registro askásico, así que abran sus mentes y dispongan sus corazones para la gran misión. No será fácil para ustedes tener la madurez suficiente para aceptar lo que habrán de saber, ya que hubo períodos del proceso planetario en los que, habiendo sido la Tierra descartada del plan, fue utilizada y grupos humanos estuvieron sumidos en la servidumbre para aprovechar en ese tiempo los recursos naturales y para explotar la energía emocional humana.

—Van a tener que ser fuertes y no olvidar lo que se espera de ustedes, porque lo que conocerán los podrá conmover y hasta en algunos casos asquear —intervino Anitac

—Irán todavía a lugares inimaginables y vivirán muchas experiencias hermosas y contundentes, aunque no necesariamente tendrán siempre que trasladarse físicamente, porque al irse acercando las fronteras entre las dimensiones los umbrales interdimensionales estarán a la orden del día.

»Ahora vuelve Tell-Elam y diles a todos que son ustedes los que deben lograr y mantener una vibración superior para que todo se dé. No será fácil si no mantienen la actitud adecuada y si no fortalecen su unidad y combaten el desaliento con el que las fuerzas oscuras tratan de debilitarlos cada día —dijo Sampiac.

Entonces un haz de luz azul brotó de un cristal piramidal invertido que colgaba del techo, bañándome de una suave energía, y se descorrió bajo mis pies una compuerta que me dejó ver a la distancia el bosque desde gran altura. Envuelto en una extraña fuerza, me hicieron descender rápidamente acompañado del otro ser muy alto, que quedó sobre el suelo del lugar a una distancia de unos veinte metros de mí.

Mi corazón latía agitadamente. Había sucedido mucho y muy rápido. Aún no lograba organizar mis ideas, y todo cuanto me había sido confiado me parecía muy importante. Observé entonces que estaba acompañado por Antarel, quien se había acercado hasta mí. Le pregunté qué seguía a continuación y él me dijo que preparara a los demás para que cada quien viviera lo suyo de acuerdo a su preparación y actitud. Así me despedí, me di media vuelta y retorné al campamento con una fuerte taquicardia y sin poder recuperarme de tan intensa emoción.

Sabía que estábamos cerca de grandes realizaciones, pero los siguientes pasos dependerían de nuestras iniciativas y preparación, de nuestra convicción y actitud y del control de nuestros estados anímicos y emociones, tan fácilmente explotados por las fuerzas tenebrosas.

A lo largo de todos estos años hemos venido recibiendo, de parte de los extraterrestres, información trascendental pero a la vez difícil de manejar. Entre otras cosas, ellos nos han enseñado que nuestro planeta Tierra murió hace mil doscientos millones de años a causa de los impactos de lluvia meteórica, que no sólo extinguió la vida en nuestro planeta sino que acabó con él. Y no fue el meteorito de diez kilómetros de diámetro que hace 65 millones de años impactó contra las costas de Mérida, en el Yucatán, y que dejó un cráter de 250 kilómetros de diámetro y que habría precipitado la extinción de una buena parte de los dinosaurios, o el meteorito que dejó un cráter de 400 kilómetros de diámetro en la Antártida hace 200 millones de años. La destrucción de la Tierra sucedió mucho antes.

Según esta información, un grupo de civilizaciones extraplanetarias habría recibido la autorización de las jerarquías cósmicas para viajar a través del tiempo y del espacio, dentro de un Plan Cósmico, y llegar a nuestro planeta antes de que la Tierra muriera. Para los extraterrestres el tiempo en el universo es como una espiral, de tal manera que para ellos nuestro planeta desapareció pero el universo continuó; y, al intervenir aquí, crearon un tiempo alternativo paradójico, supuestamente irreconciliable, que jamás tendría por qué juntarse con el tiempo real. Sin embargo, desde el momento en que los extraterrestres han interactuado tan de cerca con nosotros, llegando algunos de ellos a hibridarse con la humanidad, existe ahora la posibilidad de que ambos tiempos se junten, tanto el real tiempo del universo como el tiempo alternativo en el que nos encontramos, haciéndose uno solo. Esto sucedería el 22 de diciembre del año 2012, tal como lo vaticinaron los mayas cuando hablaron del «giro del tiempo» o de la «sincronización de los tiempos». Esto significaría un ascenso dimensional planetario hacia la cuarta dimensión. Y es que profecías como las del Apocalipsis y las de Nostradamus no hablan del fin del mundo, sino del final de los tiempos; y para que haya un final de los tiempos tiene que haber más de un tiempo.

El 4 de agosto de 2001, en la localidad de Alton Barnes, en el sur de Inglaterra, apareció un agroglifo en donde se veían las órbitas de los planetas de nuestro sistema solar, pero en lugar de nuestro mundo ¡no había nada! Luego, el 23 de junio de 2002 en West Overton, también en Inglaterra, surgió otro agroglifo de dos espirales que corrían paralelas a partir de un punto, lo que estaría relacionado con los dos tiempos.

Hablar de tiempo real y tiempo alternativo no es una locura tan grande en una época en la que importantes científicos hablan de más de un tiempo y los astrofísicos han descubierto estrellas más antiguas que el Big Bang.

De acuerdo a esto, en unos cuantos años más, y después de impresionantes e increíbles cambios climáticos, geológicos, sociales y cósmicos, así como de una gran liberación de información, se espera que la Tierra actual ocupe el lugar de la Tierra muerta o desaparecida en el real tiempo del universo. Para nosotros sería como si siempre hubiésemos existido, pero esto afectaría a las demás civilizaciones extraplanetarias, ya que nuestra presencia en su realidad generaría una reacción en cadena de cambios imprevisibles.

Recientemente se llevó a cabo un nuevo Encuentro Mundial de Contacto en el Cuzco (Perú), en agosto de 2005, siguiendo las comunicaciones de los Guías extraterrestres. El encuentro congregó a 189 representantes de los grupos del mundo y se efectuó en la laguna de Huaypo, a más de 3.600 metros sobre el nivel del mar, y en la zona arqueológica de Moray. Durante la salida de Huaypo se siguieron recibiendo mensajes y se pudo aplicar todo cuanto se ha aprendido a lo largo de estos años. Recibimos cristales de Cesio y se produjo el avistamiento de dos naves sobre la laguna y de otros objetos en el cielo; y, durante dos madrugadas seguidas, hermanos de El Salvador y España, entre otros, observaron muy cerca del campamento el revoloteo de entre seis y siete naves a baja altura.

En Moray sucedió algo similar, en el marco de un ambiente y entorno increíble, que se asemeja al que rodea a los agroglifos en Inglaterra, porque el lugar está formado por círculos concéntricos (andenes o terrazas aparentemente de experimentación de cultivos) que descienden hacia unos profundos valles cerrados a manera de conos volcánicos. Se trabajó con las meditaciones, los nombres cósmicos, los cristales, las cadenas de sanación e irradiación planetaria, poniendo en movimiento lo que los mensajes pedían.

Durante el encuentro en Moray también se produjeron importantes experiencias apoyadas con avistamientos. Una de ellas fue la de los Xendras, en lo más profundo del conjunto principal de círculos donde los maestros y Guías se manifestaron a varias personas y les dieron orientaciones específicas para lo que serían nuestros siguientes viajes, recalcando la importancia de la integración de todos en la consecución de un propósito y objetivo comunes.

Moray es un lugar muy especial, hasta diríamos mágico, ya que aquí se han celebrado importantes rituales de contacto con la madre Tierra desde tiempos antiguos, que los pobladores indígenas locales han mantenido hasta la actualidad. Durante el incario este lugar habría sido una suerte de laboratorio de experimentación y adaptación de cultivos. Ahora nos servía a nosotros para experimentar una siembra mental y energética.

Paco Padrón y la Operación 23

Francisco Padrón Hernández, periodista de radio y prensa, desarrolló una gran labor de difusión del tema ovni en Radio Nacional de España, desde Santa Cruz de Tenerife. Motivado por las noticias que llegaban desde Sudamérica de grupos de contacto con ovnis, propició con un grupo de amigos suyos una serie de recepciones de mensajes supuestamente extraterrestres a través de la ouija.

El 23 de octubre de 1975 en la playa La Tejita, al sur de Tenerife, fueron a dar cumplimiento a una cita recibida con dos meses de antelación. Iban varias personas, entre ellos Emilio Bourbon y José Luis González. Sobre las nueve de la noche se produjo un gran silencio y todos los instrumentos que habían llevado para hacer mediciones comenzaron a comportarse como locos. A las nueve y veinte apareció una gran luz que iluminó la noche como si fuese de día y, delante de todos ellos, un gran objeto como un foco, blanquísimo, extendió un haz de luz que los envolvió. Al cabo de unos instantes la luz se apagó. Al cotejar la hora no correspondía lo vivido con lo transcurrido y parecía que se les hubiese esfumado una hora. Aquellos seres habían acudido a la cita, pero había sucedido algo que ellos no recordaban conscientemente.

De esta observación quedó registro fotográfico. Tiempo después, Paco comenta que por diversas razones había caído en un pozo depresivo y se había refugiado en el alcohol, pero esto lo único que hizo fue deprimirlo más. Entonces quiso acabar con su vida, tomó su coche, se dirigió hacia el volcán Teide y, en una curva del camino, se salió de la ruta y cayó al abismo. Lo extraño es que al día siguiente apareció con el coche intacto en la puerta de su casa. De más está decir que nunca volvió a beber. Tiempo después el psiquiatra Jiménez del Oso le hizo una regresión hipnótica en la que el paciente relató haber sido suspendido en el aire por un haz de luz desde una nave que impidió su suicidio. Lo que se pudo comprobar también es que las huellas de las ruedas estaban en el borde del abismo.

Este gran hombre y mejor amigo tenía una misión: despertar conciencias. Y estos seres le ayudaron a realizarla.

Eduard «Billy» Meier
Billy Meier es un agricultor suizo con profundas inclinaciones espirituales y metafísicas. Cuando era un adolescente estuvo largo tiempo en un *ashram* (comunidad dedicada a la meditación) de la India. Afirma en sus memorias que cuando tenía siete años una nave descendió cerca de su casa y vio en ella a un ser llamado Sfath, de apariencia humana y muy viejo. Este lo estuvo acompañando hasta los dieciséis años,

con apariciones esporádicas, para instruirlo sobre las leyes y principios universales.

En su adolescencia apareció otro personaje, Asket, quien afirmaba provenir del universo DAL, una realidad paralela que nos resultaría difícil entender, pues los parámetros del espacio y tiempo son distintos. Ella se encargó de motivarlo para que viajara por oriente y se cultivase internamente.

En su peregrinaje tuvo un accidente que le costó un brazo. Pero esto no lo limitó en ningún sentido, sino que más bien lo potenció aún más en muchos otros aspectos de la vida, donde se desenvuelve admirablemente.

En el mes de enero de 1975 en la localidad de Hinwell, en su Suiza natal, entró en contacto con una mujer extraterrestre, de aspecto europeo y de un metro setenta de estatura, llamada Semjase, que decía provenir de las Pléyades, de un planeta llamado Erra en el sistema de Taygeta. Ella lo instruyó sobre cosmogonía y ciencia extraterrestre y le comentó que su civilización pertenece a una confederación de planetas evolucionados.

Estos seres le explicaron a Meier su voluntad de colaborar con un cambio de mentalidad de la humanidad que respete nuestro libre albedrío, para que dentro de poco tiempo podamos confraternizar en armonía con ellos y pueda haber un intercambio más fluido de información.

Entre las experiencias que cuenta Billy Meier está aquella en la que narra haber sido llevado en una nave para contemplar el acoplamiento de las naves Soyuz y Apolo en el espacio, lo cual pudo observar desde muy cerca. Recordemos que en estos viajes espaciales terrestres se ha afirmado que los astronautas han sido testigos de avistamientos de ovnis y hasta de comunicaciones telepáticas.

Billy Meier ha aportado algunas de las más espectaculares e importantes fotografías y filmaciones de avistamientos de ovnis a plena luz del día, que no han podido ser desmentidas totalmente. Incluso ha entregado audios y fragmentos de metal con aleaciones imposibles de encontrar en la Tierra. Pero hay una permanente discusión en cuanto a las pruebas, por su claridad y porque hay declaraciones de familiares cercanos que lo acusan de fraude por haberse encontrado, según dicen algunos periodistas, modelos a escala en su cochera. Esto es muy difícil de creer. Lógicamente, una persona que recibe diariamente en su casa a cientos de personas, como es el caso de Billy Meier, después de haber logrado hacer un supuesto fraude no va a guardar los modelos a escala utilizados a riesgo de que alguien los encuentre en su cochera. Este caso no deja de ser sumamente polémico y controvertido, pero a la vez interesante debido a su mensaje y consistencia.

EL MENSAJE EXTRATERRESTRE

Considero que estos vehículos extraterrestres [ovnis] que visitan la Tierra con su tripulación proceden de otros planetas que gozan de un nivel tecnológico superior al alcanzado por nosotros. (...) Deberíamos decidir (...) también que la mejor manera de tratar con estos visitantes es la amistosa. Cabe la posibilidad de que para ser admitidos como miembros de pleno derecho en esta asociación universal debamos demostrar que hemos aprendido a resolver nuestros conflictos por medios pacíficos y no mediante la guerra.

Gordon Cooper, astronauta del Proyecto Mercury en una carta a la ONU (1978)

En los mensajes recibidos por los contactados hay muchos puntos de coincidencia, lo cual no debe sorprender a nadie, pues se supone que los seres extraterrestres tienen una visión más o menos unificada de la situación mundial. Lo extraño no es que coincida la información, sino que difiera; esto supone que alguien esta recibiéndola mal o que la fuente merece desconfianza.

Ciertamente, no toda la información entre los distintos contactados y grupos de contacto coincide porque, como suele ocurrir, pasa a través del filtro de la propia formación cultural y los prejuicios de cada uno; siempre hay matices y suelen colarse variantes y distorsiones propias de las personas que los canalizan. Por esta razón hay que realizar todo un proceso de aprendizaje en el arte de la canalización, para ser capaces de dejar fluir lo mejor posible.

A continuación ofrecemos algunos extractos de mensajes recibidos, donde se puede apreciar la esencia de lo que estos seres trasmiten:

«La gran misión de la humanidad es llegar a ser capaz de comunicarse consigo misma y con la naturaleza, siendo amor y dándolo. Gran parte es recordar y recuperar sus facultades y aptitudes de cuando eran niños. Se debe hacer con convicción, con fe en el cambio y con la esperanza en un futuro que ha de existir como proyección de mentes positivas y constructivas.

La misión que deben asumir es el esfuerzo de superación gradual, orientado hacia la consecución de niveles cada vez más altos de avance evolutivo. Una misión basada en irradiar esperanza con el ejemplo de la vida.

La misión de todos ustedes va más allá de la responsabilidad que tienen los gobernantes de las grandes naciones, ya que están llamados consciente y responsablemente a dar ánimos en medio de la mayor desolación, a mantenerse firmes cuando todos desfallecen a su alrededor; a conservar y vivir la fe cuando todos dudan en un futuro planetario; en otras palabras: a ser luz en la oscuridad.

Trabajen por el cambio. Asuman las responsabilidades individuales y colectivas, así estarán apoyando el plan que ha resuelto enfrentar la oscuridad con la luz de la esperanza de todos ustedes.

Serán en un futuro cercano los instructores de la nueva humanidad, por ello vuelvan sobre los pasos que les conducirán a incrementar la intuición y la sensibilidad. La información que necesitan estará llegando en la medida en que sus antenas receptoras terminen de predisponerse y equilibrarse dejando de lado el temor y la duda.

Oxalc»

«El ser humano tiene en sí mismo la semilla de su propia ayuda, no la ve cuando egoístamente piensa sólo en su comodidad.

Quien no aprende a enfrentar los retos no logra progresar en ningún terreno, sea material o espiritual.

Ahora se les abre delante de ustedes el mayor de los retos, el autoconocimiento para el descubrimiento de su propio potencial interno, que extraído y materializado en un vida enfocada hacia el compromiso les podría ayudar a descubrir su misión de ser amor y dar amor.

Existe una dramática urgencia, y se deben esforzar para asegurar la supervivencia de la humanidad, manteniendo las sagradas raíces de su raza. Y eso sólo será posible si enseñan con su ejemplo a tener fe en lo mejor para todos; fe en la misma humanidad y en la misión que tienen entre manos.

Nada les será imposible si despiertan la conciencia. E incluso cuanto ha sido profetizado quedará supeditado a su poder mental gobernado por el amor. Porque realmente no hay nada definitivo: "Crean en la esperanza y crearán esperanza". Y esto no significa que no seamos objetivos con respecto al futuro planetario. Sabemos que el panorama les es adverso, difícil, y viene complicándose aún más, pero los retos van en relación con su capacidad de superación.

Recuerden que la humanidad es una versión corregida y mejorada de muchos otros mundos... Es el final de un largo proceso que ha involucrado a muchos, parte importante de un Plan Cósmico sujeto a una gran expectativa cósmica.

Astar Sheran»

«Ahora es el tiempo en que el tiempo es ahora.

El ser humano tiene un potencial sin límites que le permite no sólo adelantarse a los acontecimientos a través de lo que ustedes conocen como la premonición y la precognición, sino que también su conocimiento previo de las cosas les puede ayudar a modificar el futuro.

El futuro es la ley misma de causa-efecto, por lo que todo es la consecuencia de las actuaciones y decisiones que tomaron anteriormente. Si quieren cambiar el futuro, tienen que crear nuevas causas que generen nuevos efectos que desplacen a los anteriores, y cualquier modificación por mínima que sea traerá consigo un futuro diferente. Pero hay que creerlo para crearlo.

Las profecías no se han dado para que se cumplan sino para que no se cumplan. Nos referimos a las profecías negativas, porque en el caso de las positivas, por el contrario, hay que colaborar para que lleguen a darse. Toda profecía es una advertencia de lo que puede pasar si no hacen nada para modificarlo.

Les hablamos con esperanza porque todo se encuentra en manos de ustedes. Nosotros no podremos intervenir mientras que ustedes mismos no hayan hecho el gran esfuerzo por cambiar las cosas o por asegurar su propia supervivencia colectiva. Y no sabrán de lo que son capaces hasta que no lo intenten.

Una vez que den el paso nosotros intervendremos.

Oxalc»

«Amados hermanos de la Tierra, nuestro mensaje es un llamado de alerta para que la humanidad cambie y reaccione frente al gran efecto destructivo que ha venido acumulándose como consecuencia de un sinfín de causas resumidas en el egoísmo y el desamor.

La alerta, que cobró actualidad a partir de la década de los años 40 del presente siglo de ustedes, ha empezado en los años 80 a rendir sus frutos, pues vemos con beneplácito giros trascendentales en la población del mundo que procura llegar a disfrutar de la solidaridad, la paz y la justicia.

Hay un despertar de conciencia que incluso ha escapado a nuestras previsiones. Estamos sorprendidos y a la vez maravillados ya que ahora sí es posible hablar de cambiar el futuro. Hasta fines de los 70 sólo podíamos recomendarles estar preparados para enfrentarlo lo mejor posible y sobrevivir a los acontecimientos que venían desencadenándose o que ustedes mismos permitían que ocurrieran.

Amados hermanos, no deben confiarse demasiado, sino que deben aprovechar en ganar terreno ahora que la balanza se inclina hacia la luz; y aún no han llegado los verdaderos momentos de oscuridad, de falta de fe y de esperanza, así como de gran confusión, que pueden manifestarse de un momento a otro.

Cierto es que hay que guiar a la masa humana. Y lo harán, pues medios y recursos de todo tipo se les facilitarán para que lleguen a divulgar como nadie antes lo hizo el mensaje de esperanza para la humanidad.

Este año [1990] traerá cambios en los países que parecía que no necesitaban un cambio, y en aquellos en los que se creía que el cambio no llegaría jamás.

Acabarán dictaduras y sólo el pueblo de cada ciudad elegirá gobernarse.

Las fuerzas oscuras arremeterán a mediados y finales del año, pero sólo apresurarán definiciones positivas.

Estén atentos porque este año empieza con acontecimientos graves, pero que serán la ventana a la esperanza y la puerta hacia el nuevo día: la nueva humanidad.

Están a punto de hacer girar el Apocalipsis convenientemente para el hombre espiritual; porque a una revelación se le opone otra que se establece cuando hay quienes reaccionan, y son pocos los necesarios para ello, ya lo saben.

Oxalc»

«No busquen experiencias antes de haber logrado la experiencia del cambio. No significa esto que no vayan a vivirlas, pues sin buscarlas las tendrán; el problema es que, si su mente va en pos de ello, no se podrán dar cuenta de lo que tienen entre manos y de lo que se está ocurriendo alrededor de ustedes.

La búsqueda interna, la paz y el equilibrio les procurarán consecuencias externas, como corroboraciones al esfuerzo.

La década de los 90 será crítica para las fuerzas de la oscuridad, que seguirán perdiendo sus agentes de negatividad, los cuales están siendo enfrentados, suprimidos o transformados hacia lo positivo.

Esta es una década difícil pero importante, pues los cambios se producirán y la humanidad pecará de ignorancia frente a ellos. Sabemos que la capacidad existe para que, sobre la marcha, esto sea corregido; y lo será con la ayuda de ustedes.

La década traerá consigo la guerra interna y externa sin cuartel de algunas religiones muy importantes consigo mismas y con otras con las que mantienen distancias desde siempre.

Se inaugura una década de cambios de consecuencias imprevisibles, que requieren primero de su autocontrol y capacidad de enfrentamiento, así como de la canalización de las energías. Podrán hacer mucho y conocer más si saben mantenerse en el trabajo de cambio permanente.

A partir de los 90 empezará a saberse lo que estaba oculto y el temor en las religiones y en el hombre crecerá.

Empezarán a darse inconvenientes hallazgos en el terreno de la antropología; seguirán con la física, luego continuarán con la química. Se acentuará la crisis de los descubrimientos con trascendentales hallazgos arqueológicos en Oriente Medio, que asombrarán a sus descubridores y angustiarán a los entendidos. Se buscará dar vuelta atrás a los cambios, pero esto será imposible; y los cambios políticos, religiosos y sociales se multiplicarán.

Las autoridades religiosas sufrirán una progresiva pérdida de poder y control sobre la crisis interna de las comunidades. Se verán entonces en el seno religioso actitudes sorprendentes e inimaginables, y todo se dará a partir de esta década.

Como consecuencia del proceso humano, en el Caribe la aguja del reloj retrocederá y luego se adelantará positivamente, de tal manera que rápidamente se superará con el olvido, la intolerancia y la tristeza.

En esta década puede pasar de todo y entre sus posibilidades se encuentra la que quizás nada más grave de cuanto ha pasado vaya a ocurrir, y se efectúe entonces un encaminamiento general.

En Sudamérica se enfrentan las fuerzas internas, desembocando en toda suerte de actitudes, algunas muy violentas. Los militares serán empujados a querer desfilar nuevamente en el poder, por ello será grande la tragedia y no prosperará. ¿Pero a costa de cuánto?

Los pueblos se unirán, madurando y cambiando en su forma de pensar y de actuar. Por primera vez habrá esperanza de justicia, y llegará pronto como secuela de ello la paz.

Oxalc»

«Ustedes están llegando al momento de madurez necesaria para cumplir con su gran misión. Durante el tiempo que ha pasado aprendieron a sensibilizarse y a crear mentalmente condiciones diferentes; hoy esa predisposición es necesaria para continuar. Hoy saben lo que es dejarse guiar. No dejen de vivirlo, pues les esperan días de gran oscuridad y confusión a nivel mundial.

Oxalc»

«Esta década la humanidad cambiará los conceptos que mantenía como inalterables y caerán las estructuras rígidas científicas, porque cada día se sabrá más y más rápidamente será de conocimiento de todos; no se podrá esconder más la información, y esto se traducirá en un cuestionamiento de todo y de todos.

Nuestras naves dejarán huellas evidentes y destacables en los Estados Unidos, así como en muchas de las grandes naciones. Esto marcará la proximidad del encuentro definitivo.

Los problemas se incrementarán en número, pero se solucionarán rápidamente; algunos en el momento mismo en que se produzcan, porque ciertamente el tiempo de la Tierra se va acelerando, adaptándose al tiempo del universo que la rodea.

La economía mundial está a punto de sufrir un gran colapso, pero el gobierno interno positivo planetario procurará controlar y ayudar para que el efecto sea inverso, y sorpresivamente los países de ustedes sean los que menos sufran.

Las religiones se desmoronarán, observando cómo cada día el cuestionamiento es cada vez mayor; y la desesperación traerá el punto culminante de las guerras civiles religiosas.

En poco tiempo las grandes dictaduras sufrirán los más mortales golpes, pues los pueblos aumentan en conciencia y en unión. Nada quedará del totalitarismo y la intolerancia.

Muchos y muy continuos serán los cambios geológicos y geomagnéticos que registrará el planeta, afectando las costas con el comportamiento anómalo de las mareas; todo ello sucederá por la cercanía cada vez mayor del asteroide y los cometas que la tensión mundial están atrayendo como si fuese un imán.

Las energías telúricas serán conmovidas y la actividad volcánica seguirá incrementándose. Paralelamente el comportamiento humano también se verá afectado; por ello, el dominio y el control que mantengan será el de los demás. Si se preparan tendrán poder y autoridad sobre la gente para ayudarla.

Esta década será aprovechada por el Plan para conmover a la opinión pública con acontecimientos de todo tipo que la sensibilicen frente a la necesidad del cambio, pero los sucesos que resulten negativos llevarán un desenlace positivo e insospechado.

Todo esto se lo decimos para que incrementen sus cadenas de ayuda planetaria y meditación, recibiendo y canalizando energías hacia los lugares del planeta que más lo necesitan.

Oxalc»

«Cada año será más importante en cuanto a acercamientos y acontecimientos ligados a la liberación de información, por lo que la tarea de ustedes se incrementará en la difusión y orientación de la gente, dando pautas hacia el entendimiento del momento que se va a vivir. Ese año marcará transformaciones irreversibles en el panorama mundial. Se darán cambios contundentes y trascendentales en el ámbito político, social y religioso, para la implementación de un futuro cada vez más esperanzador, aun cuando el proceso para llegar a ello seguirá siendo duro y violento. Y será en el ámbito religioso donde se darán muchos cambios y declaraciones que serán cada vez más comprometedoras y reveladoras, por lo que conmoverán los cimientos de sus estructuras tradicionales.

Ahora nuestra presencia y desplazamientos por todo el planeta están actuando como una ayuda indirecta que está presionando a su sociedad desde fuera y dentro de la Tierra, porque ha llegado el tiempo para que se produzca el giro del tiempo y se empiece a estabilizar el planeta.

Oxalc»

COSMOGONÍA EXTRATERRESTRE

Además de anuncios sobre los acontecimientos futuros y mensajes filosóficos y espirituales que se cuentan por miles, han sido muchos los conceptos transmitidos por los Hermanos Mayores o Guías extraterrestres sobre la cosmogonía y los procesos planetarios. Como decíamos, según ellos nuestro planeta Tierra murió hace mil doscientos millones de años, producto de una lluvia meteórica que acabó con la vida. Por esta razón un grupo de civilizaciones extraterrestres recibió la autorización por parte de jerarquías cósmicas para viajar a través del tiempo y del espacio, y llegar aquí y a otros siete planetas similares antes de que murieran para llevar a cabo un proyecto muy especial: crear las condiciones para que surgieran civilizaciones con un potencial psíquico y espiritual capaces de transformarse en maestros de sus propios maestros, y guiar de esa manera a civilizaciones altamente desarrolladas a salir de un estancamiento evolutivo por haber avanzado mucho mentalmente a costa de sacrificar las emociones y los sentimientos.

Según esta información, nosotros nos encontraríamos en un tiempo alternativo, diferente al real tiempo del universo, en una suerte de paradoja espacio-temporal. Para los seres del espacio, el tiempo en el universo es como una espiral ascendente, de tal manera que en un determinado momento de la historia nuestro planeta murió pero el universo continuó; así pues, estas civilizaciones interventoras vinieron antes de que la Tierra muriera, impidieron que esto sucediera y crearon un tiempo alternativo paradójico de modo que nuestro tiempo se ha venido entrelazando con el tiempo real pero sin la posibilidad de que ambos se reunieran. Sin embargo, desde el momento en que las civilizaciones extraterrestres han intervenido (con deportaciones, hibridaciones o naufragios), ha surgido la posibilidad de que ambos tiempos se puedan volver a conectar. Esto ocurriría en los próximos años, coincidiendo con la profecía maya y la de los indios Hopi del «giro del tiempo» o de la «sincronización de los tiempos» y también con la profecía Nahuatl de la «mujer dormida» que debe dar a luz. A todo esto nosotros lo llamamos «el gran parto planetario».

Ciertamente, hace sesenta y cinco millones de años un meteorito de casi diez kilómetros de diámetro impactó en las costa de Mérida, en México, y dejó un cráter de doscientos cincuenta kilómetros de diámetro. Esto provocó el tránsito violento de la era secundaria a la terciaria y extinguió parte de la vida animal; pero, según los extraterrestres, la destrucción total ocurrió mucho antes y fue eso: ¡total!

Hablar de un tiempo real y otro alternativo parecería quizás una locura. Cuando los científicos tratan de datar la antigüedad del universo, lo hacen a través del efecto Doppler, que es el corrimiento de la luz hacia el color rojo que permite medir la velocidad con la que las galaxias se alejan entre sí. Según esto, se ha calculado que el universo tendría entre diez mil y quince mil millones de años de antigüedad. Pero lo que los científicos no se explican es por qué cuando ellos miran en determinada dirección del universo se encuentran con ciertas estrellas que son más antiguas que el Big Bang, lo cual es imposible. No debería haber estrellas más antiguas que la creación del universo. A menos que nosotros estemos mirando a través de una ventana hacia otra realidad, y nosotros mismos estemos en otra realidad.

Los últimos descubrimientos de la física cuántica han llevado a los científicos a sugerir la existencia de tiempos paralelos, lo que no estaría tan lejos de todo lo sugerido en los mensajes extraterrestres.

De acuerdo a esto, a partir del año 2003 nos encontraríamos en un «cuenta regresiva» definitiva, de tal manera que para el año 2012 se esperaría la tan ansiada sincronización y el nacimiento colectivo de la humanidad a un nuevo estado de conciencia; por eso cada año sería simbólicamente como un mes de gestación previo a ese «gran parto». Así, el año 2003 sería el año nueve, que correspondería al primer mes de gestación. ¿Y cómo es el primer mes de gestación? Es el mes de los mareos, las náuseas y los vómitos. Y, si recordamos bien, ese año fue como para vomitarlo, pues se inició con el accidente del trasbordador espacial Columbia, que fue lanzado el 16 de enero, iba a permanecer dieciséis días en el espacio y, cuando faltaban tan sólo dieciséis minutos para aterrizar, estalló. Dentro iban un militar israelí y seis astronautas norteamericanos, número que repetía la clave 16 (que, según la numerología, representa la falsedad y la mentira). Los restos de la nave cayeron en Texas, centro del poder petrolero, y precisamente en una localidad llamada Palestina. A las pocas semanas apareció por la televisión el presidente de la nación más poderosa de la Tierra explicando que se tenían las evidencias que demostraban que Irak tenía armas de destrucción masiva, por lo cual amenazaba al mundo de que, si las Naciones Unidas no hacían nada al respecto, él y sus aliados invadirían el país para actuar unilateralmente contra el terrorismo internacional. Y, efectivamente, así lo hicieron, matando cruelmente a cientos de miles de civiles y dejando mutilados a muchos más. Dos años después se demostró que las pruebas eran falsas y que nunca hubo estas armas. Sin embargo, se habían apoderado del petróleo, que era la auténtica motivación.

Es interesante ver cómo en el capítulo noveno del Apocalipsis se hace referencia a la guerra de Irak, a las armas empleadas y a quienes estaban involucrados realmente en ella, que no serían otros que las «fuerzas satánicas», un grupo de seres deportados de Orión que moverían los hilos del mundo manipulando líderes para impedir el que la humanidad llegue con la conciencia necesaria para la reconexión de los tiempos. En el Apocalipsis mismo se habla, no del fin del mundo, sino del «final de los tiempos» (por lo tanto, tiene que haber más de un tiempo).

El 23 de abril de 2003, apareció en las faldas nevadas del volcán Iztaccíhuatl de Ciudad de México un mensaje. Se había derretido parte de la nieve y en la lava surgieron unas letras inmensas que fueron interpretadas como hebreo antiguo o arameo. Las imágenes, dadas a conocer a través de la televisión, revelaron, según los rabinos judíos y cabalistas consultados, que lo que allí se podía leer de derecha a izquierda decía: «Nueve, parió o parirá, cráter, dragón». Evidentemente, estaba haciendo referencia al año nueve de la cuenta regresiva, previo al gran parto planetario, con el peligro de que las fuerzas naturales del planeta sean despertadas y esto provoque terribles desastres. Aunque también la referencia al dragón podría estar relacionada con las fuerzas satánicas y tenebrosas que a partir de ese año se iban a manifestar más descaradamente.

El año 2004 correspondía al año ocho de la cuenta regresiva, segundo mes de gestación y capítulo octavo del Apocalipsis, que contemplaba la llegada a la Tierra de dos meteoritos, uno de los cuales habría de chocar contra las islas del mar provocando gran mortandad. Los científicos detectaron un meteorito al que llamaron Tutatis, que se estaba acercando peligrosamente a la Tierra y que a fines de septiembre podría haber chocado; pero felizmente esto no ocurrió, y es que fueron tantos los grupos y las personas que nos unimos en cadenas de meditación para proteger el planeta que se vio el efecto positivo de todo ello. Y, cuando nadie esperaba nada más, el 26 de diciembre se produjo el terrible tsunami que causó la muerte de casi trescientas mil personas. Un terremoto submarino de más de nueve grados, esto es, con una intensidad inimaginable para los tiempos que vivimos; pero lo más curioso es que después hubo varias réplicas, algunas de similar intensidad, y ninguna de ellas produjo un nuevo tsunami. También era extraño el efecto radial del tsunami desde su inicio, como si se hubiese tirado una piedra a un estanque.

Después se supo que se había producido una desviación del eje terrestre, algo que no podía haberlo provocado aquel terremoto submarino. Los mensajes extraterrestres hablaban de un meteorito que chocaba contra la Tierra. Si esto fuese así, ¿por qué los gobiernos de las grandes naciones no informaron sobre el nuevo peligro? ¿No lo vieron o no les convenía advertirlo?

Imaginemos a los gobernantes avisados por sus científicos y sin poder hacer nada para evitarlo. La alerta, según su visión de las cosas, produciría pánico, caos mundial y una caída estrepitosa en la economía, que para muchos es más importante que la muerte de algunos cientos de miles de personas.

El año 2004 también fue muy especial. La Fuerza Aérea mexicana dio a conocer en el mes de mayo una filmación de más de media hora de once ovnis captados a plena luz del día y con excelente visibilidad desde un avión militar C26 Merlín. La filmación había sido registrada en marzo mediante radar y cámara infrarroja sobre la localidad de Campeche. Y, después de dos meses de estudio exhaustivo, descartando toda posible interpretación, decidieron darlo a conocer marcando un hito en la investigación ovni, pues la Secretaria de Defensa nacional asumía la responsabilidad de la información.

El año 2005 lo relacionamos con el año siete de la cuenta regresiva, el tercer mes de gestación que identificamos en el Apocalipsis con el capítulo séptimo, que menciona la reunión, procedentes de los cuatro rumbos de la Tierra, de todos aquellos que ya van despertando la conciencia bajo el simbolismo de haber lavado sus vestiduras. En efecto, ese año hubo muchos encuentros de grupos y personas en lugares mágicos e importantes del planeta, obedeciendo a un llamado interno para orar y meditar por nuestro mundo. Los apocalípticos desastres naturales de 2005 también fueron impresionantes, sobre todo los que se concentraron en el territorio de los Estados Unidos.

El año 2006 corresponde al mes seis de la gestación y al capítulo sexto del Apocalipsis, que menciona terribles desastres naturales, entre ellos grandes terremotos, más meteoritos y guerras, pestes y epidemias. Y se describe allí, con las mismas palabras que utilizaron los científicos norteamericanos cuando se probó la primera bomba nuclear, «que el cielo se enrollaba», por lo que se contempla la posibilidad de este tipo de armas. Pero el conocimiento previo de las cosas nos da la capacidad de intervenir variando los acontecimientos con una actitud y un pensamiento creador positivos.

¿Qué es lo que se espera que ocurra en los próximos años antes del gran parto planetario? Que los cambios continúen, que se libere muchísima información que ayude al despertar colectivo de las conciencias, que se hagan grandes descubrimientos y que sus resultados sean de conocimiento público, y que a la vez toda esa nueva información expanda nuestro horizonte y nos lleve a un cuestionamiento general. En los próximos meses y años se va a saber tanto y tan rápido, y no sólo sobre la vida extraterrestre, que la gente no va a saber en qué creer o qué pensar. Y todo eso será para bien, porque lo único que puede liberar al ser humano de la gran manipulación es la verdad.

Así, al reconectarse los tiempos, la Tierra ocupará el lugar del planeta muerto en el tiempo real, y para nosotros será como si siempre hubiésemos existido. Más bien nuestra presencia será el desencadenante de cantidad de cambios en los demás mundos y planetas, pero todo para bien.

LOS XENDRA

Vivimos en un universo sin límites. El único límite es nuestra ignorancia.

Entre las experiencias de contacto menos conocidas, pero a la vez las más extraordinarias e increíbles, se encuentra la de las puertas interdimensionales Xendra.

El Xendra es una gran concentración de energía, a manera de portal dimensional espacio-temporal, capaz de colapsar el espacio tiempo y desmaterializar a una persona anulando su cohesión molecular y su peso atómico proyectándola a otro lugar, incluso a millones de kilómetros de distancia. Esta experiencia puede darse muchas veces durante el proceso de la preparación personal y colectiva. Esto significa que es posible volver a vivir varias veces al existir, para el caso, varios tipos de Xendra que permiten desde una experiencia física hasta una proyección mental o bilocación o experiencia astral consciente.

Los tipos de Xendra son:

Xendra I: Puerta interdimensional para una sola persona acompañada de un ser extraterrestre o Guía. Este Xendra suele tener forma de media luna, unos diez metros de diámetro y permite una experiencia física de desmaterialización, con la desaparición de la persona aquí y su proyección a otro lugar que puede ser el interior de una nave, una base intraterrena o subacuática o hasta otro planeta.

Xendra II: Es aquel en el que pueden introducirse hasta siete personas coordinadas o acompañadas por dos seres extraterrestres. Esta experiencia suele ser también física o de proyección mental o bilocación. Puede tener forma de media luna dorada, ovalada, tipo arco o puente...

Xendra III-IV «Gimbra»: Es el que da ingreso hasta a doce personas de una sola vez y suele estar coordinado directamente por el Consejo de la Confederación. Este Xendra varía en su forma, desde algo así como un domo grisáceo plateado a nube blanquecina o azulada brillante, o un domo con chispazos que flotan por encima del suelo con una superficie blanca. Llega a medir un diámetro mayor a los diez metros.

El Xendra Gimbra, a diferencia de los otros tipos de paso dimensional que existen, facilita una experiencia profundamente espiritual y de integración cósmica.

Muchas personas por distintas razones atraviesan el umbral, el cual visiblemente es evidente, pero no llegan a recordar lo vivido durante esta experiencia, por lo que deberán trabajar sus meditaciones y retrocesos conscientes para recordarlo.

EL XENDRA DE CHILCA

En el capítulo de «Los contactados», a propósito de la Misión Rama, ya he relatado con detenimiento una experiencia de Xendra que me involucra. En junio de 1974 siete personas, todos jóvenes de entre 18 y 20 años, nos dirigimos hacia el desierto de Chilca convocados por un mensaje psicográfico, en donde se nos pedía que nos preparáramos para el contacto físico.

Ese día me separé del grupo inexplicablemente, y deshice mi camino para buscar a los demás y que me explicaran lo que había ocurrido. Entonces observé un extraño resplandor: era una medialuna dorada sobre el suelo que pulsaba, como si latiera. Sentí que me observaban y vi que del interior del domo luminoso salía la silueta de una persona que me llamaba. Aterrorizado, vacilé, pero finalmente ma acerqué a la luz. Cuando ya estaba muy cerca, algo me hizo levantar la vista al cielo. A unos cuatrocientos o quinientos metros por encima del domo, había un objeto, como una lenteja con lucecitas rotatorias en la base. Pensé en ese momento que eran dos naves, una que estaba en el cielo y la otra sobre el suelo. Avancé un poco más, metí mi mano y mi brazo en la luz y me di cuenta de que aquello no era sólido, así que ingresé dentro y me arrepentí tarde de haberlo hecho. Sentí mareos y nauseas y que el cuerpo se me quemaba. La luz era tan intensa que me obligaba a cerrar los ojos, pero cuando ya pude mirar vi a una persona parada delante de mí. Era de un metro ochenta de estatura, robusto y corpulento; parecía un mongol o un oriental fornido.

De pronto comenzó a hacer gestos con las manos y los brazos y sentí que me estaba hablando. Acudían imágenes a mi mente, pero también escuchaba que me decía:

—Soy Oxalc, el mismo ser que se ha comunicado contigo desde el principio. Esto que has atravesado es un Xendra, una puerta dimensional, un umbral en el espacio-tiempo. Nosotros, con nuestra tecnología, somos capaces de concentrar la energía de tal manera que podemos desmaterializar a una persona, anulando su cohesión molecular y parte de su peso atómico, y proyectarla a otro lugar. Tú me acompañarás a Morlen, a Ganímedes, una de las lunas de Júpiter. Y el tiempo que vivirás allá no corresponderá con el tiempo transcurrido acá.

A pocos pasos a través de la luz salimos a un lugar distinto al desierto de Chilca. Al fondo de un valle entre montañas se podía ver una ciudad compuesta por gigantescos domos. Oxalc me dijo que esa era la ciudad Cristal y que ya estábamos en Ganímedes, a seiscientos millones de kilómetros de la Tierra. Me explicó que, a diferencia de los Xendra, que son puertas interdimensionales artificiales logradas por la tecnología y el poder mental, en nuestro planeta y en el espacio suelen abrirse otros portales pero naturales, que muchas veces son aprovechados para viajar a través de ellos y acortar distancias en el tiempo y en el espacio. Me acordé entonces del triángulo de las Bermudas y del triángulo del Dragón en el Pacifico.

Calculo haber estado unos cuatro o cinco días allá, conociendo su forma de vida, viendo a otros seres y recorriendo sus instalaciones, pero no recuerdo haber comido o ido al baño. Pasado ese tiempo, se me dijo que debía volver y, al hacerlo a través del mismo portal de luz, aparecí en el desierto; habían pasado escasos quince minutos, el tiempo suficiente como para que el resto de mis compañeros llegara y me viera salir del domo luminoso.

El grupo se sorprendió mucho. En ese momento uno de mis compañeros, que venía de lado, pudo ver que el Xendra era de un grosor de escasos milímetros. Para él yo había aparecido de la nada. Cuando me preguntaron dónde había estado, preferí no contarles los detalles de la experiencia porque ni yo mismo me la creía. A las dos semanas entramos los siete a un nuevo Xendra y, posteriormente, muchos otros compañeros vivieron lo mismo, solos o acompañados. Estos viajes han continuado a lo largo de los años en diversos países. El relato de la primera experiencia Xendra fue descrita en el primer libro de Benítez, *Ovnis, S.O.S. a la humanidad*.

EL CASO VALDÉS

El 25 de abril de 1977, un grupo de soldados chilenos se encontraban en la localidad de Putre, cerca de Arica, ciudad limítrofe con el Perú. El cabo Armando Valdés, del regimiento Rancagua, estaba con su destacamento cuidando la zona por ser de continuo movimiento de contrabando fronterizo. De pronto observó una intensa luz que descendía por una colina en pleno desierto. Era de noche y el cabo le dijo a los soldados que lo cubrieran, que él se iba a acercar para ver de qué se trataba, suponiendo que fuera una movilidad de contrabandistas. Muy valiente se dirigió hacia la luz y desapareció en su interior; luego de quince minutos volvió a aparecer pero en medio de todos los soldados. Ellos nunca lo vieron salir de la luz, había surgido repentinamente. No recordaba nada, su mente estaba en blanco, aunque tenía la barba crecida y el reloj adelantado cinco días.

Los siguientes dos años en la vida del cabo Valdés fueron muy duros, ya que permaneció en arresto militar sujeto a intensos interrogatorios.

Su experiencia fue muy similar a la mía, sólo que con un aspecto inverso: yo desaparecí entre mis compañeros y ellos me vieron salir del domo luminoso; mientras que en el caso del cabo Valdés, él entró en la luz delante de todos y nunca lo vieron salir de allí, simplemente apareció entre ellos.

TRASPASO AL REAL TIEMPO DE NUESTRO UNIVERSO

El 31 de enero de 1997, diez personas, entre las que se encontraban miembros de nuestros grupos de Lima (Nimer Obregón y su esposa Carmen, Juan y Silvia Massa, Elard y Cuckie Pastor, Pablo Manrique, Ricardo González, mi esposa Marina y yo), fuimos al desierto de Chilca para una experiencia increíble. Habíamos sido convocados a través de los mensajes para conocer el real tiempo del universo. Días antes se habían venido recibiendo en paralelo una serie de comunicaciones que precisaban la fecha, el horario, el lugar exacto y quiénes podían ir. Para esto había habido una serie de confirmaciones directas e indirectas, de tal manera que el entusiasmo era muy grande.

Llegamos con nuestros automóviles a la quebrada de Santo Domingo de los Olleros, temprano por la tarde. Era un día soleado de verano sin nubes y, ni bien nos estacionamos en medio de un descampado en pleno desierto de la costa peruana, empezamos a caminar hacia una zona entre colinas. Cuando íbamos avanzando tuve la corazonada de que la experiencia se iba a dar al pie de un determinado cerro, y así se lo hice saber a los demás. Todos se sorprendieron ante mi afirmación. Al cabo de un rato habíamos llegado al lugar donde meditaríamos. Nos acomodamos en una hondonada y comenzamos una serie de prácticas con palabras sagradas (mantra).

Al cabo de una hora, y a pesar del estado profundo que habíamos alcanzado, la sensación generalizada era de que alguien había estado caminando alrededor nuestro. En ese momento observamos la aparición de una solitaria nube compacta de regular tamaño, en forma de hogaza de pan y de un color marrón oscuro, que se situó encima de la quebrada a baja altura. Seguimos meditando y, al abrir nuevamente los ojos, la nube seguía en su sitio, no se había movido ni cambiado de forma. Luego de un rato se transformó en una perfecta flecha que apuntaba hacia donde yo había indicado. Vimos entonces la aparición de esferas luminosas que recorrían aquel lugar y bajaban de los cerros. Y, cuando reiniciamos la introspección, tuvimos que abrir los ojos al poco rato porque, si bien estaba oscureciendo, el valle a su vez se estaba iluminando como si fuese a salir la Luna, aunque esta no apareció. Más bien la nube en forma de flecha se había transformado en un perfecto círculo nuboso del tamaño de toda la quebrada y en su interior se distinguía perfectamente un gigantesco triángulo equilátero. Era asombroso ver todas esas formaciones en el cielo a baja altura que no tenían nada de naturales.

En ese momento Silvia nos pasó la voz a todos. En el extremo sur izquierdo de la quebrada había aparecido una luz, un poco más grande que un lucero, que avanzaba lentamente, ubicándose ligeramente por encima de los cerros. De pronto se detuvo y dejó caer con lentitud un haz de luz que fue descendiendo de forma oblicua sobre el lugar que hacía unas horas había señalado. Me incorporé y le dije a los compañeros que sentía que debía ir hacia allá, así que me puse a caminar y, mientras avanzaba, me percaté de que en el suelo aparecían unas manchas luminosas que se movían y juntaban en la medida que iba avanzando, formando una especie de camino de luz.

Esa zona del desierto posee un terreno irregular, de modo que, incluso de día y mirando por donde uno pisa, se tiene que subir y bajar con mucho cuidado para no tropezarse con las piedras que allí abundan. Por eso estaba sorprendido de poder avanzar sin linterna como si lo hiciera por una acera bien dispuesta. Ciertamente estaba bastante iluminada la noche, pero parecía que había encontrado un camino perfecto. Cuando estaba a mitad de camino de la colina donde caía permanentemente el haz de luz, un extraño temor me invadió; quizás era algo instintivo frente a lo desconocido, a pesar de todas las experiencias previas y de saber que esos seres son bienintencionados. No fue fácil superar la sensación, pero igualmente continué.

Después supe que Nimer Obregón, gran amigo y compañero de muchas experiencias, también se había incorporado y me había seguido; al llegar a aquel lugar tuvo la misma sensación, pero él decidió no seguir avanzando y regresó.

Seguí caminando por aquel camino luminoso hasta donde terminaba, en un círculo de luz en el suelo. Entonces levanté la vista al cielo y cayó sobre mí algo parecido a un cilindro gaseoso de color marrón, de unos tres metros de diámetro y dos de altura, que me aisló del desierto. De repente sentí una fuerza que me alzaba por el aire y debajo de mí se formó como un remolino de energía que juntaba piedras y tierra a gran velocidad y formaba algo similar a un montículo donde lentamente fui depositado. Todo ocurrió tan rápido que no tuve tiempo de reaccionar. Inmediatamente pude ver, fuera del cilindro que me envolvía, la presencia de una pequeña esfera metálica de unos treinta centímetros de diámetro, de color naranja, que se acercaba e ingresaba donde yo me encontraba. Avanzó y se colocó frente a mí, observándome de arriba abajo como si me estuviese escaneando. Extendí mi brazo y mi mano queriendo tocarla, pero hizo un amago de retirarse hacia atrás y vi cómo se transformaba o proyectaba, no estoy seguro, delante de mí una especie de puerta o ventana, y esta a su vez abría otras con una suerte de iconos parecidos a los de un programa de computadora.

En las ventanas veía imágenes de cada una de las veces que se habían hecho salidas en aquel lugar con la intención de abrir puertas interdimensionales, de tal manera que la imagen más cercana era la de un encuentro que se había realizado en 1993, cuatro años antes, y a la que había concurrido una buena cantidad de gente de los grupos de Perú y Colombia. A ese encuentro no pude asistir, sin embargo tenía las imágenes frente a mí, pero no como cuando uno las ve en un video, sino como si realmente estuviesen ocurriendo en aquel preciso instante. La situación era tan impresionante que acerqué mi rostro e introduje el torso dentro de esa puerta o ventana y llegué a mirar a los compañeros de aquella salida. ¡Y ellos me vieron a mí! Fue tal el susto que me pegué que di un salto hacia atrás y la imagen desapareció, y también la esfera.

Al reaccionar observé la presencia de dos siluetas humanas fuera y a un lado del cilindro. Pensé que podrían ser los del grupo y bajé la colinita atravesando esa masa gaseosa. Al hacerlo sentía en el rostro y las manos que pasaba de una densidad a otra. Fuera no vi a nadie, pero a los pocos pasos estaba el cerro y se contemplaba contundente el haz de luz que seguía cayendo y formaba un semicírculo dorado. Me dirigí hacia allí y, cuando ya estaba muy cerca de aquella medialuna brillante, aparecieron detrás de mí los dos seres que había distinguido anteriormente. Uno de ellos era muy alto y el otro de mi estatura, ambos vestían con trajes brillantes y me dijeron que ingresara en el portal. Y así lo hice, y a continuación sentí que una explosión me alcanzaba y traspasaba y me dejaba con la sensación de estar al revés, como si fuese un suéter con las costuras por fuera. De pronto aparecí en una especie de salón con un piso parecido al cristal y con un cielo estrellado, desde donde podía mirar la Tierra pero como si mi mirada partiera de la nuca o del interior de mi cabeza y pudiese ver hacia atrás. Percibía a través de diversas imágenes las características propias de nuestro planeta, me venían escenas de olas gigantes en Hawai chocando contra las playas, volcanes activos, terribles tormentas, lluvias copiosas en la Amazonía, diversidad de plantas y animales. Con ello parecía que me estuviesen diciendo que observara la dinámica de un mundo lleno de vida y en permanente transformación. Luego me vi inmerso en túneles de luz por donde fluía a gran velocidad de un lado al otro del universo, mirando diversidad de planetas y mundos con lunas y sin lunas, con dos o más soles en el horizonte, cielos verdes, rojos, violetas..., en donde el común denominador era que tenían océanos calmos, sin olas y sin movimiento, mares increíbles de color rojo, plateado y dorado. Sentí entonces el simbolismo del estancamiento evolutivo frente a las posibilidades de nuestro planeta.

Cuando volví de la experiencia a través de la luz no tenía ni la más remota idea de cuánto tiempo había transcurrido, si horas o días. Estaba nuevamente en el desierto iluminado por esa extraña fluorescencia, y ya no encontré el sendero, por lo que tuve que avanzar campo a través tropezándome con cuanta piedra encontraba, subiendo y bajando desniveles, hasta que llegué donde se encontraba el grupo. Marina, mi esposa, fue la primera en divisarme y en darme la bienvenida, y pudo percibir al igual que los demás que mi cuerpo estaba fosforescente. Al preguntarme si consideraba que todo aquello que debía darse aquella noche se había dado, respondí que sentía que sí, e inmediatamente el desierto se apagó. Fue algo instantáneo. Entonces nos giramos y el objeto que lanzaba el haz de luz hacia la colina empezó a retraerlo, y luego avanzó, se dividió en dos ante nuestros ojos y a continuación se marchó. En ese momento recogimos nuestras cosas e iniciamos la caminata hacia los autos. Y, cuando ya habíamos llegado y nos preparábamos para subir habiendo cotejado previamente los relojes que daban las 10 p.m., los dos objetos luminosos que se habían alejado irrumpieron en el cielo sobre nosotros. Eran unas lentejas brillantes que se volvieron a dividir, y cuatro objetos pasaron por encima de nosotros lanzando un potente fogonazo que nos impresionó a todos.

A los poco minutos reaccionamos y nos fuimos. Avanzamos unos dos o tres kilómetros hasta donde hay una barda de una granja que tiene que levantarse para pasar; entonces alguien miró nuevamente el reloj y se dio cuenta de que eran las 12 de la noche. No había posibilidad de error o confusión. En unos cinco minutos se nos habían esfumado dos horas, habíamos vivido la experiencia de «tiempo perdido». Calculamos que, desde allí hasta casa, tardaríamos sin detenernos entre una hora y hora y media como mucho, con tráfico; pero al llegar nos percatamos de que nos habíamos demorado dos horas y media, con lo cual se nos había extraviado otra hora en el camino.

Cuando los compañeros asistieron a la siguiente reunión de grupos en Lima, contaron los alcances de la experiencia. Entonces algunos de los que estuvierona en aquella salida de

1993 narraron algo que vivieron directamente y que, por temor a que no se les creyera, habían guardado celosamente. En aquella ocasión, mientras el grupo se organizaba en el lugar, observaron la materialización de un domo luminoso allí y, entusiasmados, se acercaron y llegaron a divisar una silueta humana que se asomaba del interior, pero sólo su rostro y el torso. Pensando que sería un Guía extraterrestre, prestaron mucha atención y vieron que era yo. Pero como sabían que no había podido asistir a esa salida se quedaron fuertemente impresionados y acordaron entre ellos guardar silencio al respecto. ¡Me habían visto asomarme en 1993 desde el año 1997!

Posteriormente, cuando se han hecho trabajos de retroceso consciente para recordar las posibles experiencias durante el tiempo perdido, el grupo ha obtenido una serie de imágenes de todos juntos dentro de la nave.

EL LADO NEGATIVO DEL CONTACTISMO:
El fanatismo y las sectas contactistas

La línea divisoria entre la iluminación y la locura es tan sutil, que es como el filo de la navaja.

La religión se basa en la fe y la fe es la seguridad de lo que no se ve. Por tanto ningún fenómeno que pueda ser comprobable exige nuestra fe, y por ende tenemos que extraerlo del ámbito religioso. No debemos hacer del tema de los ovnis una religión, puesto que no podemos creer en estos seres como creemos en Dios. El hecho de aceptar la posibilidad de la vida extraterrestre en un universo densamente poblado de estrellas es como saber y dar por hecho que existen chinos en la China. Es, por así decirlo, una cuestión de sentido común aceptar que es muy posible que no estemos solos en el vasto universo y que haya muchos otros, incluso superiores a nuestras actuales condiciones.

La investigación del fenómeno ovni lleva a la constatación de una realidad mediante la búsqueda de evidencias tangibles, hechos corroborables y situaciones investigables. El tema de los contactos y los contactados reúne todas esas condiciones, porque aporta hechos y situaciones sujetas a investigación, y algún tipo de evidencia que requiere el más serio y desapasionado de los análisis. Todo esto, como vemos, aleja el tema ovni de la religión como tal, pero no lo separa de la espiritualidad.

En la actualidad, el fenómeno ovni reconoce la relación con estos seres a lo largo de toda la historia de la humanidad, sobre todo en épocas en que la ignorancia y el atraso, en comparación con los visitantes, llevó a nuestros antepasados a creer que eran dioses y confiar en ellos, de tal manera que recibieron sus códigos éticos, morales y hasta legales (como en el caso de Hamurabi, rey de los babilonios, quien recogió el código de leyes de manos del dios Shamash).

Pero ya no estamos en épocas arcaicas y, aunque se mantiene la diferencia de desarrollo tecnológico y de conciencia, ya no nos podemos poner a adorarles porque no son mejores que nosotros, simplemente están en un momento diferente de evolución.

Lo cierto es que mucha gente, decepcionada por las religiones tradicionales, las sectas y grupos esotéricos de amplia trayectoria, llega al fenómeno ovni buscando respuestas, y algunos procurando evadirse de la responsabilidad de tener que realizarse como seres humanos en lo cotidiano. Podemos interesarnos en el tema y profundizar en él, pero debemos tener los pies en la tierra y recordar que por algo hemos nacido en este mundo y en esta realidad. Y mientras no hagamos nada por mejorar nuestro entorno, mientras no ayudemos a que el mundo cambie, no podemos pensar en marcharnos fuera de aquí. Porque también es cierto que, si no hemos aprendido a vivir en este mundo y realidad, no merecemos ir a ninguna otra parte.

En esta época de fin de milenio hemos vivido el aumento de las sectas y de una miríada de religiones, y también toda clase de movimientos con todo tipo de gurús y maestros que, en vez de enseñar a la gente a crecer por sí misma, como señal de la era de Acuario, procuran la sumisión y dependencia de los fieles seguidores, y con ello los perjudican. Como cualquier generalización es mala, en esta reflexión no podemos incluir a aquellos sabios maestros de escuelas que inician en la liberación del individuo y que enseñan a la gente a desarrollarse y a encontrar sus propias alas para lograr la maestría.

El fenómeno ovni no ha sido ajeno a este brote milenarista y mesiánico. Por el contrario, ha sido caldo de cultivo para sus propias sectas, cuyo común denominador ha sido la falta de crítica, objetividad y análisis, así como de sentido común, compensándolo con un exceso de fanatismo y adoctrinamiento; pero no por parte de extraterrestres manipuladores, sino de pícaros terrestres mitómanos que apelan a la comodidad cobarde del que enfrenta los problemas huyendo. Tenemos en este sentido a grupos que preconizan la evacuación, en donde todo apunta, sí o sí, a la huída en naves del espacio de los elegidos, de los escogidos por los Hermanos Mayores. Y con esta mentalidad todo gira en torno a marcharse y no comprometerse, o a comprometerse sólo para salvarse egoístamente. ¡Pobres extraterrestres a los que les achacamos nuestras miserias!

En capítulos anteriores mencionamos que había un proyecto secreto (el MK-Ultra) de los gobiernos de las grandes potencias para manipular mentalmente a la gente, utilizando la sugestión e hipnosis a distancia; y decía que este proyecto había sido utilizado con éxito en asesinatos de personajes importantes y en el suicidio en masa de grupos fanáticos. Uno de los casos más cercanos y conocidos fue el del grupo Heaven's Gate («Puerta al Cielo»), cuando un colectivo de personas dirigido por Marshall «Bo» Applewhite se suicidó en California en 1997, ante la idea de que en la cola del cometa Hale-Bopp venía una nave nodriza para llevarse a los escogidos, y por eso todos debían desprenderse apresuradamente de sus corporeidades. Obviamente era una locura, pero es importante analizar ciertos aspectos, como por ejemplo lo del cometa. Ciertamente el cometa se estaba acercando a la Tierra, pero en Internet apareció sospechosamente una foto trucada, tomada en 1995 por el observatorio de la Universidad de Hawai y manipulada por quién sabe, que mostraba cosas que originalmente no contenía. Pero fue suficiente para que esto actuara como detonador y apresurara el fatal desenlace. La persona que difundió la foto probablemente conocía el efecto que esto iba a producir y lo hizo a propósito, como un nuevo experimento de arma psíquica conocido como psicotrónica.

Lo cierto es que Bo Applewhite nunca quiso que sus seguidores verificaran nada de lo que él les decía. Es más, trató siempre de evitar que pensaran por sí mismos. Y les prometió un mundo de paz y de felicidad fuera de esta Tierra, cuando, por el contrario, todos debemos trabajar y hasta luchar para que este mundo sea el lugar de paz, justicia y amor que todos deseamos. No debemos huir de los retos y ser cobardes.

Los extraterrestres, está claro, no se prestan a nuestras locuras ni las fomentan. No vienen a incitar el escapismo y la evasión de la realidad, como si fuéramos ratas que abandonan el barco. Por el contrario, pretenden que nos comportemos como el marinero responsable o el capitán, que hasta último minuto hacen lo imposible para que la embarcación no se hunda.

Y, por favor, no perdamos el espíritu crítico. Seamos valientes y honestos. Busquemos la verdad por encima de todo, asumiendo nuestras propias responsabilidades y sin esperar que nadie nos solucione los problemas o nos prometa lo que a nosotros nos corresponde hacer.

ABDUCCIONES Y MUTILACIONES

Los hijos de Dios [los ángeles] se unieron a las hijas de los hombres y les engendraron hijos, que son los héroes, desde antaño varones renombrados.

(Génesis 6, 4)

Pensé entonces para mis adentros que la concepción había sido obra de los Vigilantes de Mundos y de los Guardianes [de Planetas].

(Apócrifo del Génesis de Qumrán)

¿Qué es una abducción?

Viene a ser el secuestro de una persona por parte de seres extraterrestres. No sería una invitación, ni un encuentro normal del tercer, cuarto o quinto tipo, sino un rapto por la fuerza y contra la voluntad del individuo, ya sea con fines de experimentación, investigación o procreación. La víctima suele ser conducida físicamente al interior de la nave espacial, aunque, según los relatos de los testigos a través de las regresiones hipnóticas, muchas de las experiencias traumáticas de este tipo se dan en el sueño, en el cuerpo astral.

La mitología narra muchos casos de abducciones y secuestros que se habrían dado en el pasado, como por ejemplo el del joven Ganímedes, hijo de un rey troyano, que es raptado por el dios Zeus o Júpiter y llevado al Olimpo como aguatero; más adelante se convertiría en el símbolo de Acuario.

¿Por qué ocurre?

Si partimos del hecho de que los extraterrestres existen y nos están visitando por distintos motivos desde tiempos inmemoriales y diversas procedencias, no sería extraño que hubiese algunos que se comportaran como experimentadores inescrupulosos que siguen técnicas de muestreo con animales y con seres humanos.

Entonces, ¿hay extraterrestres buenos y malos?

Hay de todo en el universo, como lo hay en la Tierra. Pero no nos apresuremos a juzgar, porque la perspectiva podría ser distinta si llegáramos a entender todas las razones. Aunque no se descarta que haya algún tipo de maldad en la forma de actuar de unos pocos seres extraterrestres, pensemos que algunos podrían estar analizándonos para ayudarnos luego o sobre la marcha. Como el caso de un grupo de médicos enviados por el gobierno a una escuela donde los niños pequeños son vacunados y están obligados a desfilar delante de la pantalla de rayos X. Los adultos no consultan ni explican a los niños el propósito de semejante acción, simplemente dan por sentado que es lo mejor para ellos. El caso de los extraterrestres para con nosotros podría ser equivalente.

¿Cuál fue la primera abducción registrada en los tiempos modernos?

Ya mencionamos anteriormente la desaparición de 267 hombres del regimiento británico Norfolk en la bahía de Gallipoli durante la Primera Guerra Mundial en 1915, lo cual demuestra que un rapto puede ser colectivo. Algo similar ocurrió en 1945 con los diez pilotos y copilotos del vuelo 19 que sobrevolaba las Bermudas.

En 1954, en Irán, un hombre llamado Ghasim Faili afirmó haber huido de un ser de cabeza deforme (quizás con escafandra) que quiso conducirlo por la fuerza al interior de un ingenio espacial.

¿Qué otras experiencias importantes de abducciones han sido registradas?

Hay muchas, como la ocurrida en diciembre de 1954 a un agricultor italiano de la región de Campania, que fue hallado dos días después de haber desaparecido. Él afirmo haber sido secuestrado por unos seres humanoides, que después lo devolvieron.

En el tema de las abducciones se cita continuamente a los «visitantes de dormitorio». ¿Quiénes son?

Son aquellas entidades que aprovechan para visitarnos astralmente en nuestros hogares durante el sueño; pueden ser extraterrestres, seres angélicos, personas desencarnadas o bajos astrales que quieren compartir con nosotros algún conocimiento, analizarnos o que por alguna razón nos necesitan. Cabe la posibilidad de que muchos de los seres que llegamos a observar durante el sueño en nuestra habitación no sean otros que bajos astrales, súcubos e íncubos, es decir, gente atrapada en otra dimensión y que clama ayuda o que trata de utilizarnos en su desesperación.

¿Ha habido algún tipo de contacto sexual en algunas abducciones?

Como algunas de estas civilizaciones son similares a nosotros o asumen esa apariencia, ha habido casos muy serios y bien investigados de contacto sexual. El 17 de diciembre de 1957, un agricultor brasileño de 22 años de edad, Antonio Villas Boas, en la localidad de Ponta Pora, colindante con el Paraguay, fue llevado por la fuerza por unos seres de apariencia humanoide no muy altos con trajes oscuros y con una especie de escafandras al interior de una nave cuando estaba manejando su tractor y araba el campo de noche. Dentro del aparato fue desnudado en una habitación, lo untaron con una especie de grasa o vaselina y le obligaron a mantener relaciones sexuales con una extraña mujer delgada que ingresó desnuda donde él se encontraba. Tenía las manos ligeramente palmeadas y emitía como unos roncos gruñidos. Terminado el acto, ella abandonó el lugar y los otros seres entraron, lo lavaron, lo vistieron, lo dejaron nuevamente en el tractor y se marcharon.

¿En qué caso se evidencia mejor la naturaleza de investigación científica de las abducciones?

En el famoso caso, en septiembre de 1961, de Betty y Barney Hill, una pareja norteamericana que se dirigía hacia New Hampshire en su auto. Ambos fueron secuestrados y llevados al interior de una nave espacial, donde unos seres de cabezas grandes les hicieron toda suerte de exámenes médicos. La pareja después no recordaba nada, y sólo a través de la hipnosis realizada por el psiquiatra Benjamin Simon afloraron al consciente las imágenes de esta experiencia.

¿Ha habido algún caso en que no hayan devuelto al abducido?

Precisamente en 1962, Rivalino Mafra fue raptado en la zona de Duas Pontas, cerca de la ciudad de Diamantina (Brasil). Él era un buscador de oro y, junto con su hijo, había observado la aparición en el cielo de dos ovnis luminosos, que se unieron formando un solo objeto; este se acercó hacia donde ellos estaban y engulló, a través de un haz de luz, al papá ante la mirada impotente de su hijo. Rivalino nunca más fue hallado.

Se dice que en la mayoría de los casos de secuestros las personas no recuerdan conscientemente lo vivido. ¿Habrá

algún caso documentado en que sí hayan recordado al detalle todo lo ocurrido?

En octubre de 1973, Charles Hickson y Calvin Parker, ambos obreros en la localidad de Pascagoula (Estados Unidos), también fueron raptados por un ovni, pero a su regreso recordaban conscientemente la experiencia. Posteriormente fueron investigados por importantes científicos, como Allen Hynek, y se llegó a la conclusión de que su caso era real.

¿Qué famosos casos de abducción han sido llevados recientemente a la pantalla del cine?

El caso, en 1975, del leñador norteamericano Travis Walton fue llevado a la pantalla en la película *Fire in the Sky* (*Fuego en el cielo*). Él fue llevado al interior de una nave a través de un rayo de luz transportador. Pero, a diferencia de las experiencias anteriormente relatadas, estos seres no lo buscaban a él, sino que salió al encuentro de la nave en un claro del bosque a pesar de que sus amigos le insistían en que volviese. Todo el grupo regresaba de haber estado cortando madera y vieron iluminado el bosque como si se estuviese incendiando. Al llegar al lugar contemplaron la nave espacial en forma de diamante. La experiencia de ser elevado en un haz de luz hacia el aparato fue tan intensa y traumática que Walton tardó en recordar conscientemente lo vivido.

Pero, según el mismo Walton, la película no refleja la realidad, y él mismo se sorprendió de que el productor y el director convirtieran su experiencia en una exagerada y terrorífica historia de miedo.

Otro caso llevado al cine es el que habría ocurrido en 1985 en el estado de Nueva York: Whitley Strieber, un guionista de películas de ciencia ficción y de terror de Hollywood, afirmó haber sido secuestrado y estado sometido a experimentos reiterados por parte de unos seres grises, cabezones y ojones. Él no recordaba nada, por lo cual hubo la necesidad de que un amigo suyo le hiciese regresiones hipnóticas para que aflorasen los recuerdos. Esta experiencia inspiró el libro y el film titulados *Comunión*.

¿Cuál es la experiencia de abducción más conocida y cómo ocurrió?

Como ya mencionamos anteriormente, es la experiencia del matrimonio interracial de Betty y Barney Hill, de 41 y 39 años respectivamente. Ella era asistente social y él un empleado de correos. En la madrugada del 19 al 20 de septiembre de 1961 se encontraban cerca de Groventon, camino hacia New Hampshire, en su auto Chevrolet Bel Air del 57, y vieron un punto en el cielo. Se detuvieron en la ruta varias veces con la intención de observar con la ayuda de prismáticos. Cuando llegaron a su casa había una notoria pérdida de tiempo de varias horas. Debido al incremento de pesadillas alusivas a seres pequeños y cabezones, la pareja reveló a través de regresiones hipnóticas, efectuadas por un profesional serio (el psiquiatra Benjamin Simon), haber estado sujeta a toda suerte de análisis con agujas, similares a los procesos modernos de acupuntura. En un determinado momento estos seres les mostraron en una pantalla una formación de estrellas, que correspondería a la Osa Mayor, como declarando que de allí venían.

¿Qué evidencia material dejan los casos de secuestros y abducciones?

Ha habido casos en que testigos imparciales han

contemplado el mismo día, en la misma hora y en el mismo lugar la presencia de ovnis cuando los abducidos estaban teniendo su experiencia. Pero son las señales en el suelo, en el techo de un auto o las marcas de manipulación en el cuerpo de las víctimas, que a veces incluyen implantes, lo más notorio y evidente.

¿Ha habido casos de abducción en las Sagradas Escrituras?

Se podría decir que en las historias de Enoc y Elías se estaría haciendo mención a sendas abducciones, aunque el estado consciente y la aceptación previa de las personas a la experiencia descarta la idea de secuestro.

¿Qué es lo real y qué es lo falso en el tema de las abducciones?

El fenómeno ovni es complejo por cuanto supone otras realidades, y tratar de comprender la psicología de los extraterrestres cuando todavía no dominamos la nuestra es más problemático aún. Pero en el tema de las abducciones se puede entender, mas no justificar, la experimentación o investigación a través de seres humanos, aunque aquí mismo en la Tierra y en la historia haya terribles antecedentes de manipulación y estudio a costa de la vida de los demás.

Lo real es que no estamos solos y están llegando distintas civilizaciones a nuestro mundo desde tiempos inmemoriales. Por tanto, algunos pocos casos de secuestros serían reales. Lo falso sería la cantidad de casos que se afirma que existen. La mayoría serían producto de la psicosis convenientemente creada en el público, mediante la difusión de historias distorsionadas y exageradas o no comprobadas.

Con el tiempo se han ido desacreditando, al considerarlas de poca credibilidad, las regresiones hipnóticas realizadas por ciertos investigadores de dudosa objetividad o marcadamente vinculados a un posicionamiento extremo con el tema.

¿Qué son los implantes?

Los implantes serían pequeños objetos colocados en los cuerpos de los abducidos para realizar en ellos algún tipo de manipulación o rastreo al devolverlos a su entorno.

¿Los implantes pueden ser detectados por nuestros aparatos médicos?

Con los equipos de resonancia magnética y escaneo podrían llegar a ser detectados algunos de ellos, como pequeños cristales o chips colocados en el cuerpo por los extraterrestres; aunque otros, al ser de naturaleza orgánica y estar bien encubiertos, difícilmente podrían ser captados.

¿Qué o quién es el chupacabras?

Sería supuestamente un animal presionado a salir de su hábitat del bosque a causa del crecimiento demográfico del ser humano; o también un animal mutante de los laboratorios de genética terrestres, que se ha escapado o que ha sido liberado y que ataca al ganado dejando extrañas marcas. Otra explicación sería la de un híbrido monstruoso propio de las manipulaciones extraterrestres; o un extraterrestre deportado o naufragado en el planeta. Pero una de las teorías más convincentes es que el chupacabras es un fraude convenientemente montado, que no existe como tal y que forma parte de la política de ocultamiento de los gobiernos para meter miedo a la gente, alejándola así de zonas «calientes» para la observación ovni. De ahí que los primeros casos surgieran en Puerto Rico y especialmente en la zona cercana a El Yunque, donde se estarían haciendo experimentos militares secretos.

Los casos de mutilaciones de ganado se han ido extendiendo e incrementando por el mundo, pero también hay que tener en cuenta que en aquellos lugares donde aumenta la actividad ovni, y al poco tiempo, aparece ganado mutilado con increíbles perforaciones o extracciones de órganos y sangre. Curiosamente, días antes los lugareños han observado la presencia de extraños helicópteros negros que, por las descripciones, pertenecerían a algunas de las grandes potencias interesadas en mantener el tema oculto y confuso.

GLOSARIO

Abducción: Rapto o secuestro de una persona por parte de seres alienígenas para someterla a toda clase de exámenes o experimentos. Se sabe que muchos animales y seres humanos son tomados contra su voluntad para realizar en ellos técnicas de muestreo, análisis o estudios.

Agujero de gusano: Este es un término acuñado a partir de la física cuántica y llevado a la astrofísica, utilizado para denominar a una suerte de pliegues o atajos cósmicos que existirían en el microcosmos y en el macrocosmos para acortar distancias en el tiempo y en el espacio.

Aura: Campo magnético que envuelve el cuerpo de los seres vivos y que fue corroborado por el ingeniero soviético Semyon Kirlian en 1935 a través del desarrollo de la cámara Kirlian.

Avistamiento: Dícese de la observación de un ovni. En el caso de que hubiese una psicografía de por medio, la captación del objeto sería la confirmación de que se ha producido un contacto prefijado.

Canal: Persona que actúa como receptor de un mensaje procedente de entidades extraterrestres o de otro plano o dimensión.

Canalización: Acción de recibir de un mensaje ya sea a través de la escritura automática o psicografía, vasografía, psicofonía, ouija, etcétera.

Canepla («ojo de gato» o *foo-fighter*): Se denomina así a aquel objeto esférico que sueltan las naves a manera de una cámara de televisión controlada a distancia; puede llegar a medir desde treinta centímetros hasta metro y medio de diámetro, y suele tener un color metálico, blanco, naranja o rojo intenso.

Chupacabras: Término acuñado en Puerto Rico por periodistas de la radio para un ser de apariencia animal que, según los testigos, comenzó a aparecer en los alrededores de granjas y fincas y que estuvo vinculado con la mutilación de ganado y gallinas. La aparición de las mutilaciones de ganado en todo el mundo y en lugares donde era frecuente la aparición de ovnis hicieron pensar que los extraterrestres estaban involucrados; pero, a partir de investigaciones muy serias que confirmaban la presencia de helicópteros negros (muy terrestres), se han podido atar cabos. Habría detrás de todo este fenómeno poco de realidad y, más bien, una intención de parte de los gobiernos de las grandes potencias de generar una psicosis que intimide al público.

Contactado: Es toda aquella persona que ha llegado a establecer una experiencia real y verificable de contacto o conexión con entidades superiores, ya sean extraterrestres, maestros ascendidos, ángeles, etcétera.

Cristales de Cesio: Forman parte de una de las iniciaciones más intensas en la experiencia del contacto. Consiste en la recepción de dos estructuras cristalinas, que llegan en un estado plasmático, proyectadas desde una nave cercana a las palmas de las manos de la persona receptora. Los cristales son visibles tanto para el receptor como para los demás presentes en el lugar, y terminan integrados en el pecho al cruzar nuestras manos y brazos sobre el cuerpo. Su propósito se relaciona con la necesidad de estimular la sensibilidad y captación de nuevas y poderosas energías en la persona, para potenciar sus facultades paranormales.

Cristificación: Denominación del proceso de toma de conciencia y de recuerdo de la misión personal y colectiva de cada ser humano para aprender y enseñar a amar.

Cuarta dimensión: Es aquella dimensión o estado vibratorio que correspondería al terreno de las facultades psíquicas y la percepción extrasensorial, donde el tiempo y el espacio pueden ser trascendidos.

Encuentros cercanos: Término acuñado por el doctor Allen Hynek para definir los distintos tipos de contacto que podrían llegar a tener los testigos de un contacto extraterrestre.

Fuerzas satánicas: Con este nombre se relaciona a un grupo de extraterrestres que actuaron en su momento como Guardianes y Vigilantes del planeta Tierra, y que posteriormente fueron deportados a nuestro mundo. Procedían de Orión y estaban liderados por un ser llamado de aspecto reptiloide llamado Satanel. Perdieron su condición privilegiada y fueron confinados en la Tierra hace miles de años por haber tratado de boicotear el Plan Cósmico, y en la actualidad se encuentran atrapados en la cuarta dimensión. Actúan como una fuerza invisible que gobierna de manera tenebrosa y manipuladora a través de personas débiles de carácter y voluntad, a las que ellos controlan vinculándolas al poder material.

Grises: Denominación que se le ha dado en la actualidad a entidades extraterrestres que proceden de un planeta de la estrella Zeta Reticuli, en la Osa Mayor. Su apariencia es la de pequeños seres (un metro veinte de estatura), antropomorfos con cabeza voluminosa, brazos largos y sólo cuatro dedos en cada mano. A este tipo de alienígenas se los relaciona con las abducciones, aunque son muchas las razas que caen bajo la denominación de «grises» y no todos vienen con malas intenciones.

Guardianes y Vigilantes: Son aquella categoría de seres enviados por la Confederación de Mundos de nuestra galaxia a la Tierra, para cuidar nuestro planeta de la posible visita e intervención de civilizaciones malintencionadas que pudieran entorpecer nuestro proceso evolutivo.

Guía: Este es el término que se usa en el contactismo para denominar a cada uno de los seres extraterrestres de mayor nivel evolutivo que participan de la labor de dirección y orientación de los contactados y de los grupos de contacto.

Hermandad Blanca: Es el gobierno interno positivo planetario. Originalmente estaba conformado por treinta y dos seres extraterrestres de treinta y dos civilizaciones distintas, que fueron enviados a la Tierra y descendieron en el desierto del Gobi (Mongolia) para actuar en calidad de guardianes del conocimiento planetario. Después de fundar Shamballa, la capital del mundo intraterreno de Agartha, se encargaron de preparar a personas de diferentes filosofías, religiones y pueblos, muchos de ellos remanentes de civilizaciones desaparecidas como Lemuria, la Atlántida, los mayas, los incas..., para que los reemplazaran y asumieran la responsabilidad de ser los depositarios de un conocimiento que debe ser puesto a disposición del ser humano cuando dé señales de madurez.

Illuminati: Gobierno secreto mundial al servicio de las fuerzas satánicas que manipula a la humanidad y la lleva hacia su autodestrucción. Es un gobierno en la sombra, esto es, que se encuentra detrás de los grandes gobernantes, moviendo los hilos invisibles que mantienen el caos planetario. Sus antecedentes los encontramos en Baviera en el siglo XVIII.

Implante: Dícese de un pequeño objeto que es introducido en el cuerpo del abducido para ser monitoreado o supervisado a la distancia por los alienígenas. En algunos casos, al ser este implante de origen biológico, es difícil rastrearlo.

Jardineros Cósmicos: Es la denominación de un cierto grado jerárquico de seres de nuestra galaxia que actúan por encargo de los Veinticuatro Ancianos como sembradores de vida en los planetas de experimentación.

Libro Azul: Este fue el nombre del proyecto de la Fuerza Aérea de los Estados Unidos para la investigación del fenómeno ovni de cara a la prensa y al público en general. Realmente sólo era una cortina de humo para dar la impresión de que realmente se querían investigar con seriedad los innumerables casos. Fue cerrado escandalosamente con la Comisión Condon.

Majestic-12: Es la denominación de la comisión ultrasecreta creada en los tiempos del presidente Truman, compuesta por seis científicos y seis altos militares, para estudiar el caso Roswell y todo lo concerniente a los ovnis, con el fin de aprovechar su tecnología en beneficio de sus fuerzas armadas. Esta comisión haría lo imposible por ocultar la información de cara al público.

Matriz: Es el nombre de un informe apócrifo que empezó a circular a mediados de los años 80 con la finalidad de intoxicar informativamente la investigación ovni. Reúne muchas medias verdades y mentiras sobre los descensos de naves, accidentes, pactos secretos con los gobiernos..., haciendo aseveraciones tan inverosímiles que llegan a lo ridículo.

Misión Rama: Es la experiencia de contacto que trae como mensaje la necesidad de que el ser humano descubra la importancia de la comunicación consigo mismo, con los demás, con la vida y con el universo. Rama es el contacto para establecer un puente de comunicación con civilizaciones más avanzadas de las que podemos aprender mucho. Aporta una enseñanza y una filosofía de vida que nos recuerda que somos creadores de esperanza y de futuro, que cada ser humano debe ser un sol en la Tierra. La misión empezó oficialmente en 1974 a raíz de un mensaje psicográfico, que se corroboró a los pocos días con un avistamiento de una nave extraterrestre. Desde sus inicios fue una experiencia colectiva y aglutinadora de mentes abiertas. Ha sido verificada hasta en siete oportunidades por la prensa internacional que ha asistido a encuentros programados.

Morlen: Término con el que los extraterrestres denominan a la luna mayor de Júpiter, conocida por nosotros como Ganímedes.

Nave nodriza: Es la nave madre o de gran tamaño que suele traer consigo naves más pequeñas o exploratorias. Este tipo de objeto suele tener la forma de un torpedo, dirigible, cigarro, tubo, torta de cumpleaños de varios pisos, un perfil rectangular, triangular u ovalado. Sus medidas pueden oscilar entre cientos de metros hasta llegar a kilómetros de largo.

Nombre cósmico: Es la clave vibratoria personal de cada individuo. Funciona como una llave de acceso al archivo interior de cada uno. Este nombre es el mismo a lo largo de todas las encarnaciones. Y se puede recibir a través de sueños, en meditación o como revelación por parte de los maestros a través de una canalización.

Niño índigo: Termino acuñado en la metafísica para definir a algunos de los niños que han nacido en esta época y cuyas almas corresponderían a seres reencarnados de otros mundos. Su característica fundamental sería su inteligencia superior, su precocidad, su inherente y genuina espiritualidad, así como su impresionante madurez, que hace pensar que uno está delante de un espíritu viejo metido en un cuerpo joven.

Orbs: Son aquellas esferas casi traslúcidas que suelen aparecer en las fotografías tomadas con cámara digital, aunque también aparecen en algunas fotos de película analógica. Estas esferas captadas por nuestra tecnología cada vez más sensible y sofisticada pueden ser desde manifestaciones del pensamiento, reflejos en la humedad del ambiente, rebotes del *flash* en el polvo o en partículas, hasta verdaderas entidades, ya que en algunas de ellas llegan a reproducirse rostros humanos. En 1952 el gran psíquico argentino Benjamín Solari Parravicini profetizó sobre estas esferas.

Ovni: Siglas de «objeto volador no identificado».

Paititi: Es la legendaria ciudad perdida de los incas en la selva de Madre de Dios (Perú). Su nombre secreto era Quañachoai y se la vincula con la leyenda del retorno de Inkarri (Inca Rey), que se convirtió en otorongo (jaguar) cuando entró en la selva. En el interior de esta ciudad hay un templo que guarda un gran disco solar de un oro traslúcido y alquímico, que funcionaría como una conexión con puertas dimensionales en diversos puntos del planeta, relacionadas con archivos de la historia planetaria. Este lugar estaría funcionando en la actualidad como un retiro de la Hermandad Blanca, por lo que no cualquier persona puede ingresar allí. Muy cerca de estas ruinas, en las nacientes del río Sinkibenia, se encontraría también una importantísima base extraterrestre, llamada la Base Azul.

Parto planetario: El momento culminante del proceso de la «sincronización de los tiempos»; los mayas profetizaron que ocurriría entre el 22 y 23 de diciembre del año 2012, según nuestro calendario. Momento definitivo en que los dos tiempos, el real y el alternativo, terminarían fundiéndose en uno solo.

Plan Cósmico: Proyecto ultraterrestre y extraterrestre que consideró la necesidad de experimentar en ocho planetas de categoría UR, para crear las condiciones para que surgiera una civilización con un potencial psíquico y espiritual, capaz de transformarse en poco tiempo en maestro de sus propios maestros. La idea era recuperar la perspectiva y orientación adecuada hacia la genuina espiritualidad a través del sentimiento y la emoción.

Platillo volador: Término popular utilizado por la prensa con el que se empezaron a conocer los ovnis después del primer caso de reporte oficial al iniciarse la era moderna de los ovnis (el caso Kenneth Arnold en 1947).

Psicografía: Es la técnica de escritura automática o transcripción simultánea de un mensaje telepático. Para que la recepción del mensaje sea válida, esta debe cumplir una serie de requisitos, entre ellos que se haga conscientemente, dentro de un grupo, durante una meditación de apoyo y con una preparación previa.

Quinta dimensión: Sería el estado de consciencia que correspondería a nuestra alma (simbolizada por una abadía o catedral) y a los recuerdos de nuestras vidas anteriores.

Rahma: Es la vibración profunda que nos recuerda a todos los que nos vimos llamados a compartir la experiencia del contacto que todo ser humano debe ser «un sol en la Tierra», lo cual significa irradiar con el propio ejemplo para ayudar a la humanidad a encontrar esperanza.

Real tiempo: Este concepto nos indica que existiría más de un tiempo en el universo material, siendo el nuestro uno alternativo creado artificialmente para desarrollar un Plan Cósmico. Hace mil doscientos millones de años nuestro planeta sufrió un desastre meteórico que extinguió la vida en él, lo cual habría permitido que civilizaciones extraterrestres viajasen a través de portales dimensionales a nuestro pasado e impidieran que el mundo muriera, creando un tiempo alternativo y dándole así una segunda oportunidad.

Retiros interiores: Dícese de cada uno de los lugares secretos en el mundo donde la Gran Hermandad Blanca ha depositado archivos de un conocimiento oculto que debe ser liberado y entregado a la humanidad en esta época.

Rots: Son unos objetos cilíndricos de origen extraterrestre de varios tamaños que suelen verse en el cielo solos o acompañados y que a veces transportan consigo las caneplas. Serían una especie de dispensadores o repartidores de cámaras de televisión controladas a distancia.

Sincronizador magnético: Es un objeto esférico e inteligente, similar a las caneplas, pero más pequeño, que llega a medir el tamaño de un puño o una pelota de ping-pong, aunque también se habla de algunos tan pequeños como un puntero láser. Se lo observa muchas veces como una luz verde, amarilla, roja o azul, y puede llegar a atravesar una pared para ingresar en una habitación. Estas clase de miniesferas activan los potenciales psíquicos de la persona, pues a veces llegan a entrar en un contacto tan directo con ella que se le introduce en su cuerpo.

Tiempo alternativo: Es aquel tiempo paradójico que se creó cuando un grupo de civilizaciones extraterrestres recibió la autorización de jerarquías cósmicas para viajar a través del tiempo y el espacio y llegar a la Tierra antes de que esta sufriera un terrible desastre que acabó con la vida, hace mil doscientos millones de años. Al llegar a nuestro mundo, habían creado un tiempo paralelo al real tiempo del universo que se ha venido trenzando con este. Esto sería lo que se menciona en la leyenda Nahuatl (azteca) de la serpiente de las dos cabezas: al final de los tiempos una cabeza debe devorar a la otra, esto es, ambos tiempos habrían de sincronizarse en uno solo.

Ultraterrestre: Son los seres que habitan en el universo mental más allá de la séptima dimensión. A esta categoría corresponden los verdaderos ángeles, arcángeles, tronos, principados, querubines, potestades y dominaciones. Precisamente un grupo de estos seres ultraterrestres son los llamados «hellel» o «resplandecientes», también conocidos como «Hijos de Dios». Ellos fueron los verdaderos padres creadores del universo material por encargo del universo espiritual. A esta categoría corresponden entidades como Miguel y Lucifer.

UR: Categoría de ciertos planetas que existen en sistemas solares de una sola estrella. Son mundos inestables de aura azul, predestinados para un desarrollo espiritual superior, siempre y cuando lleguen a sobrevivir a su propia inestabilidad. Estos planetas suelen tener una gran biodiversidad y alcanzan rápidamente una adolescencia precoz, pero difícilmente llegan a una juventud responsable. Atraen fácilmente el impacto de meteoros y cometas, que tanto pueden sembrar la vida en ellos como hacerla desaparecer. Como este tipo de mundos suelen entrar en convulsión y se destruyen, pasan a ser sujetos de una experimentación especial por ser considerados laboratorios naturales.

Ved: Siglas de «vehículo extraterrestre dirigido».

Veinticuatro Ancianos: Son aquellos seres que constituyen el gobierno de nuestra galaxia. Son entidades de la sexta dimensión sin corporeidad física, y agrupan los planetas más evolucionados de la Vía Láctea, con la capacidad de ayudarse y ayudar a otros que están en vías de evolución.

Visitante de dormitorio: En los encuentros cercanos del segundo tipo, la persona que actúa de testigo suele presenciar la aparición en su habitación de una forma humanoide luminosa u oscura. Esta figura holográfica puede ser de origen extraterrestre o no. Hay casos en que la presencia corresponde más bien a personas desencarnadas, desde familiares hasta bajos astrales, es decir, personas atrapadas en otra dimensión o que necesitan comunicarse con nosotros. En el caso de que la imagen sea luminosa u oscura, la sensación interna que tengamos es muy importante para determinar la naturaleza real de las intenciones de la presencia.

Xendra: Umbral o portal dimensional creado artificialmente por la combinación de tecnología y poder psíquico extraterrestre, que permite a las personas convocadas vivir la experiencia de una teletransportación, que puede ser física, mental o astral, a otro planeta, a una base o al interior de una nave. Suele tener forma de media luna dorada brillante o de domo gaseoso. Dependiendo del grado de intensidad, se reconoce la existencia de tres tipos de Xendra, siendo el tercero, llamado «Gimbra», el más sutil, que produce experiencias conscientes de bilocación, desdoblamiento astral o proyección mental.

Zin-Uru: Mantra o palabra clave o llave que es capaz de abrir puertas entre las dimensiones y que fue enseñada por Hermes Trimegisto o Thot el Atlante.

España
Av. Diagonal, 662-664
08034 Barcelona (España)
Tel. (34) 93 492 80 36
Fax (34) 93 496 70 58
Mail: info@planetaint.com
www.planeta.es

P.º Recoletos, 4, 3.ª planta
28001 Madrid (España)
Tel. (34) 91 423 03 00
Fax (34) 91 423 03 25
Mail: info@planetaint.com
www.planeta.es

Argentina
Av. Independencia, 1668
C1100 ABQ Buenos Aires
(Argentina)
Tel. (5411) 4382 40 43/45
Fax (5411) 4383 37 93
Mail: info@eplaneta.com.ar
www.editorialplaneta.com.ar

Brasil
Av. Francisco Matarazzo,
1500, 3.º andar, Conj. 32
Edificio New York
05001-100 São Paulo (Brasil)
Tel. (5511) 3087 88 88
Fax (5511) 3898 20 39
Mail: psoto@editoraplaneta.com.br

Chile
Av. 11 de Septiembre, 2353, piso 16
Torre San Ramón, Providencia
Santiago (Chile)
Tel. Gerencia (562) 431 05 20
Fax (562) 431 05 14
Mail: info@planeta.cl
www.editorialplaneta.cl

Colombia
Calle 73, 7-60, pisos 7 al 11
Bogotá, D.C. (Colombia)
Tel. (571) 607 99 97
Fax (571) 607 99 76
Mail: info@planeta.com.co
www.editorialplaneta.com.co

Ecuador
Whymper, N27-166, y A. Orellana,
Quito (Ecuador)
Tel. (5932) 290 89 99
Fax (5932) 250 72 34
Mail: planeta@access.net.ec
www.editorialplaneta.com.ec

Estados Unidos y Centroamérica
2057 NW 87th Avenue
33172 Miami, Florida (USA)
Tel. (1305) 470 0016
Fax (1305) 470 62 67
Mail: infosales@planetapublishing.com
www.planeta.es

México
Av. Insurgentes Sur, 1898, piso 11
Torre Siglum, Colonia Florida, CP-01030
Delegación Álvaro Obregón
México, D.F. (México)
Tel. (52) 55 53 22 36 10
Fax (52) 55 53 22 36 36
Mail: info@planeta.com.mx
www.editorialplaneta.com.mx
www.planeta.com.mx

Perú
Av. Santa Cruz, 244
San Isidro, Lima (Perú)
Tel. (511) 440 98 98
Fax (511) 422 46 50
Mail: rrosales@eplaneta.com.pe

Portugal
Publicações Dom Quixote
Rua Ivone Silva, 6, 2.º
1050-124 Lisboa (Portugal)
Tel. (351) 21 120 90 00
Fax (351) 21 120 90 39
Mail: editorial@dquixote.pt
www.dquixote.pt

Uruguay
Cuareim, 1647
11100 Montevideo (Uruguay)
Tel. (5982) 901 40 26
Fax (5982) 902 25 50
Mail: info@planeta.com.uy
www.editorialplaneta.com.uy

Venezuela
Calle Madrid, entre New York y Trinidad
Quinta Toscanella
Las Mercedes, Caracas (Venezuela)
Tel. (58212) 991 33 38
Fax (58212) 991 37 92
Mail: info@planeta.com.ve
www.editorialplaneta.com.ve

Printed in the United States
100487LV00005B/22-81/A